本书系天津市哲学社会科学规划项目
TJGLWT15-003 的阶段性研究成果

南开公共管理研究丛书

综合配套改革中的公共服务创新研究

——以天津市滨海新区为例

Research on Public Service Innovation

in Comprehensive Reform :

Case Study of Binhai New Area in Tianjin

闫章荟◎著

天津出版传媒集团

天津人民出版社

图书在版编目（CIP）数据

综合配套改革中的公共服务创新研究：以天津市滨海新区为例／闫章荟著. —— 天津：天津人民出版社，2020.8

（南开公共管理研究丛书）

ISBN 978 - 7 - 201 - 16225 - 6

Ⅰ.①综… Ⅱ.①闫… Ⅲ.①城市 - 公共服务 - 研究 - 滨海新区 Ⅳ.①D669.3

中国版本图书馆 CIP 数据核字（2020）第 124186 号

综合配套改革中的公共服务创新研究
ZONGHE PEITAO GAIGE ZHONG DE GONGGONG FUWU CHUANGXIN YANJIU

出　　版	天津人民出版社	
出 版 人	刘　庆	
地　　址	天津市和平区西康路 35 号康岳大厦	
邮政编码	300051	
邮购电话	（022）23332469	
电子信箱	reader@ tjrmcbs.com	
责任编辑	王佳欢	
装帧设计	卢炀炀	
印　　刷	天津新华印务有限公司	
经　　销	新华书店	
开　　本	710 毫米 ×1000 毫米　1/16	
印　　张	22	
插　　页	2	
字　　数	320 千字	
版次印次	2020 年 8 月第 1 版　2020 年 8 月第 1 次印刷	
定　　价	88.00 元	

总　序

改革开放以来,中国行政学恢复研究已经历了三十多年。三十多年来,行政学伴随着改革开放的发展而发展,在与行政改革和行政发展实践的互动中奠定了理论根基,并不断地开拓自身的研究疆域,在中国社会科学的学术土壤上茁壮成长,如今已成为最富有生机和活力的学科之一。

作为学科,其建设至少包含研究队伍、科学研究、人才培养和学术声誉四个要素,它们综合水平的高低体现着该学科的整体实力。从较为宏观的角度来看,行政学作为社会科学重要的组成部分,其研究队伍从改革开放初期的从无到有、从弱到强,已经完成了从"转行"出身到"科班"出身的转换,一大批中青年的专业研究人才崭露头角,成为行政学研究领域的重要力量。在科学研究方面,各个梯次的研究队伍伴随着当代中国行政改革实践的发展,深入地探讨了行政系统各个内在要素及其相互之间的关系、行政系统与其环境之间的关系,全方位地探讨了与行政发展相关的重大问题,并形成了较为丰富的研究成果。这些成果源于行政改革实践,并对行政改革实践发挥着重要的指导意义。从人才培养来看,随着中国行政管理专业人才需求的增长,高等学校陆续设置了相关专业,至今已经形成了包括本科、硕士(专业硕士)和博士在内的完整的人才培养体系,为行政学的学科发展培育了一大批新生的学术力量,也为提高政府机关的整体素质提供了有力的保障。在学术声誉方面,行政学科自恢复研究以来,以其理论与实际相结合,积极构建中国特色行政学科,主动参与行政改革实践,努力解决当今中国行政发展与发展行政的重大问题,而在中国的社会科学领域确立了自己的地位,并赢得了良好的学术声誉。

如今,中国的经济、社会和人们的社会生活发生了巨大的变化,国内外的行政学科也取得了很大的进展。具有社会性、综合性、动态性特点的行政学,应当对这种变化给予更大的理论自觉。在以后的理论研究中,应当突出需求导向和前沿导向。所谓需求导向，就是行政学的研究要瞄着国家发展中的战略课题，运用新理论、新方法和新技术解决经济、社会进步和政府自身发展中的重大问题。马克思曾经指出："理论在一个国家的实现程度，决定于理论满足这个国家的需要的程度。"邓小平也曾指出："深入研究中国实现四个现代化所遇到的新情况、新问题，并且作出有重大指导意义的答案，这将是我们思想理论工作者对马克思主义的重大贡献。"行政学能否取得其应有的学术地位，关键因素之一就是它在多大程度上研究了行政管理自身和社会发展中的重大问题，并且为政府提供了多少富有创造性的、行之有效的对策。所谓前沿导向，即追寻国外行政学发展的最新趋势和最前沿课题，将其与中国行政改革和社会发展实践相联系，努力形成新观点，构建新理论，积极推进世界行政学科的发展。

党的十八大在新的社会历史条件下对我国的行政改革提出了新的要求。在政府和社会的关系方面，深入推进政企分开、政资分开、政事分开、政社分开；在政府建设方面，构建职能科学、结构优化、廉洁高效、人民满意的服务型政府；在政府职能及其转变方面，深化行政审批制度改革，继续简政放权，推动政府职能向创造良好发展环境、提供优质公共服务、维护社会公平正义转变；在行政体制改革方面，稳步推进大部门体制改革，健全部门职责体系；在行政技术方面，创新行政管理方式，提高政府公信力和执行力；在管理效率方面，严格控制机构编制，减少领导职数，降低行政成本；在事业单位改革方面，推进事业单位分类改革；在改革部署及其实施方面，完善体制改革协调机制，统筹规划和协调重大改革。

此外，党的十八大报告提出，在改善民生和创新管理中加强社会建设，加强和创新社会管理，加快推进社会体制改革，加快形成党委领导、政府负责、社会协同、公众参与、法治保障的社会管理体制，加快形成政府主导、覆盖城乡、可持续的基本公共服务体系，加快形成政社分开、权责明确、依法自治的现代社会组织体制，加快形成源头治理、动态管理、应急处置相结合的社会管理机制，提高社会管理科学化水平，推动社会主义和谐社会建设。

以上论述为中国的行政改革和社会管理发展指明了方向，也为行政学科的研究提出了新的课题。行政学应当按照上述新的要求迈向新的研究征程，争取为我国的经济、社会发展提供理论指导和应用支撑。

南开大学的行政学科建设起步于 20 世纪 80 年代中期，在 21 世纪取得了长足的进步。除了设有行政管理本科专业之外，还设有公共管理一级学科硕士点和一级学科博士点。在公共管理一级学科硕士点下设行政管理、社会保障、教育经济与管理三个二级学科硕士点；在公共管理一级学科博士点下设行政管理、教育经济与管理两个二级学科博士点。多年来在教学和科研中，不仅培养出一批优秀的专业人才，而且发表和出版了一批优秀的科研成果。为进一步推进行政学科的理论研究，我们和天津人民出版社一道策划了南开公共管理研究丛书，搭建南开行政学科教师和学生科研成果的展示平台。希望通过我们的努力，为中国行政学科的发展做出我们应有的贡献。

沈亚平

2013 年 3 月于南开园

目　　录

第一章　综合配套改革与公共服务创新

综合改革配套试验区是中国社会发展新阶段进行制度创新的试验区域。公共服务的机制体制创新是综合配套改革的重要内容。滨海新区在2006年4月26日被国务院批准成为综合配套改革实验区，成为全国第二个综合配套改革实验区试点区域。与上海浦东新区不同，滨海新区具有完全不同的发展环境、产业机构和行政管理体制，在京津冀区域中地位突出。滨海新区自被批准为综合配套改革试验区之后，在十几年的发展过程中，公共服务无论从供给数量还是从供给质量方面都取得了显著进步，对京津冀区域发展及全国范围内的公共服务均等化发展具有重要的先行先试作用。本书既是对滨海新区在综合配套改革中的公共服务机制、体制创新发展脉络的一个全面梳理，力求分析得准确与客观，又从学理角度，利用政策工具理论范式、整体治理理论范式，对滨海新区公共服务机制体制创新进行综合评价、发展趋势预测和具体政策建议。因此，本书的目标为梳理滨海新区公共服务创新进程，研究公共服务创新过程中的整体性治理策略，考察滨海新区公共服务创新过程中的政策工具应用情况，了解滨海新区公共服务满意度及其影响因素。

第一节　公共服务创新是综合配套改革的关键议题

一、综合配套改革的试验性与整体性

中国的改革进程呈现明显的渐进性特征，改革路径并非提前预设的，而是根据现实需求不断调整变化的。综合改革配套试验区恰是在中国发展面

临重大转型需要的前提下应运而生的。从 2005 年开始,我国陆续批准上海浦东新区、天津滨海新区、重庆市、成都市、武汉城市圈、长株潭城市群、深圳市、沈阳经济区、山西省、浙江省义乌市、厦门市、黑龙江"两大平原"十二个地区开展综合配套改革试验。① 经过十几年的发展,综合改革配套试验区在经济发展模式、金融创新、科技培育等方面探索出了一系列经验做法,为促进重点领域改革先行先试积累了重要经验。综合改革配套试验区并未有明确的定义,但总体来看,其内涵中有三点尤其突出:一是全国性先行先试试验区意味着综合配套改革试验区在一定程度上拥有试错权。通过在社会、经济、文化和公共服务等领域的先行先试,为全国提供改革范本。二是改革的整体性。综合配套改革意味着社会整体的和谐进步与全面发展。三是改革的综合性。改变过去以经济体制改革为主的改革方式,将经济体制改革置于改革的总体布局之中,社会改革、政府创新、生态环境与经济发展同步推进。

二、公共服务创新的复杂性

公共服务创新本身具有典型的复杂性,需要经济制度、行政管理体制和社会管理等方面的综合配套改革才能真正实现公共服务在质上和量上的根本性提升。

公共服务创新的复杂性具体体现在以下三个方面:

第一,公共服务供给方式的复杂性。就公共服务的供给方式而言,引入多元供给主体来提供公共服务已经成为政府和学界的共识,人们普遍认可这样的观点,在某些公共服务领域,引入企业和民间组织将更有利于公共服务供给目标的实现。② 公共服务供给主体多元化的同时也衍生出一系列新的问题,例如中央政府和地方政府分领域公共服务如何分工,地方政府间进行公共服务交易的可能性与合法性,多元公共服务供给主体间协同如何实

---

① 参见《发改委印发做好国家综合配套改革试验区工作的意见》,《天津经济》,2015 年第 10 期。
② 参见尹华、朱明仕:《论我国公共服务供给主体多元化协调机制的构建》,《经济问题探索》,2011 年第 7 期。

现,企业、民间组织进行公共服务供给的受认可程度,企业、民间组织的资金困境与对其专业的质疑共存等。

公共服务供给主体的多元化必然进一步推动公共服务供给模式的变革。不同供给模式所体现的公平考量和效率结果是不同的。公共服务供给模式的选择应服务于公共服务的目标,并受限于公共服务供给主体所掌握的资源。

信息不对称是公共服务供给模式和公共服务供给主体多元化的又一外生问题。这种信息不对称一方面体现在公共服务供给主体对于某种公共服务供给模式的管理特征、规模效应等方面的不熟悉,另一方面体现在公共服务的接受对象无渠道获得公共服务真实质量和价格的真实信息。

第二,公共服务供给结果的不确定性。结果与行为之间的联系从来就不是简单的线性连接,结果往往受制于环境、行为人所采取的行为方式等多方面的影响。在公共服务的过程中,公共服务的结果往往与其预期目标存在一定差距,甚至背道而驰。公共服务结果的不确定性具体包括三个方面:①由于多种环境因素的作用,公共服务的结果有多种可能;②在公共服务过程中,公共服务受众的需求多元且难以统一,在某些情况和形势下,公共服务的结果不一定总能满足所有的需求;③公共服务的受众对公共服务结果的自身感知与公共服务真实绩效之间存在着潜在的不一致性。

第三,公共服务目标的多重性。对公共服务供给模式和手段的争议在很大程度上源于人们对公共服务的目标无法达成共识。高品质的服务、高效率的运行和管理、对民众需求的积极回应、公平等已经逐渐成为人们所认可的公共服务目标,[1]然而效率与公平的兼顾,品质与高效的运行等目标之间本身就存在着一定的矛盾和冲突。

以上三个方面的复杂性彼此交织,共同造就了公共服务创新过程的复杂性。这体现在:一是公共服务供给方式与公共服务结果之间联系的不确

① 参见[英]朱利安·勒·格兰德:《另一只无形的手——通过选择与竞争提升公共服务》,韩波译,新华出版社,2010年,第12页。

定性;二是公共服务供给结果与公共服务目标之间的折中妥协;三是公共服务供给方式与公共服务供给目标之间匹配的高难度。

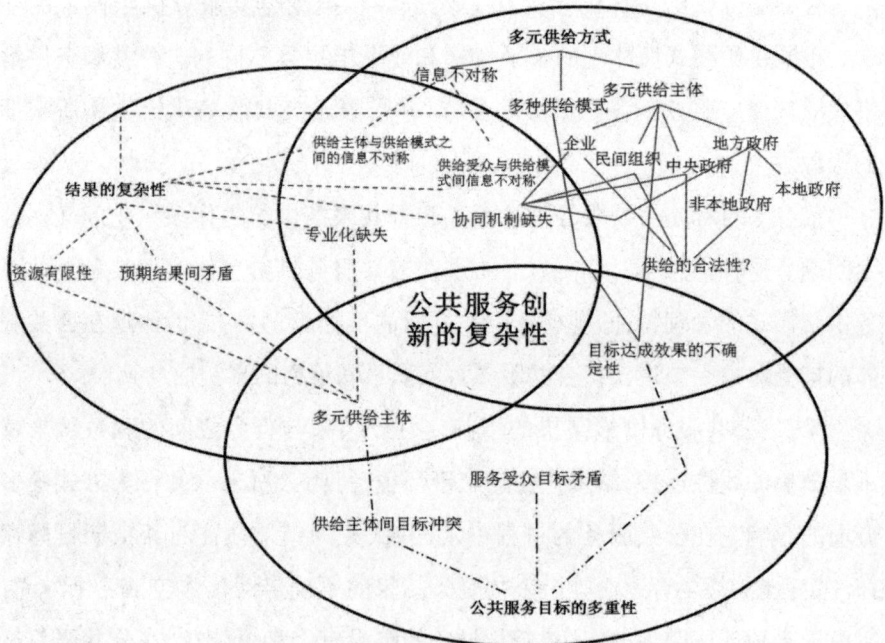

图 1-1　公共服务创新的复杂性

三、以综合配套改革推动公共服务创新的合理性

　　尽管十二个区域各自承担着不同领域的综合配套改革任务,但不同试验区最终的成功都离不开综合配套改革的全面推进,而公共服务创新作为综合配套改革的关键环节,只有通过综合配套改革才能真正实现。因为公共服务体制和机制创新是一项复杂的系统性工程,①涉及政府职能转变、公民社会培育、市场主体的成熟等多重任务,并限于国家经济、社会和政府自身的发展水平,不可能一蹴而就。

_____

① 周恩来政府管理学院课题组:《公共服务型政府建设问题研究分析》,《南开学报》,2005 年第 5 期。

第一,需要通过一系列机制,实现公共服务供给主体间的协同合作关系,包括公共服务过程中政府体系内部中央政府与地方政府之间的协作关系,地方政府与地方政府之间的协作关系,政府与企业、民间组织及公民个人之间的关系等,涉及的主要问题包括中国公共服务供给主体间的合作机理,非政府类组织加入公共服务体系的激励机制,公共服务多元主体间高效协同机制等。

第二,公共服务的创新需要以社会环境作为支撑,具体包括中国现有阶级阶层构成、中国的政府效能、中国经济发展水平、政府之外其他主体发育成熟程度,以及相关技术创新水平等。

第三,也是最为重要的一点是,公共服务创新的最终目标是为了满足人民群众对美好生活的需要,民众对公共服务的期待,包括民众对公共服务供给范围扩大和质量提升的双重需求。伴随着中国社会的分化,公共服务需求异质化特性日益明显,公共服务需求之间往往内含冲突,且这种冲突可能进一步引发民众的社会不公平感,甚至造成阶层之间矛盾的激化。

综合配套改革能够通过政府自身改革、政府与市场、社会关系调整,探索行政管理体制改革路径、政商关系营造方向、政府效能提升办法和公共服务功能拓展等问题,在此过程中凝聚公共服务动机,实现公共服务的多元和高质供给;激活政府活力,促使政府对环境进行自发地适应与调整,实现政府自身的成长;化解潜在的社会冲突,并最终实现共建和谐社会的目标。

第二节 滨海新区综合配套改革方案及先行先试的意义

一、滨海新区综合配套改革的总体方案与主要任务

(一)滨海新区综合配套改革的指导思想和总体目标

2008年3月,《关于印发天津滨海新区综合配套改革试验总体方案的通知》明确了天津滨海新区综合配套改革要在邓小平理论和"三个代表"重要

思想的指导下,深入贯彻落实科学发展观,综合推进滨海新区的体制机制创新和对外开放。滨海新区综合配套改革的目标是用五到十年的时间,在滨海新区率先基本建成完善的社会主义市场经济体制,不断提高滨海新区的创新能力、服务能力和国际竞争力,在带动天津发展,推动京津冀和环渤海区域经济振兴,促进东、中、西互动和全国经济协调发展中发挥更大的作用,为全国发展改革提供经验和示范。

(二)滨海新区综合配套改革的主要任务

《天津滨海新区综合配套改革试验总体方案》将滨海新区综合配套改革的主要任务概括为,适应经济社会发展要求,坚持社会主义市场经济改革方向,探索新的区域发展模式,加快构建落实科学发展观和建设社会主义和谐社会的体制保障。具体而言,滨海新区综合配套改革在经济发展、资源利用与环境保护、社会发展,以及政府管理创新方面提出了若干工作任务。

在经济发展方面,任务主要是增强滨海新区的自主创新能力与综合竞争能力。为提高滨海新区的自主创新能力,需要探索新型工业化道路,完善研发转化体系,积极发展高新技术产业。综合竞争能力的提升有赖于进一步发展滨海新区的现代服务业,提升滨海新区区域服务能力,深化国有企业改革,发展非公有制经济,推动金融体制创新改革。

在资源利用与环境保护方面,推进资源节约型和环境友好型社会建设,建设人与自然、经济社会与生态环境相和谐的新城区。要求滨海新区要节约用水、集约用地、降低能耗,搞好环境综合整治,维护生态平衡,大力发展循环经济,实现人与自然、经济社会与生态环境相和谐。

在社会发展方面,要改革土地管理制度,形成节约集约用地新格局。深化城乡规划和农村体制改革,促进城乡一体化发展。推进社会领域改革,创新公共服务管理体制,构建覆盖城乡的基本公共服务体系。

政府管理方面要推动行政管理体制改革,加快建立统一、协调、精简、高效、廉洁的管理体制。

(三)滨海新区综合配套改革的基本思路

滨海新区综合配套改革的基本思路是通过多个领域的综合配套性改

革,提供发展的促进机制,推动滨海新区发展模式的转换,加快建设成为科学和可持续的发展模式;各个领域的改革要相互配套、彼此兼顾,通过改革的互补效应和关联效应,在经济领域、社会领域、资源环境保护领域及政府自身建设等领域形成良好的共同促进局面,并进一步协调各个领域具体项目改革的先后次序,实现改革的合理布局与有序推进。最后,也是最为关键的一点是,滨海新区综合配套改革具有先行先试的示范效应,因此滨海新区综合配套改革在着力解决本区域问题的同时,也注重对共性问题解决方案的探讨。因此,综合配套改革大体上包括两个方面的内容:一是对本地区面临的一系列发展困境进行研究,提出解决方案,加快解决本地区发展的体制性、机制性障碍;二是对全国性的共性问题进行区域性、试验性改革,为全国改革提供经验和示范。

(四)滨海新区综合配套改革试点的实施机制

第一,在组织领导方面,天津市成立了天津滨海新区综合配套改革试验工作领导小组。滨海新区综合配套改革中的重大决策问题、重大协调事项均由领导小组负责。领导小组还聘请了有关部门领导、国内外相关领域的专家学者作为领导小组的咨询顾问,从而提高了领导小组决策的科学性。

第二,以天津市的改革发展为依托,为滨海新区综合配套改革提供重要的保障条件。将滨海新区综合配套改革纳入天津市发展总体规划之中,统筹安排滨海新区综合配套改革,协调推进天津市整体发展,并进一步通过滨海新区的综合配套改革试验,为天津市全市发展提供动力,带动区域协调发展,实现各区优势互补。

第三,分领域、分层次、分步骤推进滨海新区综合配套改革。滨海新区在经济、环境保护、社会和政府等领域的综合配套改革于2008年之前已经启动,并取得了较为显著的成效,尤其是在企业和科技改革、东疆保税港建设、金融改革创新、行政管理体制改革等方面已有较大突破。在此基础上,滨海新区以"十大改革"为依托,突出了滨海新区发展的重点任务,分步推进滨海新区综合配套改革。

二、滨海新区先行先试的意义

天津滨海新区与上海浦东新区在发展阶段、发展环境、基础条件等方面存在较大的不同,在推进综合配套改革的过程中,改革措施、改革重点与改革布局等方面也存在较大的差异。就经济发展总量而言,截至2005年底,天津滨海新区国内生产总值相当于上海浦东新区的76.9%。就产业结构而言,天津滨海新区在2006年之初仍然是以现代制造业为产业支撑,电子信息、石油和海洋化工、现代冶金、汽车及装备等制造业成为滨海新区经济增长的主要支撑力量;而上海浦东新区在2005年第三产业生产总值已经占到了总产值的48.9%,①滨海新区国内生产总值中第二产业占比达到66.42%,第三产业仅占32.98%。在公共服务支出方面,2005年天津滨海新区教育支出和医疗卫生支出分别占财政支出的比重为8.6%和1.6%②,上海浦东新区教育支出和医疗卫生支出占财政支出的比重分别为9.5%和2.4%③。

就整体区域均衡发展水平而言,天津滨海新区截至2005年底,区域发展均衡水平较低,具体体现在财政投入、基础设施建设水平、公共服务各类机构分布等方面;而上海浦东新区则基本不存在滨海新区的区域发展失衡问题。最后,也是对公共服务供给影响最大的一个因素是,天津滨海新区与上海浦东新区的行政管理体制不同,天津滨海新区在2005年底仍然未在行政规划上统一成为一个行政区域,滨海新区管理委员会作为天津市政府的一个派出机构,人员仅有三十多人,统筹滨海新区各个方面的发展与改革。基于以上分析,滨海新区在综合配套改革中的公共服务创新,将有助于为中国中部地区的公共服务供给体系改革提供重要的实践发展范例。其发展实践

---

① 参见上海浦东新区统计局:《上海浦东新区统计年鉴》,中国统计出版社,2006年,表1-9。

② 本数据根据天津市统计局:《天津统计年鉴》(中国统计出版社,2006年)表21-9滨海新区财政收支数据综合测算得出。

③ 本数据根据上海市浦东新区统计局:《上海浦东新区统计年鉴》(中国统计出版社,2006年)表1-19财政收支数据综合测算得出。

对于拉动京津冀区域公共服务水平的整体提升,缩小区域发展差距具有重要的先行先试作用。基于以上分析,研究滨海新区在综合配套改革中的公共服务体制、机制创新无疑将对发展阶段与发展环境同滨海新区相类似的区域提供重要的改革参考。

天津滨海新区在综合配套改革过程中,公共服务体制机制创新形式较为多样,成效较为显著。2008 年,《天津滨海新区综合配套改革试验总体方案》出台,滨海新区先后启动了"五大改革"和"十大改革"项目,进行了两个三年计划建设。第一个三年计划实施的"五大改革"分别是行政管理体制改革、行政审批制度改革、土地管理体制改革、保障性住房制度改革和医疗卫生体制改革。第二个三年计划实施的"十大改革"在"五大改革"基础上增加了金融改革创新、涉外经济体制、城乡一体化、国企改革和非公有制经济发展、社会管理创新和公共服务等领域。2012 年,滨海新区按照建设服务政府、责任政府、法治政府和廉洁政府的要求,着力转变职能、理顺关系、优化结构、提高效能,推进行政管理体制改革向纵深发展。坚持高起点规划、高水平建设、高效能管理,把加强城市管理与实现城市定位相结合,与保障和改善民生相结合,与提升城市形象相结合,在体制机制创新上取得了新成效。对被征地农民,在依法定额补偿、妥善解决住房等问题的同时,做好社会保障工作。按照建设独具特色的国际性、现代化宜居城市的要求,坚持城市发展与人口资源相协调,经济增长与生态建设相协调,制定了《天津生态市建设规划纲要》,大力发展低碳经济、绿色经济、循环经济,狠抓节能减排,先后实施两个生态市"三年行动计划",群众生产、生活环境明显改善。与教育部合作,共建国家职业教育改革创新示范区,探索出一条具有天津特色的职业教育发展新路。在海河中游规划了三十七平方千米的海河教育园区。园区建成后,全市的职业教育资源都整合到园区,成为国家级职业教育大平台,成为国家职业教育改革创新标志区。综上,滨海新区在发展基础远远落后于浦东新区的情况下,取得了综合配套改革的巨大成就,滨海新区在综合配套改革中的公共服务体制、机制创新具有重要的正面示范。

基于上述分析,本书立足于天津滨海新区,研究综合配套改革中的公共服务体制和机制创新,通过对滨海新区综合配套改革过程中公共服务创新过程的跟踪和结果评价,分析滨海新区公共服务机制体制先行先试的政策文本及执行策略,研究公共服务供给水平提升的政策路径,探讨滨海新区公共服务创新政策的推广价值及推广策略。

就现实意义而言,本书的研究是对滨海新区公共服务创新的阶段性总结与评价,有助于总结滨海新区在过去的一段时间内公共服务创新的经验,继续保持并优化有益于公共服务水平提升的公共政策与措施,同时也有助于发现既往发展过程中的薄弱环节,并在后续发展中重点扶持与发展。同时,经过一段时间的发展,滨海新区综合配套改革先行先试的意义逐步显现,有益经验推广排上日程,我国其他区域有选择性地借鉴滨海新区发展经验,有助于全国公共服务水平提升与公共服务区域间的均等化。

就理论意义而言,本书是对滨海新区综合配套改革中改革服务创新的综合性、系统性研究,在一定程度上深化和扩展了当前研究,同时本书采用政策工具理论范式和整体性治理理论范式研究滨海新区综合配套改革中的公共服务创新,力争在研究范式上有所突破。

第三节　本书研究框架

一、研究目标

本书有三个研究目标:一是梳理综合配套改革进程中滨海新区的公共服务创新发展脉络;二是研究公共服务创新过程中的整体性治理策略,考察滨海新区公共服务创新过程中的政策工具应用情况;三是评价滨海新区综合配套改革中公共服务创新成效及公众满意度。

二、研究的时间范围

本书以综合配套改革中滨海新区在公共服务相关领域的体制机制创新

为研究对象,研究时间为 2006 年到 2015 年初,根据不同类别公共服务发展
阶段的不同,研究时间范围也有所区分。如滨海新区基础设施建设与环境
保护的研究时间区间为 1994 年至今,滨海新区基础设施的早期建设与发展
为综合配套改革之后的基础设施建设提供了重要的发展基础;而以新型制
造业为发展支撑的产业结构,则要求滨海新区政府在全国环境保护行动广
泛开展之前就将环境保护列为政府工作的重要内容之一。医疗卫生、教育
类公共服务创新研究过程中也以一定的篇幅回顾了 1994 年至 2006 年这段
时间的发展状况及政策特点,但研究重点仍然放在了 2010 年之后这段时间。
由于医疗卫生与教育类公共服务历来是政府公共服务供给的最为重要的部
分,滨海新区在行政区域整合之前各区域的教育资料、医疗资源状况是滨海
新区教育、医疗类公共服务创新的重要先决条件。社会保障、劳动就业、保
障性住房、公共文化、养老等公共服务则主要研究 2010 年滨海新区行政体制
改革之后的政策创新和政策效果。

三、本书涉及的公共服务类别

本书在公共服务项目选择上主要以《国家基本公共服务体系"十二五"
规划》为基础,根据天津滨海新区的发展实际,选择详尽研究天津滨海新区
在基础设施建设、环境保护、医疗卫生和教育四个领域的公共服务创新成果
和政策效应。简要研究滨海新区在社会保障、劳动就业、基本住房保障、养
老、公共文化,以及基本公共服务均等领域的创新性做法及政策效应。

（一）基础设施建设与环境保护的内涵与外延

基础设施是社会正常运行和健康发展的物质基础,对于改善人居环境,
增强社会综合承载能力,提高城市和农村运行效率,稳步推进新型城镇化具
有重要作用。环境保护意指政府通过环境公共政策实施,推进环境正义,保
障所有人都平等地享受清洁的环境。《国家基本公共服务体系"十二五"规
划》明确了基础设施建设与环境保护属于国家基本公共服务范畴,其重点任
务包括:行政村通公路和客运班车,城市建成区公共交通全覆盖;行政村通

电,无电地区人口全部用上电;邮政服务做到乡乡设所、村村通邮;县县具备污水、垃圾无害化处理能力和环境监测评估能力;保障城乡饮用水水源地安全等。①《国务院关于加强城市基础设施建设的意见》明确了城市基础设施建设的四项主要任务:加强城市道路交通基础设施建设,加大城市管网建设和改造力度,加快污水和垃圾处理设施建设,加强生态园林建设。②《中华人民共和国国民经济和社会发展第十二个五年规划纲要》提出要加强农村基础设施建设,具体包括:全面加强农田水利建设,加强农村饮水安全工程建设,继续推进农村公路建设,加强农村能源建设,全面推进农村危房改造和国有林区(场)、棚户区、垦区危房改造,实施游牧民定居工程,加强农村邮政设施建设,推进农村信息基础设施建设。对于环境保护问题,《中华人民共和国国民经济和社会发展第十二个五年规划纲要》强调要加大环境保护力度,以解决饮用水不安全和空气、土壤污染等损害群众健康的突出环境问题为重点,加强综合治理,明显改善环境质量。

国家相关文件中同样明确了地方政府在基础设施建设与环境保护中的责任,要加强部门协调配合,提出要确保基础设施建设与环境保护的政府投入,同时推进投融资体制和运营机制改革。例如,2014年9月召开的国务院常务会议决定向社会资本开放八十个基础设施项目。

(二)医疗卫生基本公共服务的内涵与外延

基本医疗卫生服务具有公共物品或准公共物品性质,早期以初级卫生保健(Primary Health Care)的形式存在,世界卫生组织确定初级卫生保健的目标是增进人人健康。为实现此项目标,政府应围绕人们的需求和期望安排卫生服务,将卫生纳入所有部门的工作之中,实施领导体制改革,促进多方参与。③ 中国《国家基本公共服务体系"十二五"规划》中明确:"国家建立基本医疗卫生制度,为城乡居民提供安全、有效、方便、价廉的基本医疗卫生服务,切实保障人民群众身体健康。"在《"十三五"推进基本公共服务均等化

---

① 参见《国家基本公共服务体系"十二五"规划》,国发〔2012〕29号。
② 参见《国务院关于加强城市基础设施建设的意见》,国发〔2013〕36号。
③ 参见世界卫生组织主页,http://www.who.int/topics/primary_health_care/zh/。

规划》(国发〔2017〕9 号)中进一步明确了我国的基本医疗卫生制度要覆盖城乡居民,建设过程中以基层为重点,以提高人民健康水平为目标。在《国家基本公共服务体系"十二五"规划》中对政府应提供的基本医疗卫生服务规定如下:"(1)为城乡居民免费提供居民健康档案、健康教育、预防接种、传染病防治、儿童保健、孕产妇保健、老年人保健、高血压等慢性病管理、重性精神疾病管理、卫生监督协管等国家基本公共卫生服务;(2)实施国家免疫规划,艾滋病和结核病、血吸虫病等重大传染病防治,农村妇女住院分娩补助、适龄妇女宫颈癌乳腺癌检查等重大公共卫生项目;(3)实施国家基本药物制度,基本药物全部纳入基本医疗保障药物报销目录,并实行零差率销售;(4)为公众安全用药提供保障,确保药品质量和安全。"《"十三五"推进基本公共服务均等化规划》确定,"十三五"期间医疗卫生服务发展重点为重大疾病防治和基本公共卫生服务、医疗卫生服务、妇幼健康和计划生育服务管理、食品药品安全。

基于以上分析,在中国,医疗卫生基本公共服务是指政府为保障公民的健康权而提供的公共卫生服务、医疗服务和药品安全服务。其评价标准包括各类医疗卫生服务的公平性、可及性和质量水平。[①]

医疗卫生服务体系主要包括医院、基层医疗卫生机构和专业公共卫生机构等。医院分为公立医院和社会办医院。其中,公立医院分为政府办医院(根据功能定位主要划分为县办医院、市办医院、省办医院、部门办医院)和其他公立医院(主要包括军队医院、国有和集体企事业单位等办的医院)。县级以下为基层医疗卫生机构,分为公立和社会办两类。专业公共卫生机构分为政府办专业公共卫生机构和其他专业公共卫生机构(主要包括国有和集体企事业单位等办的专业公共卫生机构)。根据属地层级的不同,政府办专业公共卫生机构划分为县办、市办、省办及部门办四类。

---

① 根据《国家基本公共服务体系"十二五"规划》相关内容提炼。

（三）教育类基本公共服务的内涵与外延

1. 教育类基本公共服务的主要内容

依据教育服务的提供者和消费者付费情况不同,可以将教育服务分为作为纯公共产品的教育、作为准公共产品的教育和作为私人产品的教育。作为纯公共产品的教育服务主要由政府提供,一般指义务教育,适龄儿童和少年享有免费接受教育的权利。作为准公共物品的教育服务主要指非义务教育,如学前教育、中学之后的教育等,政府为教育服务供给机构提供一定的财政补助,但受教育者亦须承担一定的费用。作为纯私人产品的教育服务主要包括一些民办的教育培训和个人的家庭教育服务等,一般情况下政府不为此类教育服务提供财政支持。

《国家基本公共服务体系"十二五"规划》中就中国"十二五"期间政府提供的基本教育服务作出如下规定:国家建立基本公共教育制度,保障所有适龄儿童、少年享有平等受教育的权利,提高国民基本文化素质。"十二五"时期,政府提供如下基本公共教育服务:①为适龄儿童、少年提供免费九年义务教育,为农村义务教育阶段寄宿生提供免费住宿,并为家庭经济困难的寄宿生提供生活补助;②为贫困地区农村义务教育学生实施营养改善计划;③为农村学生、城镇家庭经济困难的学生和涉农专业的学生提供免费中等职业教育;④为家庭经济困难的学生接受普通高中教育提供资助;⑤为家庭经济困难的儿童、孤儿和残疾儿童接受学前教育提供资助。

由上述分析可知,在"十二五"期间,教育类基本公共服务主要包括两个部分:一部分是为所有适龄儿童和少年提供的九年义务教育,另一部分是为弱势群体免费提供具备准公共物品性质的教育服务。

《"十三五"推进基本公共服务均等化规划》将基本公共教育服务的种类扩展到八项,增加了寄宿生生活补助、普惠性学前教育资助两项内容,同时将中等职业教育领域服务内容表述更改为中等职业教育国家助学金、中等职业教育免除学杂费。

2. 基本公共教育服务体系

《国家基本公共服务体系"十二五"规划》中对基本公共教育服务体系的

规划如下：

第一，九年义务教育。重点任务有两个，即义务教育整体质量提升与义务教育均等化发展。为实现义务教育质量提升，需全面推行素质教育；义务教育服务的均等化则主要靠农村、边远、贫困、民族地区和革命老区义务教育资源、师资等方面的全面建设。

第二，高中阶段教育。重点任务是推动职业教育发展，从融资手段、师资培养、校企合作等方面推动职业教育与普通高中教育协调发展。

第三，普惠性学前教育。主要任务是建立政府主导、社会参与、公办民办并举的办园体制，构建覆盖城乡、布局合理的学前教育公共服务体系。在发展公办幼儿园的同时，鼓励社会力量兴办幼儿园。充分考虑农村人口、流动人口和困难弱势群体的学前教育需求。

《"十三五"推进基本公共服务均等化规划》中将"继续教育"纳入基本公共教育发展重点，拟通过多种形式促进我国全面终身教育体系的形成。

（四）基本住房保障的内涵与外延

《"十三五"推进基本公共服务均等化规划》中提出国家要建立健全基本住房保障制度，具体包括：公共租赁住房、城镇棚户区住房改造、农村危房改造三项服务内容。滨海新区的保障性住房是指政府提供优惠，限定户型、面积、租金标准和销售价格，向具有新区非农业户籍中低收入住房困难家庭和来新区就业的各类人员，以出租或者出售方式提供的，具有保障性质的政策性住房。包括四个类别：廉租住房、经济适用住房、限价商品住房和蓝白领公寓。

廉租住房是指政府提供优惠，限定户型、面积和租金标准，向具有新区非农业户籍低收入住房困难家庭和特定对象，以出租的方式提供的，具有保障性质的政策性住房。廉租住房保障方式实行租房补贴、实物配租和公有住房租金核减三种方式相结合。

经济适用住房是指由政府提供优惠，限定户型、面积和销售价格，向具有新区非农业户籍低收入住房困难家庭，以出售的方式提供的，具有保障性质的政策性住房。

限价商品住房是指政府提供优惠,限定户型、面积和销售价格,向具有新区非农业户籍中低收入住房困难家庭和来新区就业各类人员,以出售的方式提供的,具有保障性质的政策性住房。新区限价商品住房分为面向社会住房困难家庭的普通限价商品住房和面向企业、单位的企业定制限价商品住房。

蓝白领公寓是指政府提供优惠,限定房型、面积和租金标准,向来新区就业的各类人员,以出租的方式提供的,具有保障性质的政策性住房。

(五)养老公共服务的内涵

《国家基本公共服务体系"十二五"规划》规定了基本养老服务的内涵:"适应人口老龄化趋势,有条件的地方可发放高龄老年人生活补贴和家庭经济困难的老年人养老服务补贴。将符合条件的农村老人全部纳入农村五保供养范围,实行分散供养与集中供养相结合,适度提高供养标准。建立健全养老服务体系,鼓励居家养老,拓展社区养老服务功能,增强公益性养老服务机构服务能力,鼓励通过公建民营、民办公助等方式引导社会资本参与养老服务机构建设和管理运行。"

"十二五"期间,国家为家庭经济困难且生活难以自理的失能、半失能65岁及以上城乡居民提供养老补贴,地方政府是养老服务的主要责任承担者,目标覆盖人群要达到50%以上,补贴标准根据老年人身体状况和家庭收入情况确定。

"十三五"期间,养老服务体系建设提上日程,主要任务是发展养老服务设施,推进社区及其他各类公共设施的老龄化适应性改造,同时积极开展养老护理人员的培养培训。搭建养老信息服务网络平台,推广应用便携式体检、紧急呼叫监控等设备。[①]

(六)社会保障基本公共服务的内涵与外延

社会保障是人类享有的一项基本人权,虽然对于社会保障的定义至今仍未统一,但学界及社会对于社会保障的公共属性已经达成共识。2012 年

---

① 参见《"十三五"推进基本公共服务均等化规划》,国发〔2017〕9 号。

《国家基本公共服务体系"十二五"规划》明确划定了社会保障服务的范围：国家建立基本养老保险、基本医疗保险、工伤保险、失业保险、生育保险等社会保险制度，保障公民在年老、疾病、工伤、失业、生育等情况下依法从国家和社会获得物质帮助的权利。"十三五"期间，社会保险领域服务项目共七项，具体包括：职工基本养老保险、城乡居民基本养老保险、职工基本医疗保险、生育保险、城乡居民基本医疗保险、失业保险、工伤保险。

（七）就业服务的内涵与外延

《国家基本公共服务体系"十二五"规划》规定："国家建立劳动就业公共服务制度，为全体劳动者就业创造必要条件，加强劳动保护，改善劳动环境，保障合法权益，促进充分就业和构建和谐劳动关系。"就业服务的重点任务包括三个方面：就业服务和管理、职业技能培训、劳动关系协调和劳动权益保护。"十三五"期间，就业服务的表述更改为"劳动就业创业"服务，建设目标是加强覆盖城乡的公共就业创业服务体系建设，服务项目共十项，具体包括：基本公共就业服务、创业服务、就业援助、就业见习服务、大中城市联合招聘服务、职业技能培训和技能鉴定、"12333"人力资源和社会保障服务热线电话咨询、劳动关系协调、劳动人事争议调解仲裁、劳动保障监察。

（八）公共文化基本公共服务的内涵和外延

《国家基本公共服务体系"十二五"规划》中对于公共文化的内涵作出如下解释：国家建立公共文化服务制度，保障人民群众看电视、听广播、读书看报、进行公共文化鉴赏、参加大众文化活动权益。"十二五"时期，政府提供如下公共文化体育服务：向全民免费开放基层公共文化体育设施，逐步扩大公共图书馆、文化馆（站）、博物馆、美术馆、纪念馆、科技馆、工人文化宫、青少年宫等免费开放范围；为全民免费提供基本的广播电视服务和突发事件应急广播服务；为农村居民免费提供文化信息资源共享、电影放映、送书送报送戏等公益性文化服务；加强文化遗产保护和综合利用；为城乡居民参加全民健身活动提供免费指导服务。

《中共天津市滨海新区委员会关于深化文化体制改革推动社会主义文化大发展大繁荣的实施意见》提出，对公民基本文化权益的保障措施包括以下五个方面:第一,加强公共文化设施建设和管理。第二,实施文化惠民工程。第三,加强文化遗产的保护和传承。第四,繁荣文化创作。第五,加强文化品牌塑造。

四、研究思路与写作框架

(一)研究思路

本书研究思路如图 1-2 所示。

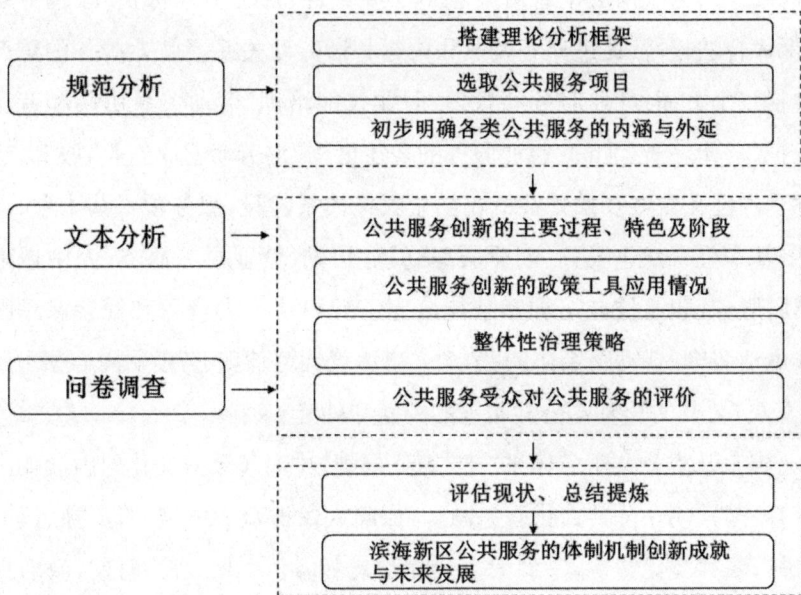

图 1-2 研究思路

具体研究步骤如下:

第一步:规范分析。①在国内外相关文献分析的基础上,搭建本书研究理论分析框架。②分析滨海新区公共服务发展的背景及国家公共服务的整体进展,确定公共服务研究项目。③通过文献分析与对政府重要文件的解读,确定各类公共服务的基本内涵与外延。

第二步:文本分析与问卷调查。①对滨海新区各类公共服务政策进行检索,检索范围不仅包括正式公布的文件,也包括政府的宣传性文稿。发布机构不仅包括滨海新区政府,也包括滨海新区各功能区管委会以及各街道、村镇政府。②在政策文本检索的基础上,对政策文本进行精细化阅读及分析,梳理滨海新区公共服务创新的过程,提炼滨海新区公共服务创新的特点。③运用整体性治理分析框架,研究滨海新区公共服务创新过程中的整体性治理策略。④应用政策工具理论分析方法,研究滨海新区公共服务创新中的政策工具应用情况。⑤对滨海新区享受公共服务的居民进行问卷调查,考察滨海新区公共服务创新的效果。

第三步:总结滨海新区公共服务创新先行先试的经验,分析滨海新区公共服务领域仍然存在的不足,对滨海新区下一个阶段的公共服务创新提出对策和建议。

(二)写作框架

本书内容分为六个部分:

第一部分阐述本书背景及研究意义,明确研究目标、范围,提出研究思路与研究框架。

第二部分为滨海新区公共服务领域的政策演进,分阶段解读滨海新区在基础设施建设、环境保护、医疗卫生、教育、社会保障、劳动就业、保障性住房、养老和公共文化九个领域的公共政策创新。

第三部分基于整体性治理理论,分析了滨海新区政府的"碎片化"表征和公共服务创新的"棘手性",从空间、职能与部门三个角度考察滨海新区政府在应对碎片化与棘手问题中的具体机制体制创新。

第四部分基于政策工具理论视角,分别考察滨海新区各项公共服务创新过程中的政策工具应用情况,总结滨海新区公共服务创新政策工具应用的总体特征,提出滨海新区公共服务领域政策工具优化建议。

第五部分评价滨海新区公共服务发展的成效,依据统计数据、问卷调查资料和政策宣示,对滨海新区公共服务发展情况进行评价。

第六部分为结论与建议,总结研究的主要发现,提出研究建议,阐述研究主要不足与未来研究展望。

第二章 滨海新区公共服务的创新历程

本章分领域梳理了天津滨海新区公共服务的政策演进过程,分阶段解读滨海新区在基础设施建设、环境保护、医疗卫生、教育、社会保障、劳动就业、保障性住房、养老、公共文化和公共服务均等化这十个领域的公共政策创新。鉴于公共政策的延续性和不同公共服务项目发展的不均衡性,研究时间范围并未完全限定于综合配套改革阶段,也未依照统一的时间点进行硬性划分,而是根据各项公共服务本身的发展特点划定其发展阶段。旨在通过政策进展的梳理与阶段划分,探索滨海新区在公共服务领域的主要政策行动,进一步为分析滨海新区公共服务创新过程中的政策工具应用情况和整体性治理进程提供基础。

第一节 滨海新区建设历程与公共服务发展总体脉络

"天津滨海新区"这一概念于 1994 年提出,2005 年 10 月被纳入国家发展战略,2009 年 11 月正式成立。

一、滨海新区决策酝酿与建设调研

1983 年,时任天津市市长李瑞环提出天津发展的规划布局:"以海河为轴线,一根扁担挑两头,建设卫星城,逐步实现工业区东移,从二道闸沿海河两岸一直到塘沽,形成滨海新区。"这是天津市领导高层第一次明确提出建设滨海新区的设想。

1986 年,邓小平视察天津为滨海新区开发开放提供了重要的切入点。邓小平指出:"你们在港口和市区之间有这么多荒地,这是一个很大的优势,我看你们潜力很大,可以胆子大点,发展快点。"①

1992 年邓小平南巡回京途中,途经天津西站,时任天津市委书记谭绍文与市长聂璧初向邓小平作了简要汇报。邓小平听取汇报后强调,"你们一定要大胆地干,大胆地闯"②。

邓小平会见天津市领导的时间虽然比较短,但这次会见给予了天津极大的激励与启发。此后不久,天津市委、市政府提出了加快天津发展的总体设想。

1993 年,在天津市人大十二届一次会议上聂璧初作政府工作报告,报告中提出:"以塘沽为中心的滨海新区是全市对外开放的前沿阵地,发展外向型经济的示范区域,要把滨海新区的开发与开放作为全市经济发展的战略重点。"③

1993 年 6 月,张立昌任天津市委书记,8 月他到塘沽考察调研。之后,天津市委、市政府先后到汉沽、大港、开发区、保税区和港务局调研。1994 年,在天津市委党校的一次讲话中,张立昌说道:"1993 年,市第六次党代会和市十二届人大一次会议确定了天津发展分两步走的目标。"④确定了天津市发展的四项发展目标,1994 年 2 月 12 日,天津市政府成立"实现四项目标"领导小组,并设立一、二、三、四分组,其中第四组的别称为"天津市滨海新区领导小组"。

1994 年,在天津市第十二届人民代表大会第二次会议上,时任天津市市长作政府工作报告,首次明确天津市要用十年左右的时间,基本建成滨海新区。

---

① 《邓小平文选》(第三卷),人民出版社,1993 年,第 165 页。

② 《邓小平与天津》,中共党史出版社,2004 年,第 85 页。

③ 宋联新:《见证第三增长极的崛起——天津滨海新区不平凡的发展历程纪实》,经济科学出版社,2009 年,第 7 页。

④ 《在中共天津市委党校的报告》,载《历史性的跨越——天津市"三五八十"的成功实践》,天津人民出版社,1995 年,第 26 页。

表 2-1 滨海新区开发开放第一阶段的关键事件

时间	部门	政策	影响
1994 年 3 月	天津市政府	用十年左右的时间,基本建成滨海新区。	天津滨海新区的名字开始见诸正式文书和媒体。

1994 年,天津市滨海新区领导小组对滨海新区进行了深入调研,形成了三种滨海新区发展方案。方案一:建设滨海新区,包括塘沽、汉沽、大港三个区全部面积和东丽区李庄乡、津南区葛沽镇,陆域面积 2270 平方千米。方案二:建设滨海新城,包括港口、开发区、保税区、海洋高新技术产业园区,塘沽、汉沽、大港的新旧城区和海河下游工业区,面积 350 平方千米。方案三:首先建设起步试点区域,包括以开发区、保税区、海洋高新技术产业园区和港口为核心,辐射周围,面积 100 平方千米。经调研与会议讨论,最终,天津市滨海新区开发建设总体构想确定为,"以天津港、开发区、保税区为骨架,以冶金、化工为基础,商贸、金融、旅游竞相发展,形成一个以新兴产业、外向型经济为主导,以自由港区为发展方向,基础设施配套,服务功能齐全,面向21 世纪的高度开放的现代化经济新区"[1]。

1994 年 6 月 7 日,张立昌到塘沽视察工作,正式明确了滨海新区开发建设模式:"统一规划,分区分步实施,基础设施先行。""滨海新区的建设中基础设施要先行。从总的情况统筹来看塘沽是重点,当然也包括其他区。但是基础设施肯定主要摆放在塘沽,这不是给塘沽的特殊政策,因为这是滨海新区的基础设施。所以我们统筹规划来摆项目,项目摆出来,安排谁就由谁来干。"[2]

---

[1] 天津市计划委员会:《天津市加快滨海地区经济发展基本设想》,载宋联新:《见证第三增长极的崛起——天津滨海新区不平凡的发展历程纪实》,经济科学出版社,2009 年,第 20 页。
[2] 塘沽区政府研究室:《张立昌市长来塘沽视察重点工作时的谈话纪要》(内部材料),1994 年6 月 9 日。

表2-2　滨海新区开发开放第二阶段的关键事件

时间	部门	政策	影响
1994 年 3 月	天津市计划委员会	天津市加快滨海地区经济发展基本设想。	这是滨海新区第一个经济社会发展规划,为天津市委、市政府的最终决策提供了依据;也通过征求意见,在新区各功能区达成了共识。
1994 年 6 月	天津市政府	统一规划,分区分步实施,基础设施先行。	"滨海新区"从概念推进到了实际落实阶段。

二、天津市自主建设发展滨海新区

(一)探索粗放式发展阶段

天津滨海新区开发建设"基础设施先行"的战略确定之后,天津市基础设施建设开始向滨海新区倾斜,用义务劳动推动基础设施建设是滨海新区起步的一种无奈创新。1994 年,大港区和塘沽区用义务劳动的方式建设大港到塘沽的塘港公路,打通了大港石化到天津港的通道。1996—1997 年,天津市塘沽区开展义务劳动建设海防路。[①]

1996 年底,由天津市计划委员会与天津市滨海新区办公室联合编制的《天津滨海新区国民经济和社会发展十年规划及 2010 年远景目标纲要》(以下简称《十年规划》)完稿送审,1997 年 1 月报送天津市滨海新区领导小组获批。

《十年规划》提出了建设八个功能区的设想,提出了统一产业布局的思路,在滨海新区开发建设初期发挥了重要作用,并为之后深入研究滨海新区发展规划奠定了基础。

---

① 参见《滨海新区大事记》,北方网,http://news.enorth.com.cn/system/2006/08/19/001388586.shtml。

表2-3 滨海新区开发开放第三阶段的关键事件

时间	部门	政策	影响
1996 年	天津市政府	设立滨海新区建设资金。	为滨海新区建设筹措了最初的建设资金。
1997 年 1 月	天津市计划委员会与天津市滨海新区办公室	《天津滨海新区国民经济和社会发展十年规划及 2010 年远景目标纲要》	在滨海新区开发建设初期发挥了重要作用,并为之后深入研究滨海新区发展规划奠定了基础。
1999 年 10 月 9 日	时任中共中央总书记、国家主席江泽民	江泽民视察天津滨海新区强调,滨海新区的战略布局思路很正确,以战略和长远的构思发展新区肯定大有希望。	滨海新区建设思路获得中央高层肯定。
2000 年 2 月 16 日	天津市政府	《关于进一步加快滨海新区发展的通知》	明确了 21 世纪滨海新区发展的战略构想。
2000 年 9 月 8 日	天津市委、市政府	《关于组建中共天津市委滨海新区工作委员会和天津市滨海新区管理委员会的通知》	建立天津市滨海新区工作委员会和管理委员会,充分发挥滨海新区的聚集效应。

(二)滨海新区发展获得中央决策高层认可

滨海新区的迅速崛起在受到学界与社会高度关注的同时,也获得了党中央和国务院的认可,为滨海新区上升为国家战略奠定了重要基础。

1999 年 10 月 9 日,时任中共中央总书记江泽民视察天津滨海新区强调,滨海新区的战略布局思路很正确,以战略和长远的构思发展新区肯定大有希望。[①] 2000 年 3 月 10 日,时任国务院副总理温家宝在参加第九届全国人大第三次会议天津市代表团会议时讲道:"天津要切实做好滨海新区建设这篇大文章。滨海新区是天津最大的优势,要在天津干部群众的共同努力下,进一步加快滨海新区建设,实现天津更快更好的发展。"[②]

---

① 参见中共天津市委党史研究室编著:《天津改革开放历程》,中共党史出版社,2008 年,第 142～143 页。

② 《天津日报》,2000 年 3 月 11 日。

2000 年 6 月 18 日,时任国家副主席胡锦涛视察天津,肯定了天津市滨海新区发展的战略布局。[①] 2002 年 1 月 21—23 日,胡锦涛再次视察天津,再次肯定了滨海新区发展取得的明显成绩。[②]

(三)行政体制改革阶段

2000 年 2 月 16 日,天津市政府发出《天津市人民政府关于进一步加快滨海新区发展的通知》[③](以下简称《通知》)。《通知》总结了滨海新区建设的成果,认为滨海新区已基本实现阶段性发展目标。地区生产总值由 1993 年的 112.36 亿元上升到 1998 年的 416.96 亿元,平均递增 23.27%,占全市的比重由 21% 提高到 31.1%,平均每年提高 2 个百分点。外贸出口由 1993 年的 5.03 亿美元上升到 1998 年的 28.09 亿美元,年均递增 41%,占全市的比重由 24.6% 提高到 49.3%。固定资产投资 5 年累计完成 752.08 亿元,其中基础设施累计完成 137 亿元,开工建设 159 项,竣工 137 项。经过 5 年的发展,滨海新区经济布局趋向合理,产业结构得到优化,基础设施建设明显加快,环境质量不断提高,经济和社会协调发展,国内外影响日益扩大,已成为天津市最大的经济增长点和对外开放的标志性区域,是天津 21 世纪发展的希望所在。《通知》提出了滨海新区进一步发展的战略构想:以天津港、开发区、保税区为骨架,以现代工业为基础,以外向型经济为主导,使商贸、金融、旅游竞相发展,形成一个基础设施配套、服务功能齐全、面向 21 世纪的高度开放的现代化经济新区。

为完成滨海新区战略目标,实现滨海新区发展规划的统一性,2000 年 9 月 8 日,天津市委、市政府下发《关于组建中共天津市委滨海新区工作委员会和天津市滨海新区管理委员会的通知》。9 月 14 日,天津市滨海新区工作委员会和管理委员会正式成立。天津市滨海新区工作委员会作为天津市委

① 参见《天津日报》,2000 年 6 月 21 日。
② 参见《天津日报》,2002 年 1 月 24 日。
③ 《天津市人民政府关于进一步加快滨海新区发展的通知》,法律教育网,http://www.china-lawedu. com/news/1200/22016/22017/22048/22059/2006/4/so20202046271914600022000 - 0. htm, 2014 年 10 月 15 日。

的派出机构,根据市委决策讨论重大事项和重大项目,协调区域内各方关系,统一认识,统一步调。天津市滨海新区管理委员会作为天津市政府的派出机构,代表天津市政府行使有关滨海新区建设的管理权。原滨海新区领导小组和办公室撤销。

滨海新区管理委员会不是一级政府,作为天津市政府的派出机构,其优势在于决策成本较低,工作效率较高。随着滨海新区开发建设的深入,需管理协调事项逐渐增多,滨海新区管理委员从十几个人发展到"三局两室"几十人的规模,内设经济发展局、规划建设局、投融资局,以及工委和管委办公室、政策法规研究室。除此之外,天津市统计局、规划局、土地局、环保局都先后在滨海新区开设了分局,与滨海新区管理委员会一起办公。

滨海新区管理委员会成立之后,很快意识到滨海新区不同于浦东新区、深圳特区等先期开放区域,滨海新区的行政区划更为复杂,通过立法,实现新区发展的统一性势在必行。为保障滨海新区的开发建设,加快滨海新区经济发展,《天津滨海新区条例》应运而生。在《天津滨海新区条例》中明确了滨海新区管理委员会的主要工作职责,以及滨海新区管理委员会与滨海新区原有各区政府、管理机构之间的职责分工与权利义务关系:滨海新区内各区人民政府、各功能经济区管理机构,根据各自职责负责各自辖区的行政管理工作,接受滨海新区管理委员会对经济建设工作的指导、协调。涉及滨海新区整体长远发展的土地利用、产业布局、重点投资项目和结构调整等重要经济事项,应当向滨海新区管理委员会报告。对滨海新区内各区人民政府、各功能经济区管理机构决定的事项,不符合本市总体规划和滨海新区规划的,滨海新区管理委员会应当予以纠正,并向市人民政府报告。①

与之前的发展战略不同,在《天津滨海新区条例》中首次提出滨海新区应当提高和完善社会服务功能。促进科技、教育、文化、卫生、体育事业的发展,提高滨海新区文化品位和人的综合素质。健全劳动和社会保障制度,维护劳动者的合法权益。维护良好的社会治安秩序,保障滨海新区生产、生活

---

① 参见《天津滨海新区条例》,第六条,天津市人民代表大会常务委员会,2002 年 10 月 24 日。

的正常进行。①

三、滨海新区纳入国家发展战略

2002 年,为进一步促进滨海新区更好更快发展,时任天津市市长李盛霖明确滨海新区工作委员会和管理委员会直接由天津市市长管理,滨海新区相关事务可直接向市长汇报。

2002 年伴随着《天津滨海新区条例》的出台,滨海新区发展进入一个全新的阶段,2002 年 12 月,戴相龙任天津市市长。戴相龙任天津市市长期间,推动了天津市金融体系的创新与改革,筹备多年的渤海银行正式成立并投入运营,天津市被批准为全国首家允许市民私人购汇直接到境外股市投资的试点城市。滨海新区被确定为金融改革试验区,国外银行纷纷抢先登陆滨海新区,为滨海新区金融业注入了新的活力。

2004 年 3 月,在全国政协十届二次会议上,来自天津的五十二位全国政协委员联名向大会递交了《关于请国务院批准天津滨海新区整体发展规划的建议》的提案。由此,滨海新区纳入国家战略拉开序幕。

2004 年下半年,全国政协人口环境资源委到天津滨海新区进行调研,并形成建议件——《关于进一步发挥天津滨海新区在振兴环渤海区域经济中作用的建议》,建议给予滨海新区更多的自主权,更多的政策扶持,以带动环渤海地区经济发展。

2004 年 11 月 24 日,时任国务院总理温家宝在这份调查报告上批示:"规划和建设好天津滨海新区,不仅关系天津的长远发展,而且对于振兴环渤海区域经济有着重要作用。政协的建议,请发改委结合制定经济、社会发展'十一五'和长远规划予以统筹研究。"②温家宝的批示意味着国家认可了滨海新区"对振兴环渤海区域经济的重要作用"。

---

① 参见《天津滨海新区条例》,第十五条,天津市人民代表大会常务委员会,2002 年 10 月 24 日。
② 《"副省级区"纪年》,《中国经济周刊》,2011 年第 25 期。

2005 年 10 月,加快滨海新区发展写进中共中央"十一五"规划建议,滨海新区纳入国家整体发展战略。

2005 年 11 月 9—11 日,中共天津市委八届八次全体会议召开,专题讨论滨海新区开发建设问题。会议审议通过了《中共天津市委关于加快推进滨海新区开发开放的意见》,将滨海新区功能定位为:立足天津、依托京冀、服务环渤海、辐射"三北"、面向东北亚,努力建设成为高水平的现代制造和研发转化基地、北方国际航运中心和国际物流中心、宜居的生态城区。"十一五"期间,滨海新区建设的总体目标是:实现经济持续快速协调健康发展,综合实力进一步增强。生产总值年均增长 17%,财政收入年均增长 20%,高新技术产业产值占工业的比重达到 50% 以上。资源利用效率显著提高,单位生产总值能源消耗比"十五"期末下降 20% 以上。生态环境保护良好,可持续发展能力不断增强。基础设施更加完善,整体功能明显增强。社会事业全面发展,构建和谐城区取得新进步。①

四、滨海新区被确定为国家综合配套改革试点

2006 年 5 月 26 日,国务院下发《国务院关于推进天津滨海新区开发开放有关问题的意见》(国发〔2006〕20 号),确定天津滨海新区的功能定位是:依托京津冀、服务环渤海、辐射"三北"、面向东北亚,努力建设成为我国北方对外开放的门户、高水平的现代制造业和研发转化基地、北方国际航运中心和国际物流中心,逐步成为经济繁荣、社会和谐、环境优美的宜居生态型新城区。推进天津滨海新区开发开放的主要任务是:以建立综合配套改革试验区为契机,探索新的区域发展模式,为全国发展改革提供经验和示范。

2006 年下半年,在《国务院关于推进天津滨海新区开发开放有关问题的意见》的基础上,《天津滨海新区国民经济和社会发展"十一五"规划纲要》

---

① 参见《中共天津市委关于加快推进滨海新区开发开放的意见》,2005 年 11 月 10 日中国共产党天津市第八届委员会第八次全体会议通过。

（以下简称《"十一五"规划纲要》）出台。《"十一五"规划纲要》以综合配套改革作为滨海新区开发开放的动力,明确了先行试验的重点和工作的切入点。强调滨海新区要重视五大功能的培养:一是改革开放创新示范功能。二是现代制造和研发转化功能。三是国际航运和国际物流功能。四是海滨休闲旅游功能。五是宜居生态功能。在城市布局上,提出形成三个生态城区、六个新市镇的城镇结构。三个生态城区包括塘沽、大港、汉沽。六个新市镇为葛沽镇、无瑕街、军粮城镇、杨家泊镇、太平镇、小王庄镇,城镇建设用地共二十七平方千米(包括东丽湖功能组团)。在基础设施建设方面以大交通体系为重点,加快基础设施和公共设施建设,构建空间结构合理、设施完善、功能齐全的现代综合交通体系和城区基础设施体系,增强区域服务功能。

为了进一步搞好综合配套改革,滨海新区综合配套改革试验领导小组成立,专门负责起草编制《滨海新区综合配套改革试验总体方案》,2006 年 9 月,该方案上报国务院。2008 年 3 月 13 日,国务院对天津滨海新区综合配套改革试验总体方案予以批复。滨海新区管理委员会随即成立综合配套改革办公室。

五、滨海新区公共服务发展的总体脉络

1994 年 3 月,天津市第十二届人大第二次会议通过的"用十年左右时间基本建成天津滨海新区"的决议拉开了滨海新区开发建设的序幕。本章将滨海新区公共服务创新实践划分为五个阶段:

第一阶段为 1994 年到 1998 年,滨海新区建设启动。这一阶段发展的主要公共服务项目是基础设施建设,天津市政府在资金、人力、物力等方面为滨海新区基础设施建设提供了重要保障,出台了若干重要文件用于支持滨海新区基础设施建设,如 1995 年出台的《关于加快滨海新区建设若干规定》等。

第二阶段为 1999 年到 2004 年,滨海新区公共服务项目基本健全。滨海新区建设获得中央高层肯定,滨海新区建设上升为天津市发展的重要战略

之后,在进一步加快基础设施建设的同时,环境保护工作被提上日程。经过五年的建设发展,1999 年,时任中共中央总书记江泽民视察天津滨海新区,滨海新区建设得到了中共中央高层的重视与肯定,滨海新区工作委员会和管理委员会成立,滨海新区聚集效应初显。2000 年,天津市人民政府以津政发〔2000〕2 号文件发布《天津市人民政府关于进一步加快滨海新区发展的通知》,通知中明确指出"滨海新区要发展,基础设施必须先行",但同时强调在加快基础设施建设的基础上,要更加重视美化绿化、环境保护和各项社会公益事业的建设。由此,滨海新区公共服务内容得到了进一步扩展,除基础设施之外的各项公共服务开始逐步启动。2002 年,《天津滨海新区条例》出台,进一步明确社会服务也是滨海新区建设的重要任务,要在社会保障、公共安全、文化、教育、卫生等领域进一步提高和完善。经过近十年的建设发展,天津滨海新区在经济发展上取得重要成就,各类基础设施逐步完善,环境质量明显提高,2003 年滨海新区已经基本建成。①

第三阶段为 2005 年到 2009 年,滨海新区上升为国家战略,新修订的《天津滨海新区总体规划》出台,滨海新区已经基本建成,公共服务侧重点由基础设施建设逐渐向环境保护、教育、医疗、社会保障、就业和文化等领域倾斜。滨海新区在天津市的战略地位逐步提升,加快建设滨海新区已经成为天津市的一项重要战略任务。党的十六届五中全会通过的《中共中央关于制定国民经济和社会发展第十一个五年规划的建议》明确把滨海新区纳入国家总体发展战略布局,滨海新区进入了新的发展阶段。2005 年《天津滨海新区总体规划(2005—2020)》出台,其中对滨海新区的定位为:"依托京津冀、服务环渤海、辐射'三北'、面向东北亚,努力建设成为我国北方对外开放的门户、高水平的现代制造业和研发转化基地、北方国际航运中心和国际物流中心,逐步成为经济繁荣、社会和谐、环境优美的宜居生态型新城区。"《天津滨海新区总体规划(2005—2020)》中单列一章提出要转变政府职能,全面

---

① 参见 2004 年天津市政府工作报告,天津市政务网,http://www.tj.gov.cn/szf/gzbg/201609/t20160920_3562212.html。

履行政府社会管理和公共服务职能,更加重视科技、教育、文化、卫生、体育等社会事业发展,满足人民群众物质、文化、精神和生命健康的需要。在教育、文化、医疗卫生、体育、社会福利与社会救济、环境保护、基础设施建设等方面都提出了明确的政策宣示。同年 6 月 24—26 日,时任国务院总理温家宝率十五个部委主要负责人到天津考察,在听取了天津市委、市政府关于滨海新区建设发展的工作汇报后指出:"要抓住机遇,把滨海新区建设成依托京津冀,服务环渤海,辐射'三北',面向东北亚的现代化新区。"温家宝强调了在新形势下推进滨海新区的发展要明确的几点思路,他提到要坚持可持续发展,建设资源节约型和环境友好型新区。强化节约意识和环境意识,把加快建设节约型社会、发展循环经济、加强环境保护和治理,作为搞好新区规划和建设的重要内容。坚持以人为本,推进和谐社会建设与全面发展。加强民主法制建设,加快社会事业发展,创造良好的发展环境和生活环境,建设宜居的生态滨海新区。^① 温家宝也在一定程度上肯定了天津及滨海新区之前在公共服务方面所做的工作:天津的亮点很多,有许多事情做得很不错,比如教育卫生、社区建设、危陋平房改造等。^② 由此,滨海新区公共服务创新进入一个全面推进与快速发展阶段。

第四阶段为 2010 年至 2015 年,公共服务创新的整体性战略逐渐形成。滨海新区政府成立,通过行政区划调整与行政管理体制创新,滨海新区一体化进程加快,滨海新区政府整合区域发展能力提升,公共服务创新步伐加快。2010 年 1 月,滨海新区政府正式挂牌成立。2011 年,滨海新区区长宗国英在滨海新区第一届人民代表大会第二次会议上所作的政府工作报告强调,要建设服务型政府,公共服务创新的地位在滨海新区各项工作中地位提升,滨海新区公共服务创新进入了一个全新发展阶段,公共服务范围进一步扩展,公共服务方式多样化,公共服务内容丰富化。在 2012 年政府工作报告中,宗国英进一步指出滨海新区政府要牢固树立执政为民理念,在新一年的

---

① 《中共中央建议重点建设天津滨海新区》,载戴逢主编、中国市长协会《中国城市发展报告》编辑委员会编:《中国城市发展报告(2005)》,中国城市出版社,2006 年。
② 《温家宝对滨海新区建设作出重要指示》,载《天津年鉴》,天津年鉴社,2005 年。

任务是进一步强化公共服务职能,恪尽职守,开拓创新,努力建设人民满意的政府。2010—2015 年滨海新区在公共服务领域的财政投入不断增加,政府公共服务能力和水平有了显著提升,民众生活水平显著提升,民众对政府公共服务满意度基本持正面态度。[①]

第五阶段为 2016 年至今,滨海新区公共服务创新的系统性与整体性开始显现,综合配套改革、自贸区建设、京津冀协同发展、"一带一路"倡议的多重背景叠加,既为公共服务创新提出了新的要求,也为滨海新区公共服务创新的形式和内容带来了新的机遇。公共服务发展目标首先是公共服务在"量"上的提升,滨海新区设定了略高于国家标准的公共服务供给标准。其次,强调公共服务均等化,通过户籍制度改革、公共服务基础较差区域的开发建设配套以及外来人口管理制度健全等方式,实现区域与人群间的公共服务均等化。最后是提升公众的服务满意度。

第二节　滨海新区基础设施建设政策演进

基础设施建设是滨海新区启动最早、投入最多、发展最快的公共服务项目。其发展经历了三个阶段:第一阶段在滨海新区初始建设阶段,滨海新区基础设施建设成为当时天津市的工作重点,由天津市牵头进行了滨海新区基础设施的初步建设;第二阶段滨海新区基础设施建设有了明确的发展定位;第三阶段,滨海新区完成区划整合阶段,基础设施建设开始进入整体协调发展阶段。

一、基础设施建设与城市发展配套阶段(1994—2004 年)

(一)基础设施建设目标

1994 年滨海新区建设正式启动,天津市政府的目标是用十年左右的时

---

① 详见第四章第三节内容。

间建成滨海新区。[①] 时任天津市市长张立昌在政府工作报告中强调,滨海新区建设初期的主要工作任务之一就是进行基础设施建设。基于此,基础设施的配套建设是滨海新区建成的重要指标,其目标是完成滨海新区的基础设施配套,健全滨海新区的服务功能,将滨海新区建设成为面向21世纪的现代化经济新区。[②] 2000年天津市人民政府发布《关于加快滨海新区发展的通知》。该通知总结了滨海新区建设发展五年的成就,明确了滨海新区进一步发展目标,其中基础设施建设是滨海新区发展的重要目标,滨海新区基础设施建设的目标表述为:功能完备、相互配套、适度超前的基础设施体系。

(二)基础设施建设项目安排

对于基础设施建设的主要内容,天津市计划委员会在《天津经济》1995年第5期发表的文章《关于建设滨海新区的几个问题》[③]中提到,要"按照现代化国际港口大城市标准,超前建设基础设施"。具体包括:港口建设,铁路建设,公路建设,机场建设,邮电通信建设,能源、水源建设,供排水、燃气、供热等设施建设几个方面。2002年《天津滨海新区条例》第十四条明确滨海新区鼓励基础设施建设按照本市建设现代化国际港口大都市的目标,统筹规划并加强基础设施和公共设施的建设,完善城市功能,在能源、交通、通信、信息等方面为企业经营发展提供良好条件。在实际建设发展过程中,滨海新区交通、港口和机场方面的基础设施建设启动较早。1999年时任天津市市长李盛霖在天津市第十三届人民代表大会第二次会议上作政府工作报告,报告中对滨海新区2000年基础设施建设的具体任务和投资额度作出规划:保税区要发挥政策和功能优势,加快国际物流中心的建设,天津港要加快开发建设,提高综合功能,广开货源,加强与大船公司的合作,增加集装箱运量。积极推进港区一体化发展。搞好临港工业区的规划和实施。继续扩

---

① 1996年《天津滨海新区国民经济和社会发展十年规划及2010远景目标纲要》将滨海新区发展阶段划分为两个阶段:第一阶段,至2003年,即十年基本建成滨海新区;第二阶段到2010年,把滨海新区建设成为具有自由港功能的高度开放的现代化经济新区。

② 天津市计划委员会:《天津市加快滨海新区经济发展基本设想》(内部资料),1994年。

③ 宋杰、杨振江、刘德夫:《关于建设天津滨海新区的几个问题》,《天津经济》,1995年第5期。

建天津滨海国际机场,着手研究海河下游的开发利用。集中力量建设以滨海大桥为重点的滨海新区基础设施工程。建设海河大桥,史家庄立交桥、津塘公路二期和1000万吨下海铁路工程,改造杨北公路,为形成东西贯通、南北连结的新区交通骨架打下基础。[①] 2002年政府工作报告提出,要"进一步发挥开发区的带动、辐射作用,巩固和扩大领先优势。提高保税区通关速度,强化区域功能。搞好天津港深水航道、集装箱码头的改扩建,提高整体服务水平。抓紧滨海国际机场改扩建。抓好重点道路建设,促进新区和老区联动发展。加强新区各单位的协同配合,发挥综合优势和聚集效应"。2003年政府工作报告中提出,要在"滨海新区新建、续建75项重点工程,力争完成基础设施投资120亿元"。2003年之后基础设施建设的具体项目包括集装箱泊位及煤炭码头、矿石码头、天津港南疆北方散货物流中心、10万吨级深水航道、10万至15万吨级深水泊位、津沽二线高速公路、临港工业区、津滨轻轨铁路、滨海50万kV变电站、滨海垃圾处理场、滨海国际机场扩建、天泰航空货运中心、铁路东南环线、唐津高速公路、津滨高速公路、海河大桥、史家庄立交桥、碱渣花园住宅区、海河水系治理及海档工程等。

(三)基础设施建设的保障工作

滨海新区建设初期,滨海新区还主要以一种概念的形式存在,发展实体是塘沽区、汉沽区、大港区、天津港、天津经济技术开发区、天津港保税区和海河下游多功能港口经济区几个功能区。直到2000年滨海新区管理委员成立后,滨海新区才有了专门性统一协调领导机构。因此,滨海新区建设初期的主要政策文件是由天津市人民政府及天津市计划委员会发布的。滨海新区建设作为天津市发展的重要工作之一,几乎在每年的天津市人民政府工作报告中都有专门规定。

---

① 李盛霖:《继往开来 勇于创新 把天津改革开放和现代化建设事业推向新世纪》,1999年2月5日,天津市第十三届人民代表大会第二次会议上的政府工作报告。

表2-4　1994—2004年滨海新区基础设施建设领域主要政策

时间	名称	机构(人)	主要内容
1994	《天津市政府工作报告》	天津市市长(张立昌)	用十年左右的时间建成滨海新区。
1994	《张立昌市长来塘沽视察重点工作时的谈话纪要》	塘沽政府研究室	统一规划,分区分步实施,基础设施先行。
1994	《天津市加快滨海新区经济发展基本设想》	天津市计划委员会	形成一个基础设施配套,服务功能齐全,面向21世纪的高度开放的现代化经济新区。
1995	《关于加快滨海新区建设的若干规定》	天津市人民政府	滨海新区的各单位都有责任、有义务在财力、物力上支持新区的基础设施建设。每年在提取开发区财政收入自留部分5%的基础上,对其他各单位也提留一部分资金,集中统一调度使用。
1997	《天津滨海新区国民经济和社会发展十年规划及2010远景目标纲要》	天津市计划委员会与天津市滨海新区办公室	至2003年,即十年基本建成滨海新区;到2010年,把滨海新区建设成为具有自由港功能的高度开放的现代化经济新区。
1999	《继往开来 勇于创新 把天津改革开放和现代化建设事业推向新世纪》	天津市1999年政府工作报告(时任天津市市长李盛霖)	全年安排重点基础设施项目53个,投资50亿元。推动异地改造的老企业和新上的重点项目到新区发展。①
2000	《关于进一步加快滨海新区发展的通知》	天津市人民政府	发展目标:形成一个基础设施配套、服务功能齐全,面向21世纪的高度开放的现代化经济新区。努力形成功能完备、相互配套、适度超前的基础设施体系。形成现代化国际港口城市所具有的综合功能和完善的基础设施体系。

---

① 李盛霖:《继往开来 勇于创新 把天津改革开放和现代化建设事业推向新世纪》,1999年2月5日,天津市第十三届人民代表大会第二次会议上的政府工作报告。

时间	名称	机构(人)	主要内容
2002	《天津滨海新区条例》	天津市人大常委会	滨海新区鼓励基础设施建设投资项目;滨海新区应当按照本市建设现代化国际港口大都市的目标,统筹规划并加强基础设施和公共设施的建设,完善城市功能,在能源、交通、通信、信息等方面为企业经营发展提供良好条件。
2002	《天津市政府工作报告》	天津市市长	实施工业战略东移,加快钢铁工业易地改造,争取有更多的工业企业迁到滨海新区。进一步做好渤海原油上岸、石油化工产业发展规划。 搞好天津港深水航道、集装箱码头的改扩建,提高整体服务水平。抓紧滨海国际机场改扩建。抓好重点道路建设,促进新区和老区联动发展。

基础设施建设的主要困难源于资金紧张。在1994—1998年滨海新区建设初期对基础设施建设工作非常重视,当时天津市政府为滨海新区建设筹措了最初的建设资金。为解决建设资金不足问题还发动了群众进行义务劳动,建设公路。1995年,天津市人民政府印发《关于加快滨海新区建设的若干规定》,其中为保障滨海新区基础设施建设资金,要求滨海新区各单位在财力、物力上支持滨海新区基础设施建设,每年在提取开发区财政收入自留部分5%的基础上,对其他各单位也提留一部分资金,集中统一调度使用。2000年,滨海新区全年安排重点基础设施项目53个,投资50亿元。2002年在《天津滨海新区条例》中从制度上明确滨海新区鼓励基础设施建设投资项目。2003年《关于加快滨海新区发展的通知》在财政资金保障方面,再次重申了1995年《关于加快滨海新区建设的若干规定》中的相关要求。2003年天津市政府工作报告中提出要"力争完成基础设施投资120亿元"。

二、完善滨海新区城市载体功能阶段(2005—2009 年)

（一）基础设施建设目标

2003 年时任天津市市长在天津市政府工作报告中宣布滨海新区提前一年建成。2005 年滨海新区发展被写入国家"十一五"规划建议之中,滨海新区发展由天津市发展战略上升为国家发展战略。基础设施建设目标由最初的城市配套发展转变为:基础设施更加完善,不断完善滨海新区的载体功能。要以增强新区的载体功能和服务能力为目标,大力加强基础设施和公共设施建设,努力形成结构合理、功能齐全的现代综合交通体系和基础设施体系。[①] 2006 年,《天津滨海新区国民经济和社会发展"十一五"规划纲要》提出了基础设施建设的具体目标:①2010 年港口货物吞吐量超过 3 亿吨,集装箱吞吐量超过 1000 万标箱;②机场旅客吞吐能力 560 万人次,货邮吞吐能力 50 万吨;③发电装机容量 560 万千瓦。

（二）基础设施建设项目安排

2005 年,《中共天津市委关于加快推进滨海新区开发开放的意见》根据滨海新区发展现状,对滨海新区的下一步发展进行了规划。滨海新区基础设施建设的重点包括以下两个方面:第一,交通运输体系建设,以海港和空港建设为重点,建设成为北方国际航运中心;第二,口岸建设,目标是建设高度开放、高度便捷的国际一流口岸。此外,还要加强电厂和电网建设。积极开发和利用新型能源。加快天然气资源开发和配套管网建设。建设和完善新区输配水工程,开发利用再生水,发展海水淡化,形成多渠道稳定可靠的供水体系。完善应急体系建设,做好防洪、防潮、排沥工作,控制地面沉降,提高防灾减灾能力。

---

① 《中共天津市委关于加快推进滨海新区开发开放的意见》,2005 年 11 月 10 日中国共产党天津市第八届委员会第八次全体会议通过。

表2-5　2005—2009年滨海新区基础设施建设领域主要政策

时间	名称	机构	主要内容
2005	《中共天津市委关于加快推进滨海新区开发开放的意见》	天津市委	不断完善滨海新区的载体功能。
2006	《天津滨海新区国民经济和社会发展"十一五"规划纲要》	天津市人民政府	以大交通体系为重点,加快基础设施和公共设施建设,构建空间结构合理、设施完善、功能齐全的现代综合交通体系和城区基础设施体系,增强区域服务功能。
2006	《国务院关于推进天津滨海新区开发开放有关问题的意见》	国务院	加快基础设施建设,加强区域服务能力。
2008	《天津滨海新区综合配套改革试验总体方案》	天津市人民政府	支持非公有制经济进入金融服务、公用事业和基础设施等领域。在风险可控的前提下,开展保险资金投资基础设施试点。加强滨海新区管委会统筹基础设施建设的组织领导职能。

（三）基础设施建设保障

2008年《天津滨海新区综合配套改革试验总体方案》出台,方案进一步细化了基础设施建设的相关工作规定。在基础设施建设方面主要进行了两个方面的政策创新,为滨海新区基础设施建设提供了资金保障和组织保障。首先,进行基础设施建设融资体制改革,支持非公有制经济进入基础设施领域,在风险可控的前提下,开展保险资金投资基础设施试点;其次,加强滨海新区管委会统筹基础设施建设的组织领导职能。

三、基础设施建设现代化阶段(2010—2015年)

（一）基础设施建设目标

本阶段指导滨海新区基础设施建设的纲领性文件是《天津滨海新区国民经济和社会发展第十二个五年规划纲要》(以下简称《"十二五"规划纲要》),其中对基础设施建设的目标设定为:"完善城区载体功能建设现代化的基础设施体系,坚持适度超前、量力而为的原则,加快交通、能源、水源等基础设施建设,形成以'两港'(海港、空港)、'两高'(高速铁路、高速公路)、'三快'(快速轨道、快速路、快速公交)为骨架的综合交通运输体系和低碳、高效、一体化的公用设施体系。"2010—2012 年滨海新区基础设施建设处于继续完善阶段,以滨海新区"十大战役"①为契机,"两港、两高、三快"的交通体系基本完成,2013 年基础设施建设目标调整为优化提升城市基础设施,开始着手高标准制定功能区分区规划,调整细化核心城区、北部宜居生态片区、中部新城等规划,着力提升城市设计、建筑设计和景观设计水平,形成独具魅力的标志区,打造一流的信息化基础设施。2015 年基础设施建设目标进一步调整为提升城市载体功能,具体年度目标包括提升供热保障能力,调整优化公交线网布局,搞好示范小城镇建设。

(二)基础设施建设项目安排

新阶段,滨海新区基础设施建设除了在原有的海空港、交通和能源领域继续建设之外,滨海新区也逐渐加强了市政基础设施的建设与安全生产、建筑节能等领域的发展。2010 年,滨海新区全面推进"十大战役","十大战役"各发展区域都有相应的基础设施建设要求,例如南岗区域建设要进行5.6 平方千米市政基础设施建设;临港工业区建设要实施 10 万吨级航道和20 平方千米港池疏浚。建成道路 48.7 千米,雨污水管线 120 千米,绿化面积 330 万平方米。此外,基础设施建设也是滨海新区扶持和发展农业的重要手段,2010 年,要求在农村新修改造街镇公路 28 千米,修建村内街道 30 千米、排水设施 30 千米。2012 年,滨海新区在基础设施建设方面出台了若干安全生产与建筑节能政策。2013 年,开始注重基础设施建设的可持续性,出台了建筑项目节水设施"三同时"的管理规定。2014 年,基础设施建设向民生项目倾斜,如 2014 年政府工作报告对 2014 年基础设施建设目标的设定主要集中于城市市内交通体系完善,高速公路建设,供热网络建设等方面。在

_____

① "十大战役"是滨海新区区委、区政府按照市委、市政府的要求部署,作出的一项重大决策。主要内容是:加快南港区域、临港经济区、核心城区、中心商务区、中新天津生态城、东疆保税港区、滨海旅游区、北塘经济区、西部区域和中心渔港经济区十个区域的开发建设。

基层政策创新中,住宅周边菜市场、敬老院的建设和修缮,幼儿园建设,饮水安全等基础设施是基层政府进行基础设施建设布局的重点。例如滨海新区中塘镇人民政府实施了日处理能力9万吨的污水处理厂一期工程建设,进行了205国道两侧环境提升改造工程,建设了中塘镇文体中心,修缮了镇敬老院,建起了农村第一所国办幼儿园,架起了大港片区第一架人行天桥,实施了居民饮水、燃气入户改造工程,进行了道路、沿街立面改造,正在大力推进示范镇建设工程,推进了"四清一绿"系列工程,等等。

(三)基础设施建设保障

在资金保障方面,《关于滨海新区2010年首批重点建设项目安排意见》规定基础设施建设原则按照以人为本、建设和谐社会的要求,加大社会事业、农村基础设施等投入。初步确定2010年滨海新区首批总投资5000万元以上重点建设项目455个,总投资9598亿元,2010年计划投资2732亿元。其中基础设施项目110项,总投资3840亿元,2010年计划投资1299亿元。

在组织领导方面,滨海新区时任主管副区长①是110个基础设施项目的包干领导,在较大的工程项目建设中一般都会成立工程项目建设领导小组,一般由主管副区长任组长,但在较为重大的个别项目中,也会由滨海新区常务副区长或滨海新区区长任组长,主管副区长则担任副组长。如为深入开展滨海新区房地产项目开发监管自查工作,决定成立滨海新区房地产项目开发监管自查工作领导小组,组长为时任滨海新区区长,主管副区长则担任副组长。2011年,滨海新区人民政府成立了"滨海新区中部新城起步区开发建设指挥部",专门负责滨海新区中部新城起步区(原天津港散货物流中心区域和轻纺生活区起步区)的建设。指挥部总指挥为滨海新区时任常务副区长,主管基础设施建设的副区长任副总指挥。在滨海新区供热时间调整、安全生产等方面,滨海新区建设和交通局也发布或转发了相应政策。

在协同推进方面,滨海新区建设交通局负责基础设施建设的管理协调

---

① 这位主管副区长也是环境保护和卫生工作的负责领导,如在滨海新区融雪工作和独流绿化工程项目中也成立了指挥部和领导小组,担任了总指挥和领导小组组长。

工作,出台相关协调文件,例如《关于加强滨海新区城市道路挖掘施工管理的通知》就城市道路施工管理工作提出如下要求:加强道路规划管理工作;适当集中审批权限,实行分级审批制度;统筹道路挖掘施工计划;加强道路挖掘施工管理工作;建立跨区道路挖掘施工审批机制。

在安全生产与可持续发展方面,2012 年滨海新区人民政府办公室转发了滨海新区建设和交通局的《关于加强滨海新区市政公路桥梁设施运行安全管理工作意见的通知》,要求市政公路桥梁建设工作中要明确责任,加强日常管理,滨海新区建设和交通局还成立了滨海新区建设和交通局建筑节能工作领导小组,组长为滨海新区建设和交通局局长,副组长为两位建交局副局长。2013 年滨海新区建设和交通局发出《关于加强建设项目节水设施"三同时"管理的通知》,要求滨海新区新建、改建、扩建的建设项目,应当制定节水措施,节水设施应当与主体工程同时设计、同时施工、同时验收并投产使用。

表2-6　2010—2015 年滨海新区基础设施建设领域主要政策与行动

时间	名称	机构	主要内容
2010	《关于印发滨海新区人民政府 2010 年重点工作的通知》	天津市滨海新区人民政府	十大战役功能区基础设施建设要求。基础设施建设总体要求及滨海新区其他建设项目中的基础设施建设要求等。
2010	《关于滨海新区 2010 年首批重点建设项目安排意见》	滨海新发展改革委制定,滨海新区人民政府转发	建设高水平的现代制造业和研发转化基地;进一步加快海港、空港、高速公路、快速公路、铁路等交通项目和物流设施建设。
2010	《关于成立滨海新区外环高速工程建设领导小组的通知》	天津市滨海新区人民政府	成立滨海新区外环高速工程建设领导小组,以加快推动外环高速工程建设,加强工程组织领导,确保工程质量和进度,推动工程顺利实施。

续表

时间	名称	机构	主要内容
2010	《关于成立滨海新区西外环高速工程建设指挥部的通知》	天津市滨海新区人民政府	成立滨海新区外环高速工程建设领导小组,以加快推动外环高速工程建设,加强工程组织领导,确保工程质量和进度,推动工程顺利实施。
2010	《关于进一步加强建设工程施工现场地下管线安全保护工作的紧急通知》	天津市城乡建设和交通委员会发布,滨海新区建设和交通局转发	请各单位按要求做好地下管线安全管理工作。
2010	《关于成立滨海新区房地产项目开发监管自查工作领导小组的通知》	天津市滨海新区人民政府	领导小组组建的目的是,加强房地产项目开发的监管,如土地招、拍、挂制度,禁止政府所属企业变相转让土地等措施的落实情况等。
2010	《关于开展建筑业农民工工资支付情况专项检查的通知》	天津市城乡建设和交通委员会、市人力资源和社会保障局联合下发,滨海新区建设和交通局转发	要求塘沽、汉沽、大港分局,各功能区建设行政主管部门严格按照通知要求做好自查和迎检工作。
2011	《关于加强滨海新区建设工程质量安全管理工作的通知》	滨海新区建设和交通局	认清形势,增强建设工程质量安全生产忧患意识,切实做好建设工程质量安全监督管理工作,狠抓工程各方主体责任的落实,全力做好建设工程质量安全专项检查。
2011	《滨海新区落实全市部署适当延长供热期》	滨海新区建设和交通局	延长供热期限。
2011	《关于对2010年度国家优质工程获奖单位进行表彰的决定》	天津市建设工程质量安全监督管理总队制定,滨海新区建设和交通局转发	鼓励更多施工企业积极参与工程质量创优活动,提高建设工程质量水平。

时间	名称	机构	主要内容
2012	《关于转发〈关于印发天津市市政公路管理局实施行政强制工作规程(试行)的通知〉的通知》	滨海新区建设和交通局	塘沽、汉沽、大港管委会,塘沽、汉沽、大港公路处:结合《中华人民共和国行政强制法》做好学习、宣传和贯彻,规范各类行政强制行为,提高市政公路行政执法水平。
2012	《关于加强滨海新区市政公路桥梁设施运行安全管理工作意见的通知》	滨海新区建设和交通局印发,滨海新区人民政府办公室转发	明确责任,加强日常管理。
2012	《关于成立滨海新区建设和交通局建筑节能工作领导小组的通知》	滨海新区建设和交通局	组长为滨海新区建设和交通局局长,副组长为两位建交局副局长。
2012	《关于转发〈转发市市政公路局关于加强市政公路桥梁设施运行安全管理工作意见的通知〉的通知》	天津市人民政府发布,滨海新区建设和交通局转发	有效防控滨海新区市政公路桥梁设施(含城市道路、公路桥梁设施和地道、隧道)事故的发生,落实桥梁设施运行安全管理责任,保证滨海新区市政公路桥梁设施的运行安全。
2012	《关于转发〈国务院安委会办公室关于2012年1月份重大事故信息报告情况的通报〉的通知》	国务院办公室发布,滨海新区建设和交通局转发	加强对各类客运车辆的管控,严防类似沪昆高速贵州黔南重大道路交通事故的发生。
2012	天津临港经济区建设管理服务中心具备行政执法和应诉工作能力	临港经济区管理委员会	临港经济区成立建设管理服务中心,并承接新区建交局下放的建设管理权限,统一行使临港经济区管辖范围内的建设项目管理和招投标建设服务工作。
2012	临港经济区深入开展"一对一"服务入区企业对接活动	临港经济区管理委员会	"一对一"对接服务,帮助项目、企业解决建设过程中存在的规划、土地、建设、配套等方面的问题。

时间	名称	机构	主要内容
2013	《关于进一步做好新区市政公路行业安全生产工作的通知》	滨海新区建设和交通局	进一步增强各有关单位安全生产责任意识,遏制重特大事故发生,确保2013年度新区市政公路行业安全生产形势稳定。
2013	《关于加强建设项目节水设施"三同时"管理的通知》	滨海新区建设和交通局	新建、改建、扩建的建设项目,应当制定节水措施,节水设施应当与主体工程同时设计、同时施工、同时验收并投产使用。
2013	《关于做好公路桥梁维修工作的通知》	滨海新区建设和交通局	基础设施维护。
2014	《滨海新区建设和交通局关于进一步加强和改进工作作风建设的通知》	滨海新区建设和交通局	政府部门自身建设。
2014	《滨海新区建交局关于建筑节能备案墙改、散水专项资金收缴工作的通知》	滨海新区建设和交通局	加强组织领导,加强教育学习,加强监督考核,规范日常管理,开展建章立制。
2014	《关于开展滨海新区建设工程项目核查工作的通知》	滨海新区建设和交通局	要求塘沽、汉沽、大港分局,各功能区建设主管部门切实加强滨海新区建筑业企业业绩核查的工作,及时反映工程项目的真实情况,进一步提高滨海新区建设工程监管水平。
2014	《关于开展滨海新区建设工程项目核查工作的通知》	滨海新区建设和交通局	反映工程项目的真实情况,进一步提高滨海新区建设工程监管水平。
2014	《滨海新区建交局关于转发住建部关于〈海绵城市建设技术指南——低影响开发雨水系统构建(试行)〉的通知》	滨海新区建设和交通局	将城市雨水资源化利用纳入城市建设中,与排水、防洪、供水、节水等城市水务统筹规划。组织开展海绵城市建设试点示范工作。

时间	名称	机构	主要内容
2014	《关于进一步规范滨海新区建筑活动从业企业资质和人员执业资格初始审核管理工作的通知》	滨海新区建设和交通局	规范企业资质与执业人员资格。
2014	《市建委关于印发〈施工招标资信标评审内容和评分标准〉的通知》	滨海新区建设和交通局	政府部门自身建设。
2014	《关于表彰滨海新区第一届建筑业职业技能大赛暨天津市第五届建筑业职业技能大赛选拔赛获奖选手的决定》	滨海新区建设和交通局、滨海新区人力资源和社会保障局、滨海新区总工会、共青团天津市滨海新区委员会联合发布	执业人员技能提升与先进示范。
2015	《滨海新区规划国土局关于转发天津市铁路建设专项资金筹集使用管理办法的通知》	天津市滨海新区规划和国土资源管理局	铁路、建设专项资金筹集使用相关规定。
2015	《关于开展夏季百日安全大检查的通知等 24 项通知》	滨海新区建设和交通局	道路运输、供热、消防、生产安全等领域的安全生产监督。
2015	《关于解决天津大道西沽还迁房路段夜间大型货车违法通行问题的函》	滨海新区建设和交通局	解决群众反映天津大道西沽还迁房段夜间有大型货车违法通行的问题。

四、基础设施建设领域的政策创新

(一)集合全(市)区力量进行基础设施建设

滨海新区基础设施建设最初是作为天津市的一项重要工作而推进的,例如在滨海新区中心商务区开发建设过程中,成立了以天津市委副书记为组长,两位副市长为副组长,天津市规划局、国土资源局等单位共同参与的领导小组。① 且滨海新区建设之初,天津市就以市级权威文件明确滨海新区的各单位都有责任、有义务在财力、物力上支持新区的基础设施建设,除财政支持之外,还需在物力与人力等方面支持滨海新区的基础设施建设。在滨海新区正式成为一个独立完整的行政区划之后,基础设施方面的建设发展得到了新成立的滨海新区政府的重视,在重要的基础设施建设项目上,几乎都设置了专门的领导小组负责统筹建设,领导小组组长多由此领域的主管副区长担任,在特别重要的建设项目上,区长、常务副区长也会担任领导小组组长。重点基础设施建设项目领导小组的成员单位涵盖了滨海新区内的各功能区和相关职能部门。

(二)基础设施建设发展渐进性特征明显

滨海新区的基础设施建设表现出明显的渐进性特征,建设之初的主要任务是完善城市配套,在滨海新区基本建成之后的 2005 年,滨海新区基础设施建设明确了基础设施建设的总目标是完善城市载体功能,围绕城市载体功能的需要,基础设施建设项目重点主要为港口建设、机场建设、铁路、轨道交通和城市面貌等。在"十二五"发展期间,基础设施建设目标进一步调整为完善城区载体功能建设现代化的基础设施体系。"十三五"期间,基础设施建设目标表述为:提高城市管理的科学化、精细化水平,加快轨道交通和城市地下综合管廊建设,优化区内交通和对外通道,形成以"三港"(海港、空港、信息港)、"三高"(高速铁路、高速公路、信息高速路)、"三快"(快速轨道、快速路、快速公交)为骨架的综合交通体系和低碳、高效、一体化的公用设施体系。由此可见,对基础设施建设的定位由最开始的城市配套逐渐发展为城市载体,后进一步提出要提升基础设施的现代化水平,在"十三五"建设目标在原有的基础上又增加了"低碳、高效与一体化"的要求。

(三)基础设施建设与其他各类公共服务协调推进

基础设施建设是其他各类公共服务发展的重要基础,也是其他各类公

---

① 天津市人民政府办公厅:《关于成立天津滨海新区中心商务区开发建设领导小组的通知》,《天津市人民政府公报》,2009 年第 17 期。

共服务水平的重要评价指标。因此,几乎每一个领域的公共服务创新都涵盖了基础设施建设的内容,尤其是基本公共教育、医疗卫生、环境保护和文化领域,基础设施都被列为发展的重要任务在滨海新区总体规划和各专项规划中得以体现。

第三节　滨海新区环境保护领域政策演进

一、环境治理阶段(2000—2006 年)

2000 年后,滨海新区开始逐渐重视环境保护工作。2000 年,天津市政府发布《关于进一步加快滨海新区发展的通知》,其中提到,要"在加快基础设施建设的基础上,重视搞好美化绿化、环境保护和各项社会公益事业的建设,努力塑造现代化港口城市的形象。在继续改善硬环境的同时,尤其要在改善软环境上下功夫"。2002 年,天津市人大常委会通过了《天津滨海新区条例》,明确了滨海新区要走可持续化发展的道路,强调要依法保护环境,改善和提高滨海新区的整体环境质量。滨海新区禁止新建不符合环境保护标准的项目,扩建、改建的项目应当符合环境保护标准。这两个重要文件虽然展示了滨海新区环境保护的决心和发展目标,但对环境保护工作的开展尚未作出具体指示,对于环境保护的具体目标直到 2005 年才逐渐清晰。2005年,《中共天津市委关于加快推进滨海新区开发开放的意见》中正式提出了滨海新区环境保护的定位是:着力节约资源和保护环境,增强可持续发展能力。具体任务包括:要抓好区域环境治理和工业污染源防治,积极采用环保型工艺和装备,加快污水、垃圾处理等设施建设,降低污染物排放总量。对规划和新建项目实施严格的环境影响评价,杜绝污染企业在新区落户。切实加强对水、大气、土壤污染等的防治。高度重视生态建设,加强对湿地、河流和海域的保护,促进发展与生态环境相协调。2006 年,《天津滨海新区国民经济和社会发展"十一五"规划纲要》提出了环境保护的具体目标:①单位生产总值能耗下降20%以上,取新水量下降30%左右,工业用水重复利用率达到90%以上。②工业废水、废气排放达标率分别达到98%以上,工业固体废物综合利用率95%。③2010年建成区绿化覆盖率达到40%,森林覆盖率10%,人均公共绿地面积22平方米。④空气环境质量好于二级天数达到85%,城镇污水集中处理率90%,城区生活垃圾无害化处理率98%。

二、生态新城建设阶段(2007—2012年)

(一)政策目标

伴随着滨海新区整体的发展,环境保护规划逐渐被纳入滨海新区整体发展规划之中,并上升为滨海新区整体发展战略的一部分。2007年环境保护专门性政策文件《天津市生态市建设规划纲要》出台,其中对滨海新区环境保护工作有着较为详细的规划。在发展目标中确定滨海新区要率先建成生态城区,滨海新区核心区为优化发展区域,在核心区域要坚持环境优先的策略,优化产业布局和结构,重点发展高新技术产业、现代金融保险业。滨海新区核心区域之外的区域为重点开发区域,要加快基础设施建设,科学合理利用环境承载能力,推进工业化和城镇化,严格控制污染物排放总量,做到增产不增污。要在滨海新区建设生态人居体系,在滨海新区划分十四个居住片区,每个居住片区规划人口在十五万至二十五万人,含三至五个居住区或居住小区,居住片区规划配置大型超市、社区文化中心、综合运动场、高级中学、社区卫生服务中心等各项公共服务设施。

(二)政策内容

滨海新区环境保护相关政策内容主要包括人与环境、经济的可持续发展,节能减排和市容环境整治等方面。在可持续发展方面,《天津市滨海新区国民经济和社会发展第十二个五年规划纲要》(以下简称《滨海新区"十二五"规划》)突出循环低碳绿色发展建设宜居生态型城区,按照生态环保的要求,统筹规划和园区建设,加大政策扶持力度,建设国家循环经济示范区和低碳试点城市标志区,实现人与环境和经济社会的可持续发展。

在节能减排方面,《天津市滨海新区加快推动"十一五"主要污染物总量减排工作实施方案》对各功能区提出了具体的节能减排工作任务:"各管委会应按期完成滨海新区原各区政府、各管委会与市政府签订目标责任书中所明确的各项减排任务,确保到2010年底全区主要污染物排放在2005年基础上削减10%;做好新区原各区政府、管委会与企业签订责任书的核查清算工作。"滨海新区环境保护和市容局出台《关于滨海新区"十二五"期间主要污染物总量减排工作的实施方案》,要求按照"总量控制、等量置换;新老挂钩、总量平衡;有偿调剂、异地减排;国家认定和年度结转"的原则,削减存量,控制新增量。各管委会要按期完成区域内的各项减排任务,并做好与辖区企业签订"十二五"主要污染物减排责任书的核查清算工作,并建立减排考核机制,强化行政问责,加大监察和责任追究力度。区发展改革委、区建设交通局、区监察局、区环保市容局组成减排考核组,按年度考核重点任务责任单位实施计划落实情况。2012年滨海新区环境保护和市容局印发《滨海新区"十二五"主要污染物总量减排工作实施细则》,制定滨海新区主要污染物总量减排的目标:到2015年,新区二氧化硫、氮氧化物、化学需氧量及氨氮四项主要污染物排放量要在2010年排放的基础上分别削减9.4%、15.2%、9.2%和10.4%。为达成2015年相关减排目标,具体工作包括有效控制新增燃煤量及新增城镇常住人口;严格环保审批准入,控制新增量;加快淘汰落后产能,推进结构减排;继续加大投入,全面推进工程减排;强化责任,完善措施,深化管理减排;强化部门上下联动,确保数据的准确性;严格执行问责制,充分发挥行政监督监察作用。

（三）政策实施保障

在资金保障方面,《关于滨海新区2010年首批重点建设项目安排意见》按照以人为本、建设和谐社会的要求,加大社会事业、农村基础设施和生态环保投入,加大环境整治力度,全面改善滨海新区城市形象,提升城市竞争力。《关于印发滨海新区节能降耗鼓励办法的通知》要求在环境保护方面滨海新区政府设立"节能专项资金",每年额度为四千万元,纳入年度财政预算。

在组织保障方面,滨海新区环境保护和市容局是主要的政策实施机构,负责出台相关政策、执行细化政策和保障政策。

在制度配套方面,2008年《滨海新区综合配套改革试验总体方案》出台。该方案进一步细化了环境保护的相关工作规定:一是改革资源节约和环境保护等管理制度,发展循环经济,建设资源节约型和环境友好型社会。健全环境质量评价指标体系,强化环境保护参与决策机制。二是在滨海新区实行统一环境保护等综合执法试点。2010年,滨海新区环境保护和市容局还制定了《天津市滨海新区突发环境事件应急预案的通知》,健全了环境突发事件的应急管理机制,滨海新区人民政府对这个预案进行了转发,提高了此预案在全区的执行权威性。

在具体实施方面,滨海新区环境监察总队对滨海新区的相关企业的环境污染情况进行了监察,滨海新区基层街镇政府在环境卫生工作领域作出了许多政策创新,如发动志愿者进行环境卫生整理,发动运动式环境卫生整治工作等。滨海新区各基层街镇政府在政策实践方面进行了一系列创新,例如中心生态城实施了垃圾分类管理制度,大港管委会实施了绿化、减排、清洁和保护四项工程建设美丽大港等。成立了北大港湿地管理处,划定了国家海洋特别保护区,实施了北大港湿地保护和修复项目,成立专家指导委员会。

表2-7 2000—2012年滨海新区环境保护领域主要政策与行动

时间	名称	机构	主要内容
2000	《关于进一步加快滨海新区发展的通知》	天津市人民政府	在加快基础设施建设的基础上,重视搞好美化绿化、环境保护和各项社会公益事业的建设,努力塑造现代化港口城市的形象。在继续改善硬环境的同时,尤其要在改善软环境上下功夫。

续表

时间	名称	机构	主要内容
2002	天津滨海新区条例	天津市人大常委会	滨海新区遵循可持续发展原则，依法保护环境，改善和提高滨海新区的整体环境质量。 　滨海新区禁止新建不符合环境保护标准的项目，扩建、改建的项目应当符合环境保护标准。
2005	《中共天津市委关于加快推进滨海新区开发开放的意见》	天津市委	着力节约资源和保护环境，增强可持续发展能力。
2007	《天津生态市建设规划纲要》	天津市人大常委会	到 2010 年滨海新区率先建成生态城区。
2008	《天津滨海新区综合配套改革试验总体方案》	天津市人民政府	改革资源节约和环境保护等管理制度，发展循环经济，建设资源节约型和环境友好型社会。 　健全环境质量评价指标体系，强化环境保护参与决策机制。 　在滨海新区实行统一环境保护等综合执法试点。
2010	《关于印发滨海新区节能降耗鼓励办法的通知》	天津市滨海新区人民政府	滨海新区政府设立"节能专项资金"（以下简称"专项资金"），每年额度为四千万元，纳入年度财政预算。
2010	《关于印发滨海新区污水处理厂建设及运行监管工作方案的通知》	天津市滨海新区人民政府	为进一步加强污水处理厂管理，加快在建污水处理厂建设进度，确保完成"十一五"化学需氧量①总量减排任务，特制定本方案。
2010	《关于滨海新区轻纺经济区清洁生产和污水处理的指导意见》	环境保护和市容管理局拟定，天津市滨海新区人民政府转发	为保证轻纺经济区在开发建设过程中达到清洁生产要求，实现可持续发展相关要求。

---

① 化学需氧量（Chemical Oxygen Demand，简称 COD）是以化学方法测量水样中需要被氧化的还原性物质的量。在废水、废水处理厂出水和受污染的水中，能被强氧化剂氧化的物质（一般为有机物）的氧含量。

时间	名称	机构	主要内容
2010	《天津市滨海新区突发环境事件应急预案的通知》	天津市滨海新区环境保护和市容管理局拟定,天津市滨海新区人民政府转发	包括总原则、事件分级,应对协调、组织保障等方面。
2010	《天津市滨海新区加快推动"十一五"主要污染物总量减排工作实施方案》	天津市滨海新区人民政府	污染物减排工作原则、工作目标和主要措施等。
2010	《关于成立独流减河绿化工程指挥部的通知》	天津市滨海新区人民政府	指挥部总指挥为两名副区长,下设规划组、实施组和保障组。
2010	《关于成立滨海新区清融雪指挥部的通知》	天津市滨海新区人民政府	主要负责滨海新区要情处置。
2011	《关于滨海新区十二五期间主要污染物总量减排工作的实施方案》	区环保市容局制定,滨海新区人民政府转发	就污染物减排工作作出安排。
2011	《春节期间新区执法局开展市容环境秩序专项督查活动》	滨海新区城市管理综合执法局	区执法局对核心区、汉沽、大港等重点区域的市容市貌、环境秩序进行巡查督导。
2011	港滨路绿化工程被天津市市容园林委评为天津市 2010 年城市绿化建设优秀工程街景道路绿化一等奖	天津市滨海新区塘沽管理委员会	道路绿化评奖结果发布,优秀典型示范。
2011	《关于对我市涉铅企业进行排查的通知》	天津市环境监察总队发出,滨海新区城市管理综合执法局转发	污染企业排查。
2011	《关于核查 2010 年涉电企业二氧化硫排放量的通知》	天津市环境监察总队发出,滨海新区城市管理综合执法局转发	污染企业排查

续表

时间	名称	机构	主要内容
2011	《关于开展"同在一方热土·共建美好家园"环境卫生清整日活动的实施方案》	滨海新区人民政府胜利街道办事处	环境卫生治理。
2011	《关于上报2010年度污染源普查动态更新调查工作相关数据的通知》	滨海新区城市管理综合执法局	各管委会和功能区环保部门及时做好数据更新及审核工作并汇报。
2011	《新北街道办事处积极推进市容环境综合整治工作》	滨海新区人民政府新北街道办事处	市容市貌整治。
2011	《关于命名滨海新区第一批绿色社区、绿色学校、绿色幼儿园、绿色家庭的决定》	滨海新区环境保护和市容管理局	市容市貌整治。
2011	古林街港电社区集中开展卫生环境大清整活动	滨海新区人民政府古林街道办事处	环境卫生治理。
2011	开展村干部环保知识培训将环保工作引向基层	天津市滨海新区大港管理委员会	政府自身建设,村干部培训。
2011	新北街道欧美小镇社区文明督导队在行动	滨海新区人民政府新北街道办事处	环境督察。
2012	《滨海新区十二五主要污染物总量减排工作实施细则和减排责任评价考核实施方案的通知》	滨海新区环保和市容局印发,滨海新区人民政府转发	环境督察。
2012	《塘沽2011年环境保护工作取得新成果》	天津市滨海新区塘沽管理委员会	实行环境准入制度。

续表

时间	名称	机构	主要内容
2012	《创建优美环境共建美好家园——新北街道办事处扎实组织开展市容卫生清整义务劳动》	滨海新区人民政府新北街道办事处	环境卫生治理,优秀典型示范。
2012	新北街积极组织开展迎复审暨爱卫宣传教育活动	滨海新区人民政府新北街道办事处	环境卫生治理,对民众进行环境卫生意识宣传。
2012	《关于迎接国家卫生区复审开展环境综合整治工作的安排意见》	滨海新区人民政府胡家园街道办事处	成立由街道工委、办事处主要负责同志任组长,相关部门负责同志为成员的胡家园街道迎接国家卫生区复审工作领导小组。
2012	港航社区老党员开展环境义务大清整	滨海新区人民政府新港街道办事处	环境卫生治理,优秀典型示范。
2012	《中新天津生态城多措施保护绿色生态环境》	中新天津生态城管理委员会	生态环境保护,优秀典型示范。

三、"五位一体"发展阶段(2013 年至今)

"五位一体"是党的十八大报告对中国特色社会主义建设作出的总体布局,要求将生态文明建设摆在突出位置,与经济建设、政治建设、文化建设和社会建设融为一体,协调发展。

在此阶段,"美丽滨海"一直是滨海新区环境建设的主线,加强环境建设规划,全面推进生态文明建设是此阶段工作的重要创新,生态环境保护、空气质量提升与减排是本阶段的重要工作。

在生态环境保护方面,2013 年启动"美丽滨海·一号工程",滨海新区环境保护工作的目标战略转变为"建设美丽滨海,构筑生态文明"。"美丽滨海·一号工程"主要任务是实施"四清一绿"五项行动。除继续加强节能减排和污染治理工作之外，要着力实施清洁村庄行动，以"九化"为重点，加快完善提升村内道路、给排水、垃圾、污水等基础设施及公共服务设施，带动全区农村环境质量的全面提升。着力实施清洁社区行动，搞好物业管理，搞好困难帮扶，实施分类救助，搞好矛盾化解，搞好环境维护，搞好文明建设。着力实施绿化美化行动，通过加大造林绿化力度，加快建设大型郊野公园，着力打造南北两大生态"绿核"等绿化工程，为人民群众建设生态、自然、健康的绿色空间。①

在空气污染防治方面，滨海新区成立了清新空气行动分指挥部，并陆续出台了《滨海新区清新空气行动实施方案》《滨海新区清新空气行动督查考核和责任追究办法(试行)》等文件，滨海新区内各个功能区也相继出台了重污染天气的应急保障措施。在项目安排方面，控煤、控尘、控污、控车、控新建项目是重点项目。

在减排方面，主要是延续之前制定的政策，强化减排管理，加强对污染排污企业的监督，并引入约谈的办法，监督企业落实减排任务，同时加强减排工作中的科技含量，与科研院所和高校合作，研究减排与污染的无害化。②

四、滨海新区环境保护领域政策创新

第一，环境保护工作在2013年之后上升为滨海新区政府的核心工作内容，大量政策文件是由滨海新区政府直接制定和发布的，且"美丽滨海·一号工程"的总指挥为滨海新区区长，两位副区长担任了副总指挥。

第二，设立专门机构专门负责环境保护工作，同时注重在环境保护工作中的多部门配合。2014年滨海新区设立环境局，负责环境保护与市容市貌工作，但滨海新区环境保护工作的责任单位并不仅仅包括环境局，滨海新区

① 参见《"美丽滨海·一号工程"启动》，《滨海时报》，2013年10月19日。
② "区环保市容局、区经信委、区建交局召开排污企业废水高盐高铁问题协调会"，2015年滨海新区环境局牵头会议，邀请了南开大学企业清洁生产方面专家于宏兵教授参会。

政府的每个职能部门几乎都参与其中,例如在滨海新区清新空气行动中,工信委、建交委、发改委、农委、商务委、政府办、环境局、公安局、各管委会、各街镇等几乎所有的滨海新区职能部门都参与其中,此行动中还将各事业单位和各企业纳入统一行动之中。又如,环境局、建交局与海滨街道办对"滨海新区穿港路旁一处水渠和青静黄排水渠存在污染"问题的整治情况的联合检查等。可见,环境保护已经由单个机构的工作转化为滨海新区政府、社会组织和企业通力协调的重要工作。

第三,环保领域另一项重要创新体现在行政处罚与约谈、通报的高频率使用上,此两项政策创新都旨在促进环保督察问题的解决和政策方案的落实。对环境违法行为进行行政处罚是滨海新区环境局的重要工作职责,滨海新区环境局责任清单共列举了 125 项事项,其中 104 项是行政处罚,[1]涉及环境影响评价、环境污染防治、环境保护、核安全与辐射安全监督管理四个方面。2014 年滨海新区环境局处罚了 60 多家企业,2018 年滨海新区环境局出具行政处罚决定 459 份。[2] 约谈通报制度是滨海新区环境保护的重要举措,约谈双方既有政府部门对企业的约谈,也有上级部门对下级部门的约谈,例如滨海新区污染防治攻坚战指挥部对 PM2.5 不降反升的功能区和街镇的约谈,[3]2016 年滨海新区清新空气行动分指挥部依据滨海新区 1 月份、2月份及 3 月上半月各自动监测站空气质量排名情况,对空气质量排名后六位的功能区、街镇和责任部门进行约谈,滨海新区古林街道对建设企业的约谈,[4]2014 年滨海新区环境局对 81 家企业的约谈[5]等。

---

① 由滨海新区环境局官网所列职责清单总结得出,http://qzqd. tjbh. gov. cn/right? unit = 0002007300130026。

② 根据滨海新区环境局官网信息公示数据核算得出。

③ 《滨海新区去年环境空气质量创历史最好水平》,滨海新区政务网,http://www. tjbh. gov. cn/contents/2156/244932. html。

④ 《古林街严打渣土车"抛撒漏"》,滨海新区政务网,http://www. tjbh. gov. cn/contents/2157/185684. html。

⑤ 《新区多措并举治理大气污染空气质量同比改善》,滨海新区政务网,http://hjj. tjbh. gov. cn/contents/291/126897. html。

表2-8　2013—2016年滨海新区环境保护领域主要政策与行动

时间	名称	机构	主要内容
2013	环保市容局召开处级以上领导学习贯彻党的十八大精神研讨会	滨海新区环保局	建立起符合科学发展观要求、具有新区特点的环境保护和市容管理的体制机制;强化环境意识,解放思想,开拓创新,精心打造与区域定位相协调的生态环境和市容环境,为建设"美丽滨海"提供良好的环境支撑。
2013	《滨海新区清新空气行动实施方案》	滨海新区政府办公室	到2017年使PM2.5浓度较当前降低四分之一。
2013	《天津市滨海新区人民政府办公室关于2013年滨海新区市容环境综合整治的实施意见》	滨海新区政府办公室	打造经济繁荣、社会和谐、环境优美的宜居生态型新城区具体实施方案。
2013	《中新天津生态城实施垃圾分类及处理方案》	中新天津生态城管理委员会	对不同类别垃圾采取不同方式处理,以积极鼓励的方式推动全民开展垃圾分类工作,包括免费给居民发放垃圾袋。
2013	大港环保办四项措施确保夏季人民生活质量	天津市滨海新区大港管理委员会	环境卫生治理,优秀典型示范。
2013	大港开展驻区企事业单位辖区内环境污染综合整治工作	天津市滨海新区大港管理委员会	污染整治。
2013	大港实施"四个工程"加快建设美丽大港	天津市滨海新区大港管理委员会	绿化、减排、清洁和保护。
2013	强制清理"三无企业"保障人民群众利益	滨海新区太平镇人民政府	污染企业排查,优秀典型示范。
2013	《关于印发滨海新区清水河道行动分指挥部组织架构及工作机制的通知》	滨海新区建设和交通局	根据滨海新区"美丽滨海·一号工程"目标责任要求,为全面推动清水河道行动顺利实施,成立滨海新区清水河道行动分指挥部。

续表

时间	名称	机构	主要内容
2014	《关于印发天津市滨海新区环境局关于对污染源日常环境监管随机抽查制度工作方案的通知》	天津市滨海新区环境局	加强对企业事业单位和其他生产经营者遵守环境保护法律法规的细化监督管理,规范日常环境监管随机抽查工作。
2014	《滨海新区环境保护和市容管理局"安全生产月"活动方案》	天津滨海新区环境局	环保市容系统"安全生产月"活动方案,活动的主题是:强化红线意识、促进安全发展。
2014	中新天津生态城多措并举治理大货车扬尘撒漏	中新天津生态城管理委员会	扬尘具体污染物治理。
2014	《滨海新区清新空气分指挥部2014年度工作计划》	滨海新区清新空气分指挥部	落实《滨海新区清新空气行动实施方案》各项任务的具体部署。
2015	《2015年滨海新区清新空气行动实施意见》	滨海新区人民政府	全面完成2015年清新空气行动目标任务,实现新区2015年空气质量综合指数由2014年的7.74下降至6.58,同比下降15%,确保天津市退出全国空气质量后十位。将空气清新任务分解到各职能部门,确定了主要责任部门和配合责任部门。
2015	大港城区及周边恶臭污染治理工作召开推动会议	滨海新区环境局	进一步落实《大港城区及周边恶臭污染综合治理工作方案》的要求,加快大港地区恶臭污染治理工作进度。
2015	八项举措再促大气污染防治工作	滨海新区环境局	滨海新区七个环境空气质量自动监控站点周边环境质量保障工作。
2015	《关于印发〈滨海新区环境违法行为有奖举报管理暂行办法〉的通知》	滨海新区环境局	列举十项环境违法行为,规定奖励标准,奖励水平及发放程序以及举报方式。

时间	名称	机构	主要内容
2016	《天津市滨海新区人民政府办公室关于调整"美丽滨海·一号工程"指挥部成员名单及职责分工的通知》	滨海新区人民政府办公室	对"美丽滨海·一号工程"指挥部成员及机构职责进行调整。
2016	关于开展环境卫生清整治理扬尘污染	滨海新区环境局	开展环境卫生清整治理扬尘污染专项整治活动实施方案,目标通过开展环境卫生综合整治活动,让人民群众长期享有整洁、优美、有序良好的生活环境。
2016	《关于印发安全生产管理体系和安全生产管理制度的通知》	滨海新区环境局	出台十项安全生产管理体系和安全生产管理制度,分别是环境局安全生产管理体系、环境局安全生产责任体系、环境局安全生产属事责任体系、环境局安全生产行业监管责任体系、滨海新区环境局党政领导干部安全生产"党政同责、一岗双责"暂行规定、滨海新区环境局安全生产责任制度、滨海新区环境局安全生产目标考核办法、滨海新区环境局安全生产教育培训制度、滨海新区环境局安全生产检查制度。

第四节　滨海新区医疗卫生公共服务的政策演进

健康权是公民享有的一项基本人权,这项人权的实现与一定区域内的医疗卫生公共服务水平密切相关,医疗卫生基本公共服务是保障公民健康权的重要工具。通过多种手段,采取多样化的途径提供基本医疗卫生服务是政府的重要工作职责之一。在医疗卫生领域,滨海新区政策发展可以划分为两个阶段,第一阶段,滨海新区虽然在2006年出台了医疗卫生领域的相关发展规划,但滨海新区医疗卫生公共服务发展仍以滨海新区原有的各个区域为主进行;第二阶段,滨海新区行政管理体制改革第一阶段任务完成,滨海新区医疗卫生进入有步骤、有重点的整体推进阶段。

一、夯实医疗卫生公共服务基础(1994—2009 年)

滨海新区建设初期,滨海新区建设的主要任务是基础设施建设,其他各项基本公共服务发展相对于基础设施建设而言,投入较少,发展较慢。

2006 年 3 月 22 日,国务院常务会议审议通过《天津市城市总体规划(2005—2010 年)》。在此基础上,4 月 26 日,天津滨海新区被国务院批准为综合配套改革试点,5 月 26 日,《关于推进天津滨海新区开发开放有关问题的意见》出台,滨海新区建设有了中央层级指导性文件,天津滨海新区进入全面落实科学发展观和构建社会主义和谐社会的新阶段。推进社会事业发展,促进社会保障制度改革,构建和谐社会成为滨海新区建设的重要任务。在此背景下,滨海新区两项重要规划文件中,都对医疗卫生事业发展作出了专门规定。

《天津滨海新区总体规划(2005—2020 年)》中对滨海新区医疗卫生发展的总体目标界定为:"加快建立起与新区发展相适应的现代化卫生服务体系"。为实现这一目标,具体任务包括引入社会资本参与医疗卫生服务的提供,调整医疗卫生服务资源的空间布局,改革大医院管理体制和服务模式,发展农村医疗事业等。《天津滨海新区国民经济和社会发展"十一五"规划纲要》将医疗卫生公共服务发展作为推动和谐社会建设的重要一环,强调要建立疾病防控体制,公共卫生突发事件应急管理体制和卫生执法监督机制。2005—2009 年,在滨海新区成为国家综合配套改革试点的大背景下,医疗卫生公共服务作为综合配套改革中的一项重要内容开始逐渐起步。但由于滨海新区医疗卫生事业前期发展相对滞后,因此本阶段的主要任务仍然是加快构建滨海新区的基本医疗卫生服务体系,加快建设完善滨海新区医疗卫生的基础设施,合理配置医疗卫生服务资源。

二、医疗体制改革阶段(2010—2015 年)

(一)2010—2015 年滨海新区医疗卫生公共服务政策发展总体情况

2010 年,滨海新区行政体制改革完成,整合了原本各自分散行政区域,滨海新区一体化进程加快。医疗卫生基本公共服务得以在全区统筹范围内规划发展。而且 2009 年全国新一轮深化医药卫生体制改革启动,天津市滨海新区在卫生体制创新方面进行了大胆尝试。这一阶段,有两个纲领性政策文件指导滨海新区医疗卫生事业发展:一个是《天津市滨海新区国民经济与社会发展"十二五"规划纲要》,另一个是《国家基本公共服务体系"十二五"规划》。

2010 年《天津市滨海新区国民经济与社会发展"十二五"规划纲要》出台,其中着重从三个方面规划了滨海新区的医疗卫生事业:第一,医疗卫生服务资源的合理配置,计划建设医疗健康服务园,从整体上提升滨海新区医疗卫生服务水平;第二,深化医疗卫生体制改革,改革重点是构建新型社区医疗卫生服务体系,推进社区医疗卫生服务中心医疗服务职能与公共卫生服务职能的分离;第三,在医疗卫生服务领域引进境外资本、民营资本,逐步丰富医疗服务资源,满足多元化的医疗服务需求。规定医疗卫生基本公共服务的重点任务是:公共卫生服务、医疗服务和药品供应与安全保障。从服务项目、服务对象、保障标准、支出责任和覆盖水平等方面制定了"十二五"期间基本医疗卫生服务国家标准。在保障措施方面,要求实施公共卫生服务体系建设工程、医疗服务体系建设工程、全科医生培养计划、医药卫生信息化建设工程、药品安全保障基础设施建设工程以改善医疗卫生基础设施条件,健全医疗卫生服务网络,进一步完善医疗卫生机构管理运行机制,为基本医疗卫生服务供给提供支撑。

由两个纲领性政策文件可知,在"十二五"期间,滨海新区医疗卫生基本公共服务的主要任务有三项:第一,进一步建立健全基本医疗卫生服务体系;第二,推进社区医疗卫生服务发展;第三,进行医疗卫生体制改革。与之相对应,滨海新区医疗卫生基本公共服务的目标是:第一,在数量和质量两个方面进一步提升滨海新区医疗卫生基本公共服务的水平;第二,提高医疗卫生基本公共服务的可及性;第三,提高医疗卫生支出水平。

(二)2010—2015 年滨海新区医疗卫生服务政策创新目标及要求

滨海新区医疗卫生体制改革启动于 2010 年,到 2012 年初滨海新区医疗卫生体制改革发展战略基本确定。

2010 年滨海新区《关于进一步深化医疗卫生体制改革实施意见》(以下简称《医疗改革实施意见》)确定了滨海新区卫生体制改革的目标诉求,即从根本上提升医疗卫生服务的可及性,降低民众的医疗卫生消费负担。滨海新区医疗卫生体制改革主要包括以下三个方面:第一,社区医疗卫生服务中心改造,具体思路是对社区医疗卫生服务中心进行职能分置,将医疗服务功能配置给社区医疗服务中心,将卫生服务功能配置给社区卫生服务中心。职能分置的主要目的是提升社区医疗服务中心的医疗水平,吸引群众到社区医疗服务中心就医。第二,进行大医院建设,具体而言就是"三甲"医院建设,提升滨海新区医疗水平,"努力把滨海新区打造成为辐射环渤海地区的区域性医疗卫生副中心"。第三,进行医疗信息化建设,阶段性目标是到2012 年之前,初步完成滨海新区卫生信息化框架体系建设,到 2015 年建成较为完善的、覆盖城乡医疗卫生机构的卫生信息系统。

2012 年 1 月天津市滨海新区人民政府发布《关于印发滨海新区卫生事业发展"十二五"规划的通知》(以下简称《卫生事业发展"十二五"规划》),滨海新区医疗卫生公共服务"十二五"发展目标得以明确,相较于 2010 年的《医疗改革实施方案》,《卫生事业发展"十二五"规划》所确定的发展目标更为具体和细化。具体包括:在"看病难"问题方面,提升卫生服务可及性,重新配置区域间的卫生资源;在解决"看病贵"问题上,实现人人享有基本医疗卫生服务,满足群众多层次医疗服务需求,建设惠及全体居民的医疗服务体系。

《卫生事业发展"十二五"规划》还就目标的实现提出了若干实施方案和工作重点,主要涵盖了医疗服务体系的完善,公共卫生体系健全与效率提升,社区医疗普及与提升,农村医疗服务改造以及开放医疗卫生公共服务市场,吸引民间资本进入医疗卫生服务领域。

(三)2010—2015 年医疗卫生政策逐年演进

1. 2010 年滨海新区卫生体制改革启动

《滨海新区政府工作要点》中将医疗卫生领域工作要点概括为"提高医疗卫生水平"。为实现这一目标,具体着手的工作主要包括医院等级提升、社区医疗建设、免疫接种和医疗卫生体制改革等方面。围绕 2010 年滨海新区卫生工作要点,2010 年滨海新区出台相关政策文件近三十项。就内容而言,主要涉及两个方面:公共卫生服务和医疗卫生系统自身建设。其中公共卫生服务又包含:孕产妇保健、传染病防治、预防接种和健康教育等方面;医疗卫生系统自身建设形式包括:卫生系统内部评比、政风行风监督、民主评议、专题培训、学术会议、人事制度调整和医疗机构等级提升等。对比《2010 滨海新区卫生工作要点》要求与 2010 年医疗卫生领域的具体工作情况,滨海新区政府在 2010 年基本完成了医疗卫生领域的政策宣示,启动了医疗卫生体制改革试点工作,实施了医疗重组计划,构建了新型医疗服务模式。

2. 2011 年深化医疗体制改革,促进医疗卫生服务均等化

滨海新区继续深化医疗卫生体制改革,推进现有医院的升级改造,加快医疗领域的基础设施建设,提高滨海新区医疗卫生保健水平,扩展社区医疗形式,提高社区医疗水平。与上一年度相比,2011 年滨海新区政府在开始重视面向流动人口的医疗卫生服务,在 2011 年滨海新区政府工作报告中明确提出,"搞好全国流动人口计划生育基本公共服务均等化试点工作,创建人口均衡发展试验区"。为提高医疗技术水平,滨海新区各医院开展了系列培训与内部管理改革,旨在提高医疗工作人员的技术水平和道德水平。发展社区医疗是滨海新区医疗卫生体制改革的重点。在上一年度加强社区医疗基础设施建设的基础上,2011 年滨海新区将社区医疗服务中心特色医疗纳入大医院发展规划,大医院负责选派中高级专业技术人员定期到社区医疗服务中心为民服务。在医疗基础设施建设方面,2010 年 11 月,天津市人民政府出台《关于加强区县妇幼保健机构公共卫生职能建设的意见》,要求各

区县在 2012 年 12 月 31 日前,通过资源整合和改造、扩建、新建等方式,改善本区县妇幼保健机构的基础设施,确保业务用房达到标准要求,房屋功能符合妇幼公共卫生服务工作需要。滨海新区卫生局转发了这份通知,要求各相关区域在编制、人员、房屋、设备、资产等方面落实《关于加强区县妇幼保健机构公共卫生职能建设的意见》的相关要求。

在医疗机构职能整合调整方面,滨海新区卫生局发布了《关于做好妇幼保健机构公共卫生职能建设的通知》。该通知提出,要加快公共卫生职能建设,按时完成住院和保健业务的剥离工作。在三甲医院创建工作中,2011年,滨海新区安排创建三级甲等医院专项资金 4000 万元。

3. 2012 年滨海新区医疗卫生工作有计划发展

与之前的两年相比,2012 年滨海新区卫生事业发展的最大特点是,在 2012 年《滨海新区卫生事业发展“十二五”规划》出台之后,滨海新区卫生局出台了一套分领域工作要点,滨海新区卫生事业发展规划性更强。在《滨海新区卫生事业发展“十二五”规划》的指导下,滨海新区卫生局印发《2012 年滨海新区卫生工作要点》,详述了滨海新区 2012 年卫生工作的三十五个要点,围绕工作要点,以“工作要点”、通知、成立工作组等政策形式推进 2012 年卫生工作要点的完成。就政策内容而言,主要分为两个部分:一是重要工作,二是保障措施。重要工作主要包括:第一,建立完善医疗服务体系,包括提升卫生科技水平,医政改革、审批流程改革、中医药质量监控等;第二,建立高效公共卫生服务体系,包括疾病防控、妇女儿童保健、应急体系建设等方面;第三,继续发展社区卫生服务,出台社区卫生工作要点。保障措施主要包括:第一,加强卫生技术人员队伍建设,如开展相关培训,鼓励医护人员攻读在职硕士和博士、举办练兵比武活动等;第二,建立统一高效的卫生信息系统,滨海新区卫生局发布《滨海新区区域卫生信息化建设实施方案》,并成立由区副区长任组长的工作领导小组,要求各级政府保障信息化建设的资金投入;第三,强化卫生管理队伍建设,如廉政教育、纯洁性教育等;第四,加强卫生规划的组织领导,在重要工作领域成立领导小组;第五,加大卫生宣传力度,采用举办讲座、知识竞赛等形式。

4. 2013年滨海新区医疗体制改革向纵深发展

2013年滨海新区政府工作报告对于本年度医疗卫生领域的政策宣示是,进一步完善公共卫生和医疗服务体系,重点进行大医院升级改造和社区卫生服务中心建设。2013年,滨海新区医疗卫生领域政策重点是继续推动医疗卫生体制改革,进行医疗卫生基础设施规划与建设,提高医护人员技术水平和医疗机构管理水平,进行社区卫生服务中心标准化建设工作。各项政策均为之前政策的延续与细化。

2013年,滨海新区鼓励社会资本兴办医疗机构的政策精神开始进入落实阶段,由滨海新区发展改革委、商务委、财政局、人力社保局、规划国土局、建设交通局、卫生局、工商局、地税局共同拟定了《关于加快推进社会资本举办医疗机构的意见》,滨海新区人民政府办公室向滨海新区各区域、各单位转发了这个政策文件。就政策内容而言,主要涉及:①建立完善医疗服务体系,包括加快医疗基础设施建设,完善医疗卫生机构布局规划,医疗管理创新等。②建立高效公共卫生服务体系,包括疾病防控、妇女儿童保健、应急体系建设等方面。③发展社区卫生服务,实施社区卫生三年行动计划,启动社区卫生机构标准化建设。④医疗卫生服务均等化,2013年在推广家庭签约责任医生制度中,滨海新区将对特困、孤老、高龄空巢、离休老干部、失能等重点人群提供送医送药上门服务,完成6700人的定点服务。同时,制定不同标准的家庭责任医生有偿服务项目,满足社区居民不同层次的医疗卫生需求。⑤日常医疗卫生工作规定,如对重大事项、重要节日医疗卫生保障的相关规定等。保障措施主要包括:①加强卫生技术人员队伍建设,如开展相关培训,鼓励医护人员攻读在职硕士和博士、举办练兵比武活动等;②强化卫生管理队伍建设,如廉洁行医、诚信服务主题教育、党群工作、主题征文等;③加强卫生规划的组织领导,在重要工作领域成立领导小组。

5. 2014年滨海新区卫生事业在多领域取得阶段性成果

2014年滨海新区医疗卫生领域各项政策基本围绕政府工作报告的政策宣示展开,具体包括应急管理、医疗卫生基础设施建设、疾病防控、免疫接种、社区医疗、卫生科教事业发展、医疗机构内部管理等方面。

2014年滨海新区卫生事业发展重点有三:一是继续加快医疗卫生基础设施建设,如由滨海新区政府办公室发文,要求做好社区服务中心1000平方米大医院社区门诊部建设;二是疾病防控,由滨海新区政府办公室牵头制定或转发疾病防控方面的政策文件;三是流动人口医疗卫生服务的均等化,流动人口从2014年开始免费享受18类80项医疗卫生服务。

6. 2015年提高卫生服务水平

2015年滨海新区医疗卫生事业在继续做好医疗卫生体制改革、加强大医院建设、发展社区医疗等工作的基础上,鼓励民营医疗机构发展,提高应急处置能力,加快推进医疗卫生服务均等化等工作已经逐步被提上日程,拟制定服务于《滨海新区促进社会资本剧本医疗机构奖励办法》的《滨海新区社会资本举办医疗机构综合考评办法和考评标准》。

三、滨海新区医疗卫生公共服务领域的政策创新

(一)发展社区医疗服务

1. 滨海新区社区医疗卫生事业发展的政策体系

推动滨海新区社区医疗卫生事业发展的政策文件主要包括以下几类:滨海新区国民经济和社会发展规划与滨海新区综合配套改革试验规划、滨海新区政府工作报告、滨海新区政府制定的医疗卫生体制改革相关政策措施、滨海新区卫生局制定的相关工作要点,具体工作通知、各功能区基层政府机构的政策实践创新。滨海新区国民经济与社会发展规划与滨海新区综合配套改革试验规划明确了发展社区医疗服务中心是滨海新区医疗卫生体制改革的重要内容;政府工作报告规定了滨海新区在社区医疗发展方面的年度任务;滨海新区政府制定的相关政策措施,一般就需全区各部门配合事项作出相关规定,如滨海新区社区医疗发展过程中,天津市社保中心相关规则的调整,社区医疗发展依赖的卫生系统信息化建设等;滨海新区卫生局发布的相关政策文件在具体设置标准、社区医疗技术水平提升等具体方面作出规定;各基础街镇政府在各自区域内,就具体服务方式、服务项目、防控传

染疾病实施相关政策创新措施。

2.滨海新区社区医疗卫生发展政策的具体内容

根据政府的干预程度,滨海新区社区医疗卫生发展政策可以分为以下三类:

第一,政府主导性公共政策。具体包括:

(1)政策试验。2010年10月,滨海新区医疗卫生体制改革试点启动,成立了三家社区卫生服务中心,分别是天津第五中心医院、新港街社区卫生服务中心和于家堡街解放路社区卫生服务中心。

(2)机构设置。根据职能,将于家堡街、新港街两个社区卫生服务中心的房屋、科室、人员、资产等进行分置,分别成立社区医疗服务中心和社区公共卫生服务中心,第五中心医院对两个社区医疗服务中心实行一体化管理;市社保中心在社区医疗服务中心开通了大医院医生工作站;滨海新区卫生局成立大医院和社区医院一体化管理专门组织;大医院在社区设置社区门诊部。

(3)建立和调整规则。在社区医疗服务中心开展大医院部分检查项目的政策。

(4)体系建设和调整。加强大医院对社区医疗服务中心的帮扶作用,大医院对社区医疗服务中心进行业务技术管理,社区卫生服务站则由社区公共卫生服务中心管理。

(5)许可证与执照。给予社区卫生服务中心独立法人身份。

(6)直接服务。在家庭签约医生服务中,为特殊人群,具体包括特困、孤老、高龄空巢、离休老人、失能等人群提供上门服务,服务项目包括免费的健康评估与健康随访等。实施适龄儿童窝沟封闭预防龋齿和适龄人群大肠癌筛查项目,开展脑卒中高危人群筛查及防治

(7)政府机构与医疗服务机构能力建设。加强区域卫生信息化建设,实现八所试点医疗卫生机构间的互联互通、信息共享和医疗费用结算一卡通。

(8)设定和调整标准。制定《滨海新区社区卫生服务中心(站)标准化建设实施方案》。

(9)特许。将天津市规定的全部十八项社区基本公共卫生服务项目和基本医疗科室划分到社区公共卫生服务中心，其余的社区基本公共卫生服务项目可以在有条件的社区公共卫生服务中心开展。

(10)直接生产。建设大医院1000平方米社区门诊部；用3年左右时间在每个街镇设置一所标准化的社区卫生服务中心，每1万左右人口设置一个200平方米左右的标准化社区卫生服务站。

第二，政府引导性公共政策，具体包括：

(1)消费补贴。患者在社区医疗服务中心就诊免收普通门诊挂号费、减收50%的门诊专家挂号费，年度内住院并且在社区医疗服务中心住院的患者首次补助300元，第二次补助100元。

(2)信息发布和信息公开。通过建立家庭责任医生信息公示制度，印制发放家庭责任医生联系卡。

(3)教育学习。开展医护人员培训，大医院每月至少组织1次社区医疗中心人员的培训讲座，有计划地接收社区医疗服务中心护理、医技、管理等人员进行进修培训。社区全科医师每3~5年要到大医院轮训一次，每次不少于6个月；选派专家以"一对一"形式带教1名社区医疗服务中心业务骨干。

(4)直接补助。大医院每帮扶一个社区医疗服务中心，每年给予10万元补助，用于管理帮扶和人员培训。另外，对选派到社区医疗服务中心提供技术支持的大医院中高级职称医师，给予2000元/人/月的补贴。

(5)示范。塘沽、汉沽和大港分别创建1个市级以上示范社区卫生服务中心(乡镇卫生院)、2个区级示范社区卫生服务站。解放路、新港街社区卫生服务中心申报全国社区卫生培训基地，向阳街社区卫生服务中心创建国家示范社区卫生服务中心。

(6)使用者收费。制定不同标准的家庭责任医生有偿服务项目，满足社区居民不同层次的医疗卫生需求。

第三，政府不干预政策。具体包括：

市场与市场化，在为重点人群提供免费健康评估与健康随访服务同时，若因身体原因不便到社区卫生中心就诊的人群，可选择付费享受家庭医生的医疗服务;在居民自愿的前提下,根据实际服务能力,与家庭医生签订"家庭责任医生服务协议书"。

(二)医疗卫生公共服务均等化

实现医疗卫生公共服务均等化是滨海新区医疗卫生体制改革的重要目标,医疗卫生服务的均等化要求实现人人享有基本医疗卫生服务,因此滨海新区着力加强了对流动人口的医疗卫生惠及,缩小了城乡之间以及滨海新区不同城市区域之间的医疗卫生资源差距。在医疗服务均等化方面,重点政策主要有两个:一是城乡医疗卫生服务均等化,二是流动人口医疗卫生服务均等化。在城乡医疗卫生服务均等化方面,出台了《关于进一步加强城乡基本公共卫生服务工作意见的通知》和《关于贯彻落实 2011 年"卫生下乡"活动的通知》,活动内容包括以下四个方面:第一,加强农村医疗人才培养,提高农村医院医疗水平,打造农村医院优势学科。第二,建立城市医师定期下乡支农制度,为涉农区县开展以技术培训、巡回医疗、双向转诊为主要内容的医疗服务支持。针对广大农民群众和基层医疗卫生机构的实际需求,组织开展义诊、送医送药等活动。第三,加强农村三级医疗卫生服务网络建设、完善农村重点公共卫生服务项目、推进乡镇村医疗一体化管理进程。第四,广泛开展各种帮扶慰问活动,切实帮助农村基层群众解决生产生活实际困难,宣传引导农村家庭树立科学文明的生活理念,培养健康良好的生活方式,推动广大农民健康水平的全面提高。在流动人口医疗卫生服务均等化方面,2011 年滨海新区政府工作报告中明确提出,要"搞好全国流动人口计划生育基本公共服务均等化试点工作,创建人口均衡发展试验区"。2014 年《滨海新区卫生工作要点》提到要推动流动人口医疗卫生服务的均等化,流动人口从 2014 年开始免费享受 18 类 80 项医疗卫生服务。

此外,滨海新区为特殊困难人群,例如特困、孤老、高龄、空巢、失能等人群提供送医送药上门服务。同时,为满足不同人群的多元化需求,在家庭签约医生制度中制定了不同的收费服务项目。

(三)医疗卫生公共服务市场化改革

2012 年,《滨海新区卫生工作要点》中提到要积极发展民营医疗机构。

制定社会力量办医的扶持政策,在机构准入、土地安排和转让、税收、医保定点等方面给予支持。主动招商引资,积极引进民营医院,不断增加民营医院床位,重点提供高端医疗服务和特色医疗服务,满足居民多层次、多样化的医疗服务需求。

2013年,滨海新区鼓励社会资本兴办医疗机构的政策精神开始进入落实阶段,由滨海新区发展改革委、商务委、财政局、人力社保局、规划国土局、建设交通局、卫生局、工商局、地税局共同拟定了《关于加快推进社会资本举办医疗机构的意见》,滨海新区人民政府办公室向滨海新区各区域、各单位转发了这个政策文件。《关于加快推进社会资本举办医疗机构的意见》提出了二十项鼓励社会资本进入医疗服务领域的优惠措施,具体而言,涉及①医疗机制的调整,如将社会资本兴办医疗机构纳入医保定点范围,鼓励社会资本参与公立医院改制,将部分公立医院转为非公立医疗机构;②门槛准入、税费优惠和财政补贴,简化审批程序,规划用地,减免税费,在水、电等方面实行消费优惠,进行财政补贴;③经营环境,改善学术环境、促进人才流动、加强人才培养等;④其他工作指导。

(四)完善公共卫生服务体系

完善公共卫生服务体系包括疾病防控、妇女儿童保健、应急体系建设等方面,2010年以来的历年卫生工作要点,都将公共卫生服务体系的完善作为重要工作内容。如《2010滨海新区卫生工作要点》中将2010年滨海新区卫生工作要点概括为二十项,其中公共卫生医疗服务体系健全方面的内容包括:健全卫生服务体系、建立新区统一的120急救指挥体系、健全公共卫生服务体系、加强传染病防治工作、做好慢性非传染性疾病控制工作、大力加强妇幼保健工作。《2012年滨海新区卫生工作要点》将公共卫生服务体系的健全作为全年的三项最重要工作之一。《2013年滨海新区卫生工作重点》继续强调要建立高效公共卫生服务体系,具体包括疾病防控、妇女儿童保健、应急体系建设等方面。

(五)医疗基础设施建设

在医疗基础设施建设方面,2010年11月,《关于加强区县妇幼保健机构公共卫生职能建设的意见》出台,要求各区县要在2012年12月31日前,通过多种方式,如资源整合和改造、扩建、新建等,改善本区县妇幼保健机构的基础设施,确保业务用房达到标准要求,房屋功能符合妇幼公共卫生服务工作需要。

（六）信息化建设

在医疗卫生领域,2012年《国家基本公共服务体系"十二五"规划》出台,其中提到医药卫生信息化工程是医疗卫生服务发展的重要保障。为建立统一高效的卫生信息系统,滨海新区卫生局于2012年发布《滨海新区区域卫生信息化建设实施方案》,并成立由区副区长任组长的工作领导小组,并要求各级政府保障信息化建设的资金投入,资金预算为2.9亿元,其中区财政解决2.08亿,功能区解决0.82亿。新型农村合作医疗系统在推动农村人口医疗管理信息化方面发挥了重要作用。

第五节　滨海新区基本公共教育领域政策演进

1995年《天津滨海新区总体规划》出台,滨海新区发展战略确定,教育发展服务于滨海新区发展的战略定位,主要作用是提高滨海新区居民素质,主要任务是培养滨海新区经济发展所需要的各类人才。2006年,在国务院大力发展职业教育的政策推动下,《滨海新区国民经济和社会发展第十一个五年规划》中提出要以"职业教育为特色",发展滨海新区教育事业。自此,虽各阶段的发展重点有所区别,但"职业教育"一直是滨海新区教育事业发展的重要领域。

一、基本教育公共服务体系健全阶段(1994—2009年)

本阶段统领滨海新区教育事业发展的纲领性文件主要有三个:一是2000年天津市人民政府下发的《加快滨海新区发展的通知》,其中首次提出发展教育事业是滨海新区发展的重要内涵。二是2005年《天津滨海新区总体规划(2005—2020年)》,其中对未来十五年教育基本公共服务的规划如下:坚持教育事业优先发展的战略;合理配置新区内各级各类教育资源,坚持城乡统筹原则;与城市空间布局调整相结合,加快教育设施布局结构调整,形成与新区城市空间结构、产业发展和人口分布相协调的教育设施布局;积极发展高等教育事业,发挥南开大学泰达学院等名校效应,进一步提高塘沽城区、大港区高教园区整体水平,吸引国内外高水平大学到新区办学,建设滨海职业学院、海事学院等六所独立建制的高等院校,成为重要的科技平台和研发基地。三是《滨海新区国民经济与社会发展第十一个五年规划》,在此文件中提到要"加快教育体制改革,逐步普及12年义务教育。搞好国家职业教育改革试验区,强化职业培训,建立高技能人才评价体系。

本阶段滨海新区教育事业发展主要体现在三个方面:

第一,发展高等教育。高等教育在1999年之前是滨海新区教育公共服务中的一个空白领域,1999年建成滨海新区大学城,之后大学城办学规模不断扩大。1999年以培养博士、硕士及高年级本科生为主的"南开大学泰达学院"正式揭牌,为滨海新区培养高层次工商管理人才打下良好的基础。2001年,泰达学院正式招收研究生;天津工商职业学院、天津大学网络学院、天津商学院汉沽分院等高等院校落户新区。截至2001年底,作为天津市开发区高素质人才基地和产学研相结合的有效载体的泰达学院区开始启动,南开大学泰达学院办学规模继续扩大。2003年末南开大学伯苓学院、天津医科大学临床医学院等院校建设工程进展顺利。2005年,滨海新区大学城高等教育共招收本科生、专科生7449人,年末在校学生16920人。至2009年,滨海新区高等教育学校数量达到10所,大学城高等教育年末在校学生人数达到22323人。

第二,合理配置区域教育资源,增加教育资源总量。1998年滨海新区有各级各类学校296所,2009年末滨海新区各级各类学校已经达到228所。就学校总数而言,滨海新区学校数目减少较多,但资源配置日趋合理,区域教育资源并未减少。减少的学校中小学占比重最大,由1998年的151所减少为2009年的104所,其中部分是由于老城区拆迁,新建学校尚未完工,如

2009 年已经开工建设福源小学、小王庄中学、大港二小等学校。新建学校一般设在新建住宅群周围、新建功能区中。

第三，发展职业教育。2005 年 10 月 28 日，国务院下发《国务院关于大力发展职业教育的决定》，随后，11 月 15 日，教育部下发了《关于学习贯彻〈国务院关于大力发展职业教育的决定〉和全国职业教育工作会议精神的通知》。随后，天津市教育委员会也印发了相关政策通知，2006 年天津市人民政府下发《关于印发天津滨海新区国民经济和社会发展"十一五"规划纲要的通知》，其中对职业教育的规划是：以职业教育为特色，大力发展具有新区特点的教育事业。合理配置资源，探索政府、企业与社会力量共同办学的新机制。创新职业教育办学模式和人才培养模式，建设一批为优势产业服务的职业院校和实训基地，落实制造业和现代服务业技能型紧缺人才培训工程。2010 年新区职前培训率达到 80% 以上。2007 年，滨海新区职业教育快速推进，塘沽区建成了教育中心，成为全国首家职业教育改革示范区。在职业教育发展过程中，滨海新区建立了职业院校人才与滨海新区开发开放联动机制，实施了"技能型紧缺人才培养培训项目"和"职业教育实训基地项目"。2008 年滨海新区启动了 8 个技能紧缺型人才培养基地建设。2009 年滨海新区职业教育新园区建设启动，一期工程占地 40 万平方米，有 17 所中职院校入住，并逐步整合成 4 所高水平的中职院校。

总体而言，此阶段滨海新区教育公共服务发展服务于滨海新区整体战略，因此教育公共服务的任务主要集中在如何培养人才以满足滨海新区开发开放要求方面。就发展结果而言，各级各类学校数量有所下降，其中以小学和职业教育学校为主，其原因是，滨海新区在优势资源整合过程中，将一些学校进行了合并与重组，对教育资源进行了重新规划与布局。就在校学生人数分析，1998 年滨海新区在校学生人数为 18.08 万人，2000 年底为 16.73 万人，2005 年，在校生 18.84 万人，2006 年，在校生 19.76 万人，2007年在校生 20.42 万人，2008 年在校生 20.82 万人。可见在校生人数增长较快，而滨海新区户籍人口数量变化并不明显，流动人口数量则增长较快，2009 年末，滨海新区开发区居民及流动人口子女九年制义务教育毛入学率达到100%。由此可见,在校生中应有相对比重的流动人口子女。职业教育仍然有待进一步发展,2009年滨海新区技工和职业教育学校只有11所,其中高职院校5所,显然,职业教育资源仍然比较少。

二、优先发展教育阶段(2010—2015年)

自2010年开始,滨海新区政府的教育政策也逐步进行调整,2010年、2011年和2012年的滨海新区政府工作报告中都提到要"优先发展教育事业"。《滨海新区国民经济与社会发展"十二五"规划》对未来五年教育类公共服务的政策宣示为:优先发展教育事业,实施"三名"①工程,提高教育现代化和国际化水平,加快发展学前教育,提高义务教育和高中阶段教育水平,强化职业教育,发展高等教育,完善社区教育网络,基本形成终身教育体系,到2015年,新增劳动力人均受教育年限达到15.5年。可见在此阶段,职业教育仍然是滨海新区教育事业发展的特色,但教育体系的完善,教育公共服务均等化、教育质量提升已经成为滨海新区教育发展的重要目标。总体而言,2010—2015年,滨海新区教育公共服务发展特点有两个:第一,教育公共服务体系完善,服务质量全面提升,涉及全学段教育、普通教育与职业教育、教育的国际化与现代化等多个层次和领域;第二,在教育公共服务整体推进过程中,注重个别领域的重点提升与完善,如2010年,启动"三名"工程,以"三名"工程带动教育体制改革,提升教育质量;2011年,鉴于当年较为严峻的校园安全形势,校园安全管理方面的政策文件出台较多,滨海新区校园安全管理体制得以健全;2013年滨海新区教育现代化建设具体工作方案逐步出台,义务教育及普通高中现代化建设工作启动。

(一)2010年教育公共服务体系建设全面展开

1.政策目标

2010年滨海新区政府以会议精神传达的方式明确了2010年及今后几

① 所谓"三名"就是指名教师、名学校、名校长。

年教育基本公共服务体系建设的方向。2010 年,滨海新区区委常委召开扩大会议,督促滨海新区有关部门贯彻落实党的十七届五中全会精神。为此,滨海新区教育局对教育公共服务提出如下规划:"加快机制体制改革,解决学前教育学位不足等问题;基础教育围绕'名教师名校长名学校'培育工程,加大培训力度,继续引进优质名校落户新区;加快职教联盟建设,完善外来务工人员素质提升工程;一鼓作气做好校舍安全加固工程和义务教育学校现代化达标的收尾工作。"学前教育、基础教育、职业教育全面发展成为滨海新区教育发展目标。

2. 政策内容

鉴于职业教育之前已有一定的发展基础,2010 年全年政策文件中,义务教育发展的相关政策所占比重最大。具体而言,共涉及"三名"工程、学校安全、学校现代化达标三个方面。在"三名"工程建设方面滨海新区教育局出台了两项政策:一是"天津名校与滨海新区学校共同发展"政策,与天津名校签订合作协议书,在科研、教师交流、学生交流、资源共享等方面进行合作;二是"滨海新区名校长名教师培养工程实施意见",在培养方向、培养目标、培养措施、保障措施等方面作出了规定。在学校安全建设方面,印发《滨海新区中小学校舍安全工程实施意见》,具体包括安全工程建设目标和任务,实施范围和主要内容以及考核奖惩办法等。在学校现代化达标建设方面,由天津市滨海新区政府办公室发布《关于加快推进义务教育学校现代化达标建设的实施意见》,要求到 2012 年滨海新区义务教育学校全部达到《天津市义务教育学校现代化建设标准(2008—2012)》,特殊教育学校全部达到《天津市特殊教育学校现代化建设标准》。同年,在职业教育方面,加强与企业合作,建立职业学校与企业的合作联盟成为职业教育发展的新方向,滨海新区教育局采取措施推动职业教育联盟[①]的发展,10 月份滨海新区物流、机电、旅游职业教育联盟第一届理事会会议在滨海职业学院举行。

---

① 职业教育联盟是按照滨海新区区委、区政府的要求,由滨海新区内的职业院校和行业企业按照平等、诚信、合作、共赢的原则,自愿结成的民间组织。

　　除上述三项主要政策内容外,教师队伍建设、教育管理机构自身建设、学生全面发展方面也有相关政策出台。

　　就政策发布机构而言,滨海新区教育局是政策的主要发布机构,滨海新区政府主要对义务教育的安全工程和现代化建设、"三名"工程三个领域的政策进行了转发。由此可见,在 2010 年教育公共服务发展中,义务教育的数量提升和水平提高是工作的重点。

表 2-9　2010 年滨海新区教育领域主要政策与行动

时间	名称	机构	主要内容
2010	《关于滨海新区 2010 年招聘新教师工作的指导意见》	滨海新区教育局	招聘原则、招聘方式、招聘范围和条件等。
2010	《关于印发〈滨海新区中小学校舍安全工程实施意见〉的通知》	天津市滨海新区人民政府	为确保新区中小学校舍安全工程的顺利推进,保障师生生命安全,提出实施意见。具体包括目标和任务、实施范围和主要内容、考核奖惩办法等。
2010	滨海新区庆"六一"首届小学生绘画大赛在开发区国际学校启动	滨海新区教育局	作为庆"六一"重点活动之一的滨海新区首届小学生绘画大赛在开发区国际学校启动。
2010	《关于转发〈教育部办公厅文化部办公厅关于举办"中国学生原创动漫作品大赛"的通知〉的通知》	滨海新区教育局	贯彻落实国务院有关文件精神,引导广大学生关心和参与动漫创作,教育部、文化部决定联合举办"中国学生原创动漫作品大赛"。
2010	《关于评选表彰滨海新区教育系统"教师标兵""十佳班主任"和"十佳校长"的通知》	滨海新区教育局	评选范围、评选条件、名额分配、评选办法、奖励方式等。
2010	滨海新区职业教育与企业合作发展战略	滨海新区教育局	探索和推进滨海新区校企合作、定单式培养等多样化合作办学模式,提升技能型人才培养能力。

续表

时间	名称	机构	主要内容
2010	评选表彰滨海新区教育系统"教师标兵""十佳班主任"和"十佳校长"	滨海新区教育局	先进人物表彰。
2010	《滨海新区学校体育设施向社会开放的实施方案》	滨海新区教育局	工作原则,开放标准及形式,各项保障措施等。
2010	天津名校与滨海新区学校共同发展协议书	滨海新区教育局	通过与名校的合作教研、教师互派、学生交流、资源共享,进一步提高新区学校校长、教师的专业素质,提升新区学校的办学水平。
2010	区教育局传达区委常委扩大会议精神,认真贯彻落实党的十七届五中全会精神	滨海新区教育局	加快机制体制改革,解决学前教育学位不足等问题;基础教育围绕"名教师名校长名学校"培育工程,加大培训力度,继续引进优质名校落户新区;加快职教联盟建设,完善外来务工人员素质提升工程;一鼓作气做好校舍安全加固工程和义务教育学校现代化达标的收尾工作。
2010	滨海新区物流、机电、旅游职业教育联盟成立	滨海新区教育局	创新执业教育模式,职业院校与企业建立教育联盟,为企业输送"专家型"技能人才,实现资源共享,优势互补。
2010	《滨海新区名校长名教师培养工程实施意见》	天津市滨海新区人民政府	推进名校长和名教师培养工程,尽快建设一支高素质的骨干教师队伍,培养方向、培养目标、保障措施等。
2010	《关于加快推进义务教育学校现代化达标建设的实施意见》	滨海新区教育局,天津市滨海新区人民政府办公室发布	到2012年上半年,滨海新区义务教育学校全部达到《天津市义务教育学校现代化建设标准(2008—2012)》,特殊教育学校全部达到《天津市特殊教育学校现代化建设标准》。

(二)2011 年教育类公共服务由重点领域突破转为各领域均衡发展

2011 年,滨海新区教育公共服务发展出现重大方向调整,由过去的重点领域突破转变为各领域均衡发展。滨海新区教育公共服务发展被列入滨海新区"十大改革"项目。《滨海新区教育事业发展"十二五"规划》出台,提出滨海新区教育事业发展五年目标:"到2015年新区教育普及水平显著提高,学前三年毛入园率达到98%,义务教育巩固率达到99%,使新区教育整体均衡发展,区域教育特色发展,各类教育协调发展,国际化程度高,职业教育产学研合作强,教育服务社会水平显著提升。"在《滨海新区教育发展"十二五"规划》的指导下,2011年4月,在滨海新区教育工作会议上,先后出台了《关于进一步加快滨海新区教育事业发展的意见》《滨海新区学前教育行动计划》《滨海新区争创全国社区教育工作示范区实施意见》《滨海新区关于促进职业教育发展实施意见》《关于深化滨海新区教育体制改革的实施方案》《滨海新区教育事业发展"十二五"规划》等一系列发展新区教育的政策措施。由此可见,滨海新区教育公共服务发展已由最初的重点领域突破发展成为强调各领域均衡发展。滨海新区教育局提出滨海新区2011年教育(体育)工作六个要点:扩充教育资源,推进基础教育均衡发展;深化素质教育,提升基础教育水平;发展职业教育,探索校企合作办学新模式;加强高等教育,增强培养高素质人才能力;推进体育工作,切实提高人民身体素质;深入推进教育改革,促进教育事业科学发展。

根据对2011年滨海新区在教育领域出台相关政策梳理,滨海新区在教育领域的政策重点实际为教育体制改革、校园安全建设与学前教育发展。

在教育体制改革领域,天津被国务院批准确定为义务教育均衡发展试点地区。在此背景下,滨海新区教育局转发天津市教育委员会《关于开展天津市教育体制改革试点的通知》,并确定九个教育改革试点项目,分别是:①关于推进区域内义务教育均衡发展的对策研究;②推进发展国有民办学前教育,初探"入园难、入园贵"解决办法;③塘沽减轻中小学课业负担的研究;④实施素质教育,减轻学生课业负担;⑤依托两个模式,深化激励教育实践;⑥艺术教育特色高中;⑦办学体制改革与创新人才培养机制探索;⑧创办开发区特色的社区教育模式;⑨提高教师教学研究水平,建设学习型团队。2011年,滨海新区还成立了区政府教育督导委员会,同年成立了区政府教育督导委员会的办事机构——区政府教育督导室。新区积极探索教育管理新体制,采取"购买服务""委托管理"等模式,积极引进市内外著名幼教机构来新区合作办学。

2011 年中国校园安全事故频发,校园安全成为 2011 年教育领域的关键问题,针对校园安全的严峻形势,滨海新区出台或转发了十项以上的政策文件,内容涉及校园周边环境安全、校车安全、消防安全和食品安全等方面。滨海新区教育局根据滨海新区中小学及幼儿园基本情况,制定了《滨海新区中小学幼儿园突发安全事件应急预案》,规定了突发事件应对中的工作原则、应急组织体系、组织职责和报告处置程序等内容。

在学前教育方面,滨海新区教育局制定出台《滨海新区学前教育行动计划》,这一计划对滨海新区学前教育提出要求:"到 2012 年,滨海新区基本形成政府主导、多元并举、优质协调、充满活力的较完善的学前教育社会公共服务体系。基本解决'入园难'问题,学前三年适龄幼儿入园率高于 95% 的全市平均水平。"为了学前教育目标的实现,滨海新区启动幼儿园标准化建设,转发《天津市农村乡镇中心幼儿园提升改造标准》《天津市民办一类幼儿园设置标准(试行)》《天津市民办二类幼儿园设置标准(试行)》《天津市民办学前教育服务点设置标准(试行)》。

除上述重点发展领域,滨海新区教育局在教师队伍建设、政府机构自身建设及流动人口教育公共服务均等化、义务教育现代化达标等方面亦有政策出台。

就政策发布机构而言,2011 年滨海新区教育局是政策的主要发出机构,其政策发布形式主要有三种:第一种是转发上级政府相关公共政策,并督促下级政府遵照政策精神,加强相关领域工作;第一种是直接发出相关工作通知、规划、办法等,就某个领域做出细节性规定;第二种是以新闻稿件的形式,发布会议简报、活动信息,鼓励引导相关机构加强某些领域工作。

表2-10 2011年滨海新区教育领域主要政策与行动

时间	名称	机构	主要内容
2011	区发改委简化审批程序加快义务教育学校现代化达标项目前期工作	滨海新区发展和改革委员会	针对义务教育学校现代化达标项目的进展情况,鉴于项目进度不一、建设内容各不相同而且工期短、任务重,区发改委在遵守有关规定的前提下,简化审批程序,提高工作效率。
2011	《滨海新区教育事业发展"十二五"规划》	滨海新区教育局	滨海新区教育事业2010—2015年发展规划。
2011	《滨海新区学前教育行动计划》	滨海新区教育局	到2012年,新区基本形成政府主导、多元并举、优质协调、充满活力的较完善的学前教育社会公共服务体系。基本解决"入园难"问题,学前三年适龄幼儿入园率高于95%的天津市平均水平。
2011	2011年滨海新区教育(体育)工作目标和思路	滨海新区教育局	深化教育管理体制改革,突破体制机制障碍,探索教育发展新举措:一要扩充教育资源,推进基础教育均衡发展。二要深化素质教育,提升基础教育水平。三要发展职业教育,探索校企合作办学新模式。四要加强高等教育,增强培养高素质人才能力。五要推进体育工作,切实提高区民身体素质。六要深入推进教育改革,促进教育事业科学发展。
2011	《关于成立滨海新区人民政府教育督导委员会的通知》	天津市滨海新区人民政府办公室	完成教育部和天津市赋予滨海新区的教育体制改革试点项目,进一步加强教育督导工作,结合新区实际,决定成立滨海新区人民政府教育督导委员会。
2011	《关于做好天津市教育体制改革试点信息报送工作的通知》	滨海新区教育局	报送内容、工作要求等。

续表

时间	名称	机构	主要内容
2011	《关于做好义务教育阶段公办学校参与举办的民办学校复核检查工作的通知》	滨海新区教育局	天津市教育委员会、天津市监察局和天津市纠正行业不正之风办公室联合下发通知,就对义务教育阶段公办学校参与举办的民办学校进行复核检查作出部署安排,为贯彻落实好《通知》精神,做好新区的复核检查工作。
2011	《关于成立滨海新区科技教育领导小组的通知》	天津市滨海新区人民政府办公室	成立滨海新区科技教育领导小组,组长滨海新区区长,副组长滨海新区三位副区长,成员滨海新区各相关局局长。主要职责为:进一步加强滨海新区科技教育工作的组织领导。
2011	《关于做好信息报送工作的通知》	滨海新区教育局	信息报送制度、主要范围和工作要求等。
2011	《关于进一步加强学生上下学交通安全管理工作的紧急通知》	滨海新区教育局	11月16日上午,甘肃省庆阳市正宁县榆林子镇小博士幼儿园接送幼儿车辆发生交通事故,造成重大人员伤亡。滨海新区教育局要求塘沽、汉沽、大港管委会教育局,开发区教文卫体局,保税区社发局进一步加强学生上下学交通安全管理工作。
2011	《教育部办公厅关于加强中小学教师培训安全管理工作的通知》	滨海新区教育局转发	进一步提高对中小学教师培训安全管理工作重要性的认识,强化中小学教师培训安全管理工作责任制,加强对参训教师的安全教育。
2011	《关于加强全市中小学、幼儿园及周边安全隐患排查整改的通知》	天津市教育委员会发布,滨海新区教育局转发	就加强全市中小学、幼儿园及周边安全隐患排查整改工作的有关要求。
2011	《关于转发〈关于做好新学期学校安全管理及周边治安综合治理工作的通知〉的通知》	滨海新区教育局转发,天津市综治办、天津市委教育工委、天津市教委发布	做好学校安全管理及周边治安综合治理工作。

时间	名称	机构	主要内容
2011	《关于印发〈滨海新区中小学幼儿园突发安全事件应急预案〉的通知》	滨海新区教育局	为预防中小学、幼儿园安全事件的发生,积极、稳妥、快速地处置突发安全事件,保障全区广大师生的人身和财产安全制定本方案,对适用范围、工作原则,应急组织体系及职责,报告与处置程序等事项做出了规定。
2011	《关于转发市教委〈关于进一步加强中小学公共安全教育的通知〉的通知》	滨海新区教育局	要求塘沽、汉沽、大港管委会教育局,开发区教文卫体局,保税区社发局请认真领会《通知》精神,深入学习市教委制定的《天津市中小学公共安全教育指导意见(试行)》和灵活使用《天津市中小学公共安全教育读本》,进一步开展中小学公共安全教育。
2011	滨海新区开展校园安全工作督查专项行动	滨海新区教育局	区综治办、区公安局、区教育局、区建交局、区卫生局、区消防局、区综合执法大队等七部门组成联合检查组,于11月8—11日对全区校园安全工作情况进行了督导检查。
2011	《关于转发市委教育工委、市教委、市公安局〈关于进一步加强学生接送车辆安全管理的通知〉的通知》	滨海新区教育局	要求塘沽、汉沽、大港管委会教育局,开发区教文卫体局,保税区社发局协调公安、交通部门做好学生接送车辆安全管理工作。
2011	《关于转发市教委〈关于进一步加强中小学及托幼机构食品安全工作的紧急通知〉的紧急通知》	天津市教育委员会发布,滨海新区教育局转发	要求塘沽、汉沽、大港管委会教育局,开发区教文卫体局,保税区社发局督促各单位、各学校和幼儿园严格按照《紧急通知》要求,进一步加强学校食堂食品和学生饮用水安全管理。
2011	滨海新区学校安全工作检查组到大港进行校园安全检查	滨海新区教育局	滨海新区学校安全工作检查组到大港对中小学、幼儿园校园安全工作进行检查。区综治办、区教育局、区公安局以及大港管委会负责同志参加。

时间	名称	机构	主要内容
2011	《关于转发〈天津市农村乡镇中心幼儿园提升改造标准〉的通知》	滨海新区教育局转发,天津市教委根据《天津市学前教育资源建设和提升工程实施方案》制定	各单位应按照《标准》要求,编制本区域学前教育农村乡镇中心幼儿园提升改造工程总体方案。
2011	《关于核对滨海新区2011—2012年学前教育资源建设项目的通知》	滨海新区教育局	进一步落实和确定各管委会学前教育资源建设的具体项目,请各管委会教育局认真做好学前教育资源建设项目信息统计报表的核对与上报工作。
2011	《关于转发〈天津市民办一类幼儿园设置标准(试行)〉〈天津市民办二类幼儿园设置标准(试行)〉〈天津市民办学前教育服务点设置标准(试行)〉的通知》	天津市教育委员会制定,滨海新区教育局转发	完善民办幼儿园准入制度,实行民办幼儿园分类管理,积极引导民办幼儿园有序发展的相关标准。
2011	滨海新区首届教师"三项"基本功竞赛	滨海新区教育局	从专业知识基本功、语言能力基本功和课堂教学基本功三个方面进行考查。
2011	《关于转发〈关于评选和表彰民办教育先进集体和先进个人的通知〉的通知》	天津市教育委员会发布,滨海新区教育局转发	新区将评选区级民办教育先进集体和先进个人,先进名额:民办幼儿园五所,民办培训机构(含民办学历教育)五所,民办教育先进个人十名。
2011	《天津市学前教育师资培训工程实施方案的通知》	滨海新区教育局	指导思想、培训方式、经费保障,人员选拔等。
2011	《关于评选天津市中小学校舍安全工程先进个人的通知》	滨海新区教育局	表彰各管委会教育系统校安工程项目负责人和工作人员,参与中小学校舍安全工程且工作表现突出的相关人员。

时间	名称	机构	主要内容
2011	《关于转发〈天津市教育系统法制宣传教育的第六个五年规划〉的通知》	滨海新区教育局	提高广大教育工作者和青少年学生法律素质,更好地适应建设和谐天津和教育改革发展的需要,市委教育工委和市教委制定了《天津市教育系统法制宣传教育的第六个五年规划》。
2011	《关于成立滨海新区教育局双拥工作领导小组的通知》	滨海新区教育局	成立滨海新区教育局双拥工作领导小组。
2011	滨海新区教育局积极推进天津职业技术大学与天津临港经济区职业教育合作	滨海新区教育局	为进一步推进新区职业教育发展,为滨海新区职业教育培养大量高技能师资及高技能人才需求,为滨海新区提供优质职业教育服务。
2011	古林街流动人口子女教育示范学校正式挂牌	滨海新区人民政府古林街道办事处	此项活动旨在鼓励流动人口子女好好学习天天向上,学习优秀的时候得到赞扬,学习退步的时候得到帮助,生活困难的时候得到救助,给予他们更多的关心、关爱、关怀,创造有利于流动人口子女健康成长的环境。
2011	《转发〈关于学习贯彻温家宝总理在视察南开中学时的重要讲话的通知〉的通知》	天津市委教育工委、天津市教委印发,滨海新区教育局转发	把学习贯彻温家宝总理的讲话精神与区委、区政府关于滨海新区教育改革发展的一系列部署要求结合起来,与加快完成今年各项工作目标任务结合起来,推动我区教育事业又好又快发展,为全区经济社会发展提供人才保障和智力支撑。

(三)2012 年教育各领域均衡发展

《滨海新区教育 2012 工作要点》中提出了十六项工作要点,主要工作涉及以下六个领域:一是教育体制改革,2011 年滨海新区教育督导委员成立,2012 年天津市教委发文明确支持滨海新区探索建立相对独立的教育督导机构。二是"名教师、名校长、名学校"培养工程,具体包括对优秀教师、优秀校长和优秀学校的公开表彰,举办教师基本功竞赛等方面。三是在基础教育方面,进一步完善基础设施建设,推进素质教育发展,如实施"基础教育教学质量提升工程"。四是发展学前教育,鼓励民办学前教育发展,同时又对民办学前教育机构设定了若干标准,通过学费补助等方式鼓励幼儿园教师进修。五是继续强化学校安全管理,滨海新区教育局不仅转发传达了教育部办公厅与天津市教育委员会相关文件,且在滨海新区范围内发布《关于切实加强学校安全稳定工作的通知》《关于做好中小学幼儿园大雪冰冻等灾害天气应对准备工作的通知》。六是在职业教育发展方面,2012年政策文件较少,但基层政府对职业教育进行了实践创新,例如滨海新区太平镇人民政府所办的职业学校根据学区群众的需求开设课程并取得了良好的效果。

除以上工作,2012年滨海新区教育局还就教育信息化、中小学体育课管理、义务教育阶段乱收费、农村中小学学生食堂设置标准、中小学科技教育等工作作出政策规定。

就政策发布机构而言,滨海新区教育局是教育政策的主要发布者,政策形式以通知、办法、方案等形式为主。2012年滨海新区教育局对教育部办公厅和天津市教育委员会的相关政策也进行了转发。但与直接的文件传达不同,滨海新区教育局在转发上级政策文件时,通常会列举具体执行要求,并在规定期限内要求下级教育行政部门上交执行情况工作总结。滨海新区人民政府办公厅在重要发展领域转发了滨海新区教育局的文件,如义务教育均衡发展领域和民办学前教育领域。基层镇政府也就各自的教育实践发展及方法创新进行了信息发布。

表2-11 2012年滨海新区教育领域主要政策与行动

时间	名称	机构	主要内容
2012	《关于成立推动滨海新区义务教育均衡发展工作领导小组的通知》	天津市滨海新区人民政府办公室	为推动新区义务教育实现较高水平均衡发展,促进教育公平,提升全区义务教育整体办学实力,经区人民政府研究同意,决定成立推动滨海新区义务教育均衡发展工作领导小组。

时间	名称	机构	主要内容
2012	《天津市基础教育质量提升工程实施方案》	天津市教委发布,滨海新区教育局转发	课堂教学质量效益提升项目,特色高中课程方案研究项目,基础教育质量监测评价项目,区域对口支援交流合作项目,教师教学能力持续提升项目,教研机构服务能力提升项目。
2012	《关于转发〈关于印发天津市基础教育质量提升工程实施方案的通知〉的通知》	天津市教育委员会发布,滨海新区教育局转发	通过实施"基础教育教学质量提升工程",深化基础教育课程教学改革,构建符合素质教育要求的教学质量标准和教学评价体系;创新课堂教学模式,推广高效课堂教学典型经验,提高课堂教学效益,减轻学生过重的课业负担;推动特色高中办学实验,鼓励学校办出特色;加强教师队伍建设和信息化建设,提升教师的专业能力和整体素质。实现义务教育高水平均衡和高中教育优质特色发展。力争"十二五"期间,基础教育教学质量得到全面提高。
2012	《关于转发〈关于清理规范普通高中改制学校的通知〉的通知》	天津市教育委员会发布,滨海新区教育局转发	清理规范工作的对象是按照民办学校机制运行的公办普通高中学校,即改制高中学校。
2012	《关于做好天津市2012年幼儿园招生工作的通知》	天津市教育委员会发布,滨海新区教育局转发	幼儿园招生原则上优先招收本辖区的常住户籍幼儿。幼儿园招生报名需出具户口本(外来务工人员凭蓝印户口、暂住证)、幼儿出生证、幼儿接种证(儿童保健手册)等证件。幼儿园招生对烈士子女入园优先录取,对台湾同胞子女入园视为本市居民子女同等对待,对现役军人子女按照国家和本市有关政策执行。

时间	名称	机构	主要内容
2012	天津市教育 2012 年工作重点	天津市教育委员会发布,滨海新区教育局转发	加快高校科技创新成果转化中心建设,加大项目引进力度,全力服务区域经济社会发展和滨海新区开发开放。支持滨海新区探索建立相对独立的教育督导机构。
2012	区教育局学习传达 5 月 28 日区委常委会会议精神	滨海新区教育局	一是继续深化突破体制机制障碍,加快教育事业发展改革,重点抓规划和配建学校建设项目;二是继续深化"名教师、名校长、名学校"培养工程;三是继续深化基础教育改革,全面实施素质教育;四是继续深化职业教育改革;五是继续深化拓展外来建设者教育服务途径。
2012	《转发〈关于启动教育信息化"十二五"综合投资 2011 年、2012 年建设项目的通知〉的通知》	天津市教育信息化"十二五"综合投资领导小组办公室发布,滨海新区教育局转发	要求塘沽、汉沽、大港管委会教育局,开发区文教卫体局成立本区域教育信息化推进工作领导小组和工作小组,统筹规划,认真做好 2011 年、2012 年建设项目的申报工作。
2012	《关于进一步加强滨海新区中小学科技教育工作的意见》	滨海新区教育局	加强中小学科技教育,促进中小学生创新精神和实践能力的培养,全面实施素质教育,现就进一步加强滨海新区中小学科技教育工作相关意见。
2012	《转发区教育局拟定的滨海新区促进民办学前教育发展实施办法的通知》	滨海新区教育局制定,天津市滨海新区人民政府办公室发布	多项措施鼓励民办幼儿园发展。
2012	《关于转发〈关于印发天津市学前教育 2012 年工作要点的通知〉的通知》	滨海新区教育局	基础设施建设、城乡协调发展,规范管理、提高质量、加强师资队伍建设等。

续表

时间	名称	机构	主要内容
2012	《关于转发天津市教育委员会、天津市卫生局、天津市食品药品监督管理局〈关于印发天津市农村中小学学生食堂建设标准的通知〉的通知》	滨海新区教育局	转发给各功能区教育部门,要求遵照执行。
2012	《关于做好迎接国家义务教育发展基本均衡区(县)评估认定暨全国评估认定现场会准备工作的通知》	滨海新区教育局	成立了由区教育局局长任主任,区教育局副局长和各管委会教育局局长为副主任的"迎评工作办公室"。做好相关档案资料的整理工作,开展评建宣传及公众满意度调查工作,提升校园环境建设水平,加强校园活动文化建设。
2012	《关于进一步加强滨海新区中小学科技教育工作的意见》	滨海新区教育局	进一步加强滨海新区中小学科技教育工作提出若干意见。
2012	《天津市普通高中现代化建设标准(2012—2015)的通知》	天津市教育委员会制定,滨海新区教育局转发	包括办学条件、学校管理、教师队伍、素质教育四个方面的标准。
2012	《关于印发滨海新区"双百助教"工程实施方案的通知》	滨海新区教育局	实施"双百助教"工程,为边远校、新建校的教师搭建教学观摩、专家讲座等学习提高的平台;为各区域优秀教师搭建展示教学风格、交流经验的平台;全面促进义务教育学校内涵发展和教师整体水平提高。
2012	《关于贯彻落实"打非治违"专项行动要求进一步做好学校安全工作的通知》	天津市教育委员会制定,滨海新区教育局转发	要求塘沽、汉沽、大港管委会教育局,开发区教文卫体局,保税区社发局,中新生态城社会局结合新区开展学校及周边安全隐患专项整治行动督查行动,进一步做好学校安全工作。

时间	名称	机构	主要内容
2012	《关于做好滨海新区民办幼儿园教师学历进修工作的通知》	滨海新区教育局	以学费报销的手段鼓励幼儿园教师参加进修。
2012	《关于做好中小学幼儿园大雪冰冻等灾害性天气应对准备工作的通知》	滨海新区教育局	做好灾害性天气中小学幼儿园安全管理工作。
2012	《关于转发〈教育部办公厅关于做好2012年防灾减灾日有关工作的通知〉的通知》	教育部办公厅发布,滨海新区教育局转发	要求全区各中小学、幼儿园要制定以防地震、防火灾、防海啸、防暴雨洪灾、防踩踏事件为主题的应急演练方案,安全有序,精心组织,扎实开展一次应急演练活动。
2012	《关于切实加强学校安全稳定工作的通知》	滨海新区教育局	为切实保证全区学校、幼儿园安全稳定,结合暑假期间强降雨天气明显增多,中小学生溺水、交通事故和公共卫生突发事件易发的特点,安排有关事宜。
2012	太平镇扎实稳步推进成人培训工作	滨海新区太平镇人民政府	太平镇成校根据群众需求制定课程。

（四）2013 年着力推进教育现代化标准建设

《2013 年滨海新区教育工作要点》对 2013 年滨海新区教育领域的重要工作安排如下:第一,在义务教育领域,要求继续提高教育质量,探索素质教育方法;第二,在职业教育领域,强调要培养高技能人才;第三,在社区教育方面,要完善终身教育体系建设;第四,在教师队伍建设方面,继续培养高素质师资队伍,推进依法治教;第五,继续深化教育体制改革。

就政策文件内容而言,2013 年滨海新区在教育现代化标准建设方面发布的政策文件最多,不仅制定了滨海新区义务教育和普通高中教育现代化标准建设方案,还要求滨海新区各功能区根据各区情况制定现代化标准建设方案。现代化标准建设项目包括新建改扩建项目、校园基础设施和学校文化提升改造项目、教育教学手段功能提升项目三个方面。在资金保障方面,规定现代化标准建设资金由滨海新区区财政和各管委会共同承担,其中区财政承担 70%,管委会财政承担 30% 。

在义务教育和师资建设方面,滨海新区以各种评比、竞赛和表彰的形式引导学生及教师重视学生的全面发展。如表彰教师标兵、优秀校长,表彰青少年科技教育、德育教育先进学校,举办小发明设计大赛、科技创新大赛、教师基本功竞赛等。在推进中小学体育教育发展方面,2013 年滨海新区还成立了校园排球联盟与校园足球联盟。

在职业教育发展方面,经过一段时间的发展,滨海新区职业教育开始由数量发展转变为质量提升。2013 年滨海新区发布中等职业教育特色课程和特色专业建设方案,提出要建立与企业合作平台,构建以职业岗位能力为核心的课程体系,这成为职业教育新的发展方向。

在社区教育发展方面,虽然在滨海新区教育局并未发布终身教育的相关文件,但滨海新区大港区管委会已经进行了政策实践,在大港区范围内建设老年人教育服务体系。

在教育体制改革方面,配合滨海新区行政体制改革整体方案,进行滨海新区教育体制改革,捋顺滨海新区教育局与原大港、塘沽、汉沽教育局的关系。

就政策发布机构而言,相较过去几年,滨海新区政府的政策转发比例下降,滨海新区自主创新政策比重加大,在职业教育发展、教育现代化建设、素质教育方面都有指导性文件出台。另外,2013 年政策发布机构的一大特色是联合发布政策比重较大,主要集中于教育现代化建设领域与青少年科技教育发展方面,为加强联合发布政策的政策执行力,天津市滨海新区人民政府办公室也会对相关政策文件进行转发,要求各区域、各单位遵照执行。滨海新区各功能区政府在政策实施方面有一定的自主权和资金投入义务,因而在各自功能区内也有相关政策创新,例如中新天津生态城管理委员会制定了"居民子女入园'两免一补'政策",规定从 2013 年 3 月 1 日起开始实施,即免费坐校车、免费就餐和补助学费。居住在生态城的居民子女入园最高每月 1000 元补助。

表2-12 2013年滨海新区教育领域主要政策与行动

时间	名称	机构	主要内容
2013	《2013年滨海新区教育工作要点》	滨海新区教育与体育委员会	义务教育提高教育治理、职业教育,培养高技能人才,社区教育完善终身教育体系建设,深化教育体制改革,培养师资队伍,推进依法治教。
2013	《关于加快推进滨海新区普通高中现代化标准建设工作实施意见》	滨海新区教育与体育委员会拟定,滨海新区人民政府办公室转发	到2015年,滨海新区普通高中学校全部达到天津市普通高中现代化建设标准(2012—2015)。
2013	《关于报送普通高中现代化建设规划方案的通知》	滨海新区教育与体育委员会与滨海新区财政局联合发布	要求塘沽、汉沽、大港管委会教育局、财政局,开发区教卫文体局、财政局结合本区域实际,认真制定普通高中现代化建设规划方案,包括规划布局、生源预测、学校数量、辐射范围、办学规模、建设标准、项目内容、资金预算以及分年度实施计划等。
2013	《关于印发滨海新区2013—2015年普通高中现代化建设项目总体方案的通知》	滨海新区教育与体育委员会、滨海新区发展和改革委与滨海新区财政局联合发布	滨海新区普通高中现代化硬件设施建设内容包括:普通高中新建改扩建项目、校园基础设施和学校文化提升改造项目、教育教学手段功能提升项目。
2013	《关于印发滨海新区2013年义务教育学校现代化建设项目安排方案的通知》	滨海新区教育与体育委员会、滨海新区发展和改革委与滨海新区财政局联合发布	滨海新区2013年义务教育学校现代化硬件设施建设内容包括:义务教育学校新建改扩建项目、校园基础设施和校园环境提升改造项目、教育教学手段功能提升项目。
2013	《关于在滨海新区管理体制改革过程中做好当前几项工作的通知》	滨海新区教育与体育委员会	与原塘沽、汉沽、大港的教育局就滨海新区行政管理体制改革过渡期间的工作交接作出安排。
2013	《关于成立滨海新区教育局法制滨海建设领导小组通知》	滨海新区教育与体育委员会	主要工作依法执政、依法行政、加强和创新教育系统管理、法制宣传教育。

续表

时间	名称	机构	主要内容
2013	《转发市教委转发〈教育部关于勤俭节约办教育建设节约型校园通知〉的通知》	天津市教育委员会转发教育部文件,滨海新区教育与体育委员会转发	将市教委转发的《教育部关于勤俭节约办教育建设节约型校园通知》转发给塘沽、汉沽、大港管委会教育局,开发区教文卫体局,保税区社发局,高新区社发局,生态城社会局。
2013	《滨海新区教育局关于评选中小学德育工作先进学校的通知》	滨海新区教育与体育委员会	评选条件、评选程序、名额等安排。
2013	《滨海新区中等职业学校特色课程建设方案(试行)》	滨海新区教育与体育委员会	到2015年,全区将建设二十门区级特色课程,涵盖专业核心课程、专业基础课程、公共基础课程等课程类型,初步形成以工作过程为导向,以职业岗位能力为核心的课程体系,带动学校课程建设和教学改革,推进教师专业素质发展,达到全面提高教学质量和人才培养水平的目的。
2013	《滨海新区中等职业学校特色专业建设方案(试行)》	滨海新区教育与体育委员会	到2015年建设六个校企合作紧密、社会服务功能强、数字化资源丰富、学生就业优势明显、能够有效满足我区行业企业发展要求的特色专业。
2013	《关于评选表彰滨海新区2013年"教师标兵""十佳班主任"和"十佳校长"的通知》	滨海新区教育与体育委员会	评选范围、条件、工作要求等。
2013	《滨海新区"滨海教坛能手"学员遴选办法》	滨海新区教育与体育委员会	为了贯彻落实《滨海新区名校长名教师培养工程实施意见》(津滨政发〔2010〕116号)进行"滨海新区教坛能手"学员推荐和遴选工作,为确保工程实现预期目标,特制定遴选办法。
2013	《转发〈关于在中小学幼儿园广泛深入开展节约教育的意见〉的通知》	天津市教育委员会发布,滨海新区教育与体育委员会转发	转发给塘沽、汉沽、大港管委会教育局,开发区教文卫体局,保税区社发局,生态城社会局,高新区社发局。

时间	名称	机构	主要内容
2013	《转发〈市教委关于开展义务教育阶段学校"减负万里行"活动的通知〉的通知》	天津市教育委员会发布,滨海新区教育与体育委员会转发	转发给塘沽、汉沽、大港管委会教育局,开发区教文卫体局,保税区社发局,生态城社会局,要求上述单位按照市教委要求,认真贯彻落实,并切实组织开展好规范义务教育学校办学行为的自查工作,于2013年4月25日前将各区域自查报告和自查报表送至区教育局基教一处电子邮箱。
2013	《关于成立滨海新区校园排球联盟的通知》	滨海新区教育与体育委员会	"联盟"由"总联盟—分联盟—联盟单位"组成,总联盟设在区教育局,负责"联盟"的统筹管理;分联盟设在各管委会教育局,负责本区域联盟单位的具体活动安排与日常管理;联盟单位由分联盟推荐经总联盟审核产生,负责组织实施"联盟"布置的各项校园排球活动和安排。"联盟"成立领导小组,领导小组由区教育局领导、各管委会教育局领导组成,主要负责"联盟"的组织、领导、协调、规划,"联盟"设办公室,办公室设在区教育局学校体卫处,办公室主任由学校体卫处处长兼任,负责"联盟"工作的组织实施。
2013	大港着力发展老龄教育事业	天津市滨海新区大港管理委员会	构建地区、镇街、村居三级老年教育网络,投资4400万元,重新规划建设6000余平方米的老年大学。
2013	中新天津生态城为居民子女入园提供"两免一补"政策	中新天津生态城管理委员会	从2013年3月1日起,生态城管委会将推行"两免一补"政策,即免费坐校车、免费就餐和补助学费。居住在生态城的居民子女在之前所享受的入园政策基础上再提供500元补助,届时符合条件的孩子最高每月将补助1000元。

时间	名称	机构	主要内容
2013	塘沽坚持优先发展教育事业	天津市滨海新区塘沽管理委员会	计划投入资金2亿元,建成水景花都小学、新港幼儿园等十一个项目,开工建设首创国际小学、云山道小学等八个项目,满足社会入园、入学需求;继续保持各项教育指标在全市和新区的领先地位;做好教育普惠工作,妥善解决外来务工人员子女入学问题;重点做好校园安全工作,确保校园平安。

(五)2014年教育公平由理念逐步转变为政策实践

2014年,滨海新区教育与体育委员会印发《滨海新区教育、体育工作要点》,2014年教育工作的总体要求是把综合配套改革贯穿于教育事业发展各领域,提高质量,促进教育公平。具体要点包括五个方面:深化教育体制改革,提升基础教育水平,以主动适应滨海新区经济社会发展为目标推进职业教育发展,提升学生综合素质,提高教育管理水平。

就政策内容而言,2014年滨海新区教育领域的政策亮点是针对流动人口的教育服务均等化已由政策理念逐步转变为政策实践。具体体现在学前教育和义务教育招生政策调整中。2014年滨海新区教育与体育委员会转发天津市教育委员会制定的"初中招生工作指导意见""小学招生入学工作实施意见"和"做好幼儿园招生工作的通知",与之前的小学招生及幼儿园招生工作实施意见相比,2014年天津市在意见中明确提出在初中招生工作中要"落实普惠政策。进城务工人员随迁子女在初中免试就近入学、指标生推荐、免收学杂费等方面享受同等的义务教育政策"。在小学招生工作中要"合理有序地解决好外来务工人员随迁子女入学。确保符合条件的随迁子女都能够有学上。落实好过渡政策,确保平稳实施,不出问题"。在幼儿园招生工作中要"关注特殊群体。要充分考虑外来务工人员子女入园的需求,努力为外来务工人员子女接受学前教育提供条件"。2012年《关于做好天津市2012年幼儿园招生工作的通知》中则仍然坚持"幼儿园招生原则上优先招收本辖区的常住户籍幼儿"的政策。

就政策发布机构而言,滨海新区教育与体育委员会是政策的主要发布机构和转发机构,天津市教育委员会和天津市滨海新区人民政府就教育领域的招生措施调整、依法行政等问题进行了政策发布,滨海新区教育与体育委员会转发上述政策给相关部门,并要求其在规定期限内就政策执行情况进行汇报。此外,各功能区政府发布了本区域内的教育创新实践措施。

表 2-13　2014 年滨海新区教育领域主要政策与行动

时间	名称	机构	主要内容
2014	《关于印发〈滨海新区教育、体育 2014 年工作要点〉的通知》	滨海新区教育与体育委员会	深化教育体制改革,提升基础教育水平,以主动适应滨海新区经济社会发展为目标推进职业教育发展,提升学生综合素质,提高教育管理水平。
2014	《天津市滨海新区人民政府关于印发滨海新区 2014 年度依法行政考核标准的通知》	天津市滨海新区人民政府制定,滨海新区教育与体育委员会转发	分七个方面考核各部门依法行政情况。
2014	《滨海新区学前教育提升计划（2013—2015 年）的通知》	滨海新区学前教育联席会议办公室拟定,天津市人民政府办公室转发	转发给各管委会,各委局、各街镇、各单位,要求照此执行。到 2015 年底,基本形成政府主导、多元并举、优质协调、充满活力的学前教育公共服务体系。
2014	《关于转发〈市教委关于开展 2014 年学前教育宣传月活动的通知〉的通知》	天津市教育委员会发布,滨海新区教育与体育委员会转发	转发给塘沽、汉沽、大港工作办公室、海滨教育中心、开发区教文卫体局、保税区社发局、高新区社发局、生态城社会局,要求开展好学前教育宣传月各项活动,并结合本区域实际制定活动方案,于 5 月 15 日和 6 月 30 日将学前教育宣传月活动方案和学前教育宣传月活动总结汇报（附带图片资料和相关数据）报送新区教育局基础教育二处。

续表

时间	名称	机构	主要内容
2014	《转发〈市教委关于2014年天津市初中招生工作的指导意见〉的通知》	天津市教育委员会发布,滨海新区教育与体育委员会转发	落实普惠政策。进城务工人员随迁子女在初中免试就近入学、指标生推荐、免收学杂费等方面享受同等的义务教育政策。
2014	《转发〈市教委关于印发2014年天津市小学招生入学工作实施意见的通知〉的通知》	天津市教育委员会发布,滨海新区教育与体育委员会转发	合理有序地解决好外来务工人员随迁子女入学。确保符合条件的随迁子女都能够有学上。落实好过渡政策,确保平稳实施,不出问题。
2014	《关于转发〈市教委关于做好天津市2014年幼儿园招生工作的通知〉的通知》	天津市教育委员会发布,滨海新区教育与体育委员会转发	关注特殊群体。要充分考虑外来务工人员子女入园的需求,努力为外来务工人员子女接受学前教育提供条件。
2014	《关于评选表彰滨海新区教育系统德育工作先进个人和先进集体的通知》	滨海新区教育与体育委员会	在全区教育系统评选表彰德育工作先进个人和先进集体,以进一步激励广大德育工作者,促进我区未成年人思想道德建设工作再上新水平。
2014	《关于表彰滨海新区教育系统第二十八届科技周优秀组织单位、优秀组织者的决定》	滨海新区教育与体育委员会	为表彰先进,更好地激发广大师生学科学、用科学、爱科学的热情,组委会决定对活动中表现突出的28个优秀组织单位和48名优秀组织者进行表彰。
2014	《关于切实维护好近期和暑假期间校园安全稳定工作的通知》	滨海新区教育与体育委员会	进一步做好新区校园安全维稳工作,确保校园及周边安全稳定。
2014	《关于开展暑期消防安全宣传教育行动的通知》	滨海新区教育与体育委员会	进一步增强广大师生消防安全意识和自防自救能力,在全区各中小学、幼儿园广泛开展暑期消防安全宣传教育行动。

时间	名称	机构	主要内容
2014	中新天津生态城率先试行教育集团化	中新天津生态城管理委员会	滨海外国语学校小学一部、小学二部、中学部采用教育集团化办学模式，根据学校学生数量、教师自身情况等，校方将统一分配师资，调整增加校车线路，老年人接送孩子可以免费乘坐公交车。
2014	爱心助学火炬传递18年	滨海新区中塘镇人民政府	滨海新区中塘镇人张汩泉爱心助学18年。

（六）2015 年滨海新区教育均衡发展进入实施阶段

2015 年,滨海新区教育领域的发展重点是实施教育均衡发展,为实现这一目标,滨海新区在教育领域的改革主要集中在四个领域:第一,完善基础设施 2015 年滨海新区 63 所义务教育学校完成基础设施改造提升,在此过程中,以"三通两平台"为核心推进学校的信息化建设水平,专门成立"三通两平台"①工作推进领导小组。第二,扩充教育资源,2015 年滨海新区有 11 所学校项目开工建设,6 所新的义务教育学校建成,开工建设 8 所幼儿园,同时改建扩建 5 所幼儿园,同时鼓励私人资本兴建幼儿园,②并在政务信息公开网中及时公布了有资质接收幼儿的幼儿园名录。第三,建立教育共同体,实施名校带动工程。2015 年,滨海新区名校带动工程已经进入第三个阶段,组建为 32 个教育发展共同体,覆盖所有义务教育学校。③ 第四,进行教育改革,在义务教育招生环节,禁止选拔性考试,初中学校的各类特长招生名额严格控制的 2% 以内,严格实行就近入学原则。同时加强招生环节的领导保障,中小学招生过程中分别成立了领导小组。对持有居住证的流动人员子

---

① "三通两平台"是指宽带网络校校通、优质资源班班通、网络学习空间人人通,建设教育资源公共服务平台和教育管理公共服务平台。
② 《滨海新区将推动 17 个教育重点项目建设 改造升级全区校园网》,天津市滨海新区人民政府网站,http://www.tjbh.gov.cn/contents/421/5974.html。
③ 《新区发展均衡教育 实施名校带动工程》,天津市滨海新区人民政府网站,http://www.tjbh.gov.cn/contents/421/6125.html。

女入学实施统筹安排。

表 2 - 14　2015 年滨海新区教育领域主要政策与行动

时间	名称	机构	主要内容
2015	我区圆满完成学生龋齿预防干预项目	天津港保税区	天津保税区圆满完成学生龋齿预防干预项目。
2015	《滨海新区关于2016年天津市居住证持有人随迁子女在本区申请入学登记办法》	滨海新区教育与体育委员会	根据《天津市居住证持有人随迁子女在本市接受教育实施细则(试行)》精神,结合滨海新区教育实际,规定持有天津居住证的随迁人员子女入学相关规定,在妥善解决天津市户籍适龄儿童学位的基础上,统筹解决随迁人员子女入学与转学问题。
2015	《2015年滨海新区小学招生入学工作方案》	滨海新区教育与体育委员会	免试就近、统筹安排、公平普惠的入学原则,成立小学招生领导小组,持有天津居住证的随迁人员子女,且已经申请登记的由区教育与体育委员会统筹安排在公办学校就读。
2015	《2015年滨海新区义务教育免试就近入学初中招生方案》	滨海新区教育与体育委员会	从2015年秋季学期开始,我区初中义务教育学校将全面实行免试就近入学。2015年滨海新区初中招生按属地管理,采取面向本区域、不跨区域招生的办法。划分为塘沽、汉沽和大港3个招生区域。
2015	《关于成立滨海新区教育局"三通两平台"工作领导小组的通知》	滨海新区教育与体育委员会	组长为区教育局局长党委书记,副组长为三位区教育局副局长,成员有四人。主要职责为:推进滨海新区"三通两平台"建设,力争实现2015年底滨海新区全覆盖。
2015	《滨海新区名校长名教师名班主任培养工程实施意见》	滨海新区教育与体育委员会	自2015年起实施名校长名教师名班主任培养工程,规定了名校长、名教师和名班主任培养对象的遴选原则、名额、培训办法、组织保障等内容。
2015	《2015年滨海新区普通高中招生工作实施意见》	滨海新区教育与体育委员会	成立高中招生工作领导小组,滨海新区不同区域有不同的招生名额与规定,确定了高中招生工作安排。

时间	名称	机构	主要内容
2015	《天津市滨海新区人民政府办公室关于印发加强滨海新区中小学幼儿园安全管理实施细则的通知》	滨海新区政府办公室	制定了中小学和幼儿园安全工作相关细则,主要有落实安全责任,确定人防细则,提高技防水平,强化日常安全教育,加强食品卫生和疾病预防工作,保障各类设施安全有效,加强学校周边治理。
2015	《市教委关于教育系统启动Ⅰ级(红色)重污染天气应急响应的通知》	天津市教育委员会	天津市教育委员会关于应对重污染天气的相关措施,主要包括中小学及幼儿园停课一天,学校在建施工工地停止土石方作业,按照市交管部门要求,载客汽车和载货汽车实行号码和区域限行,中小学及幼儿园,除必须坚守的岗位外,教职员工实行弹性工作制,必须严格执行值班制度。

就政策发布机构而言,2015年滨海新区教育领域的主要变化是转发上级的政策文件相对减少,滨海新区自主改革措施明显增多,例如在中小学招生工作中,滨海新区教育与体育委员会根据天津市的招生政策与滨海新区实际情况,进行了相应的政策设计,涉及持有居住证的外来人口随迁子女入学问题时,《滨海新区关于2016年天津市居住证持有人随迁子女在本区申请入学登记办法》中明确"在妥善解决天津市户籍适龄儿童学位的基础上,统筹解决持有住房五证随迁子女的学位"[1]。

三、滨海新区教育领域的政策创新

(一)实施流动人口教育均等化

"十二五"期间,滨海新区将外来务工人员子女纳入小学招生计划,2014

---

[1]　滨海新区教育与体育委员会:《滨海新区关于2016年天津市居住证持有人随迁子女在本区申请入学登记办法》,天津市滨海新区政务网,http://www.tjbh.gov.cn/contents/6387/124666.html,2015年11月11日。

年在小学招生计划中还明确了要"确保符合条件"的外来务工人员子女都能够有学上,2015 年提前半年公布了 2016 年天津市居住证持有人随迁子女在本区申请入学登记办法,在中小学招生计划中对于外来务工人员子女入学学位调配作出了详细规定,滨海新区接受外来务工子女入学率达到了 100%。①

(二)建立教育共同体

基于滨海新区教育发展基础较为薄弱的背景,滨海新区实施了"名校带动工程",与天津市级名校建立教育共同体。"名校带动工程"分为三个阶段:第一阶段,滨海新区学校与市教委直属学校签署合作协议,共同发展;第二阶段,组建"优质校联盟",重点培育滨海新区教育领域的优质学校;第三个阶段,在滨海新区内部组建跨区域教育教学联合体,以促进滨海新区内部的教育均衡发展。滨海新区已经组建了三十二个教育共同体,覆盖了所有的义务教育学校。②

(三)推进教育信息化建设

早在 2012 年滨海新区政府在转发天津市政府相关政策的过程中,就已明确宣示要进行教育信息化建设,教育信息化建设由此起步,2013 年滨海新区被确定为全国第一批教育信息化试点区域,2013 年 1 月 10 日,滨海新区教育局召开教育信息化工作会议,将教育信息化的工作思路确定为:以建设好"三通两平台"为抓手,使教与学信息化、教师研修信息化及教育管理信息化等各类应用集中部署和管理、分级应用,做好基于云计算技术的区域性资源共建共享模式、机制探索,打造滨海新区教育公共云平台,构筑统一的教育信息化应用服务。2013 年 12 月,滨海新区举办了"教育信息化素养培训班",各功能区领导和各校校长都需参加培训。2015 年成立了滨海新区教育局"三通两平台"工作领导小组。作为教育部教育信息化试点区域,滨海新区教育信息化推动过程中,要求各教学单位的负责人作为教育信息化的直接推动人,体现学校特色,整合优质数字资源,持续推进"三通两平台"的应用。

① 《滨海新区公共服务体系建设"十三五"规划》,天津市滨海新区政务网,http://www. tjbh. gov. cn/contents/6377/122548. html,2017 年 3 月 31 日。
② 《新区发展均衡教育 实施名校带动工程》,《滨海时报》,2015 年 5 月 29 日。

（四）打造职业教育特色

发展职业教育是滨海新区发展之初即已确定的重要方向,在职业教育发展方面,滨海新区政策创新主要包括:第一,建立职业教育联盟,开展校企合作,在满足企业人才需求的同时,促进职业教育教学改革,提高职业教育学生的就业率。2014 年 6 月 18 日,由天津市滨海中等专业学校和部分行业企业、科研单位共同组建的大港职业教育集团挂牌成立。第二,依托海河教育园区,建立新区优势产业职业教育联盟,完善各类职业人才的培养使用机制。第三,探索区域间、境内外职业教育合作新模式,与天津海河教育园区、全国职业教育相对发达的人力资源大省开展多层次合作,以及国际、两岸间交流合作。

第六节　滨海新区社会保障服务的政策演进

一、健全社会保障体系阶段(2005—2010 年)

2010 年之前,滨海新区社会保障事业发展目标最初表述为:建立与滨海新区经济发展相适应的社会保障体系,社会保障领域的工作重点为养老服务设施、儿童福利服务设施、社会救助设施、残疾人服务设施和殡葬服务设施等社会福利和救助设施建设,政府配套改革方向为逐步建立与社会主义市场经济体制相适应的社会福利事业管理体制和运行机制,政策创新体现在政府投资与社会力量投入的融合,示范性福利设施与发展社区福利设施的结合。经过一段时间的建设,在 2008 年,滨海新区社会保障事业取得一定成绩,新增投保单位 416 家,全区累计投保单位数达到 4506 家,养老、医疗、失业、工伤、生育及子女医疗五个险种社会保险额征缴 26.31 亿元,比上年增长 18.4%。新区新型农村合作医疗参合率 96.60%。

在此基础上,根据《国务院关于天津滨海新区综合配套改革试验总体方案的批复》,天津滨海新区政府制定《天津滨海新区综合配套改革总体试验

方案》，对滨海新区社会保障工作的进一步安排是："健全社会保障体系。"具
体包含五个方面的社会保险：基本养老、基本医疗、失业、工伤和生育保险制
度，目标是基本实现城镇各类就业人员平等享有社会保障。按照"较低费
率、广泛覆盖、可以转移、社会共济"的原则，建立适合农民工特点的养老保
险制度，将农民工纳入医疗保险和工伤保险，完善被征地农民社会保险制
度，建立以大病统筹为主的城镇居民医疗保险，全面实行新型农村合作医疗
制度。建立农民社会养老保险制度，逐步实现城乡最低生活保障制度并轨，
发挥商业保险在社会保障体系中的重要作用。

二、实现人人享有的社会保障(2011—2015年)

2011年《滨海新区国民经济和社会发展"十二五"规划纲要》印发，关于
滨海新区社会保障事业发展的定位开始由健全社会保障体系，转变为"强化
制度建设，提高保障水平，逐步建立人人享有的社会保障体系"。其重点在于
"人人享有"。早在2010年滨海新区扩大社会保障人人享有的工作已经着手
进行，2010年，《2010年度滨海新区社会保险扩面征缴工作实施方案》出台，
社会保障扩展面的重点人群是"非公企业、城镇个体工商户和灵活就业人
员"。2010年滨海新区政府工作报告中对社会保障工作的政策宣示也明确提
出，要"扩大社会保障覆盖面"。2011年滨海新区政府工作报告政策宣示在显
著位置提出社会保障工作的目标是"切实加强社会保障工作，扩大基本社会
保险覆盖面，重点做好非公经济从业人员、农民工、被征地农民的参保工作。
提高城乡居民基本养老待遇水平，实施全民意外保险附加险"。2012年滨海
新区政府工作报告对于社会保障工作的安排是"进一步扩大社会保障覆盖
面"。同年，《滨海新区2012年全面推进社会保险参保面工作方案出台》，社
会保障扩面重点人群有五类人群：一是建筑施工企业农民工(工伤保险)，二
是餐饮服务商贸型企业(工伤定额保险)，三是城乡居民养老保险，四是机关
事业单位编制外用工人员，五是第三产业、私营企业、小微企业、劳务派遣单
位、新建项目等从业人员。为吸纳上述人群参加社会保险，2013年滨海新区

政府工作报告提出要健全城乡社会保障体系和困难群众社会救助制度,实现人人享有基本社会保障。基于上述分析,滨海新区社会保障在"十二五"期间的主要工作任务是进行社会保险扩面,实现"人人享有基本社会保险"。

三、滨海新区社会保障领域的政策创新

滨海新区在社会保障领域最为突出的政策创新在于推动社会保险向流动人口、农村人口和其他各类原本没有被纳入社会保障系统的人群的覆盖。为推进滨海新区社会保险扩面工作,滨海新区各单位进行了多层次的政策创新。主要包括以下六个方面:第一,任务分解,滨海新区人力资源和社会保障局将社会保险扩面任务分解到塘沽、汉沽、大港、开发区、高新区和保税区,分别为这几个区域设定了城镇职工基本养老保险人数、企业缴费人数、城镇职工医疗保险缴费人数、工伤保险缴费人数、失业保险缴费人数、生育保险缴费人数、城乡居民养老保险缴费人数、城乡居民医疗保险缴费人数、建设项目农民工参保项目数、建设项目农民工参保人数方面的任务,人数具体到百人。第二,成立工作领导小组,由各管委会劳动保障部门牵头,组织本区域内的发改委、地税、工商、财政、建设、教育、卫生、审计、宣传、工会、社保等部门,成立社会保险扩面征缴工作领导小组。第三,信息发布,例如为推动滨海新区养老保险扩面工作,滨海大港电视台滚动播出政策解读,在大港 74 个行政村、86 个劳动保障工作站张贴城乡居民基本养老保障宣传材料,并在主要街道的繁华地段发放宣传单。第四,监督检查,例如滨海新区旅游管理委员会要求泰达海洋公司、滨海航母主体公园有限公司上报农民工参保情况的通知。人力资源和社会保障局对大港区用人单位遵守劳动用工和社会保险法律法规情况进行专项检查等。第五,成立村级劳动保障工作站,2011 年底实现滨海新区一百五十个行政村劳动保障工作站全覆盖,工作站的工作内容之一是积极推进居民社会保险工作。配合上级人力社保部门和街(镇)劳动保障服务中心做好本村居民参加养老、医疗保险的经办管理及相关服务工作。第六,进行社会保险社会监督试点工作。

表 2-15　滨海新区社会保障领域的主要政策与行动

时间	名称	机构	主要内容
2010	《2010 年度滨海新区社会保险扩面征缴工作实施方案》	滨海新区人力资源和社会保障局	非公企业、城镇个体工商户和灵活就业人员的社会保险保障问题。
2010	《关于上报农民工参保情况的通知》	天津滨海旅游区管理委员会	发给泰达海洋公司、滨海航母主题公园有限公司等企业,要求上报农民工参保具体情况。
2011	人社局针对用人单位遵守劳动用工和社会保险法律法规情况开展专项检查	天津市滨海新区塘沽管理委员会	从 7 月 1 日至 8 月 10 日,对塘沽辖区内劳务派遣企业、招用农民工较多的建筑、制造、餐饮和其他中小型劳动密集型企业以及个体经济组织开展遵守劳动用工和社会保险法律法规情况专项检查。
2011	2012 年城乡居民医疗保险政策执行新标准	滨海新区人力资源和社会保障局	筹资标准、门诊报销比例、住院医疗费起付标准、政府补贴水平都有所提高。
2011	《滨海新区村级劳动保障工作站建设实施方案》	滨海新区人力资源和社会保障局	行政村劳动保障工作站建设的目标、原则、具体保障与责任部门。
2011	大港提前超额完成全年城乡居民养老保险扩面任务	天津市滨海新区大港管理委员会	大港人社局在加大政策宣传力度的同时,采取多种有效措施,全力推进城乡居民养老保险参保工作。
2012	《关于加强工伤保险管理有关工作的通知》	滨海新区人力资源和社会保障局	为切实履行好工伤保险管理部门的工作职责,加强对工伤认定与劳动能力鉴定相关政策的研究与完善,提高新区范围内各区域社会保障工作管理水平,促进各区域间的协调发展,积极构建工伤管理例会、疑难案件研讨、分析通报等制度。
2012	《滨海新区 2012 年度社会保险扩面工作实施方案》	滨海新区人力资源和社会保障局	贯彻《社会保险法》具体方案。
2013	《关于全面推进建筑施工企业农民工参加社会工伤保险有关工作的通知》	滨海新区人力资源和社会保障局	参保范围,参保办法,工作机制等。

续表

时间	名称	机构	主要内容
2014	《关于规范新区公益岗人员补贴申请发放工作的通知》	滨海新区人力资源和社会保障局	发放时间、发放流程和发放方式都做出了规定。
2015	《市人力社保局市发展改革委市卫生计生委关于配合公立医院改革做好医疗保险工作的通知》	滨海新区人力资源和社会保障局	为促进公立医院改革发展,按照国家和本市公立医院综合改革部署和要求,就配合公立医院改革做好医疗保险工作有关问题进行了说明,共计十一项配合工作。

第七节 滨海新区就业政策演进与政策创新

"十二五"期间,滨海新区就业领域的公共服务宗旨是:实施积极的就业政策,创造更多的就业岗位。[1] 为实现这一目标宗旨,滨海新区将就业服务定位为需要政府多部门协同的工作任务,实施了多项政策创新,政策成效主要体现在新增就业人数和失业率的控制上。

第一,多部门协同解决就业问题。2010 年内,滨海新区人民政府发布《关于建立滨海新区就业工作委局际联席会议制度的通知》,建立滨海新区就业工作委局际联席会议制度,其目的是为建立健全就业责任体系,加强部门之间的协调配合。2010 年中,滨海新区人力资源和社会保障局下发关于《滨海新区 2010 年度补充新增就业目标分解表》的通知,将就业任务分解到塘沽、汉沽、大港、开发区、保税区、高新区劳动和社会保障局(劳人局)。

第二,与大项目对接解决就业问题。2011 年滨海新区人力资源和社会保障局拟定《滨海新区新增就业与重大建设项目对接服务工作实施意见》,滨海新区人民政府将这一意见转发给了滨海新区各管委会、各局和各街镇。这一意见的目的是为了建立新增就业与重大建设项目对接服务组织体系、

---

[1] 参见《天津市滨海新区国民经济和社会发展第十二个五年规划纲要》,天津市滨海新区人民政府办公室,2011 年 5 月 5 日印发。

政策体系和工作体系。

第三,着力解决城镇化过程中农村人口的就业问题。2012 年伴随着滨海新区城镇化步伐加快,城镇化劳动力就业问题日益突出,滨海新区人力资源和社会保障局、财政局和农业局共同拟定了《滨海新区鼓励企业吸纳农村城市化城镇化劳动力就业试行办法》和《滨海新区农村城市化城镇化劳动力自主创业补贴办法》。在鼓励企业吸纳农村城市化、城镇化劳动力就业方面,制定了五项鼓励措施:用工一次性奖励,稳定用工奖励,规模性招用奖励,涉农企业奖励,对劳动力远途就业奖励。对自主创业人员从事个体经营,按照每人每年最高限额 5000 元的标准给予 3 年的税费补贴。基层政策在促进城镇化农民就业方面进行了有效的政策创新,主要包括:第一,教育培训,太平镇开办被征地农民技能培训班,中塘镇举办了创业培训班;第二,财政资金支持,大港区为创业人员提供免息一年的 5 万元小额担保贷款。

2012 年,滨海新区环境保护和社会保障局统一了全区就业服务平台,在全区行政村建立了 145 个村级劳动保障工作站,做到机构、人员、经费、职能、制度"五统一"。进行政策试验,2012 年 11 月 27 日,全国首家由人力资源和社会保障部与天津市人民政府合作共建的天津市滨海新区构建和谐劳动关系综合试验区项目在滨海新区举行启动。

第四,多种手段促进大学生就业与创业。2013 年,在促进大学生就业领域,大港搭建四个平台促进高校毕业生就业,具体工作包括登记失业大学生,为高校毕业生提供免费职业资格培训,为自主创业者由小额担保贷款基金提供担保,组织"高校毕业生招聘专场"等公益性免费招聘活动。

第五,构建和谐劳动关系。2011 年滨海新区政府在劳动关系协调和劳动者权益保护方面也进行了有效的政策创新,主要包括以下两个方面:首先,整合劳动争议仲裁资源,在滨海新区人社局统一安排下,大港、塘沽、汉沽、开发区、保税区、高新区劳动人事争议仲裁机构合并,以"滨海新区劳动人事争议仲裁委员会"的名义受理辖区内的劳动人事争议案件。这标志着滨海新区建立一体化仲裁办案体系和对劳动人事争议仲裁资源的整合工作迈进了一个新的阶段。其次,开展拖欠工资专项排查活动,重点排查各类劳动密集型企业、建筑工地,重点对象是外来务工人员密集的企业。2013 年大港区成立由大港区管委会副主任任组长的劳动关系稳控排查领导小组,排查辖区范围内各类劳动密集型企业是否存在劳动关系不稳定因素,对发现的矛盾纠纷进行妥善处理,及早化解。2014 年滨海新区人力资源和社会保障局拟定《滨海新区创建和谐劳动关系示范园区工作实施方案》。根据该方案,滨海新区集中组织开展了和谐劳动关系示范园区评选活动,评选出五个和谐劳动关系示范园区:天津经济技术开发区、天津港保税区、天津滨海高新技术产业开发区、天津东疆保税港区、天津中塘工业园区。2015 年,在构建和谐劳动关系方面,天津经济技术开发区出台了《天津开发区处理群体性劳资纠纷工作指引(试行)》,并对构建和谐劳动关系先进单位进行了表彰。天津港保税区在 2015 年初召集劳动关系相关部门和单位,召开了和谐劳动关系工作推动会。

第六,积极创新培训方式。2011 年滨海新区政府举办多场针对不同群体的执业培训,如大学生的职业培训、针对残疾人的职业培训,农民创业培训等。2015 年滨海新区在就业方面的政策目标是努力扩大就业,2015 年的工作重点是全面加强就业创业培训,构建和谐劳动关系。2015 年滨海新区就业领域的政务信息中有 6 条是关于就业培训的,占到了当年就业信息公开总量的 18%。2014 年天津市政府办公厅制定了《天津市人民政府关于实施百万技能人才培训福利计划的意见》。2015 年天津市人力资源和社会保障局发布了《关于职业培训福利计划补贴经办有关问题的通知》,百万技能人才培训福利计划正式进入落实阶段,滨海新区 2015 年 3 月开始着手推进百万技能人才培训福利计划,2015 年 9 月海滨街"百万技能人才培训福利计划"开班,报名人次达 893 人,培训学员不需缴纳学费,毕业后还可以获得1000 元的就业补贴。除此之外,滨海新区还进行了有关"创业创新""小额担保贷款"等方面的技能培训。

第七,举办多种形式的公益招聘会。如 2010 年塘沽区组织了周六招聘活动、困难群体招聘、社区招聘活动、"春风行动"公益性招聘、农村城市化人员招聘等各类专场招聘会。2011 年中塘镇举办的公益招聘会,人力资源和社会保障局举办的妇女专场招聘会,新北街道举办"下岗失业人员专场招聘会"。

第八,其他方面的政策创新。"先进示范"一直是滨海新区公共服务创新领域应用的重要政策工具,如 2012 年滨海新区中塘镇人民政府被大港区管委会评为 2011 年"就业和社会保障工作"先进单位,对大港区其他街镇政府起到了很好的示范效应。2014 年滨海新区人力资源和社会保障局开展的和谐劳动关系示范园区评选活动。此外,基层政府还有一些本区域内的政策创新举措,如 2010 年大港管委会开展认定"零就业家庭"活动,实行盯人帮扶,实现安置困难就业人员 921 人,并实现了零就业家庭动态为零的目标。2014 年滨海新区政府实施了城乡统一的困难群体就业援助制度,实现公共就业服务全覆盖。

表 2-16　2010—2015 年滨海新区就业领域的主要政策与行动

时间	名称	机构	主要内容
2010	《关于建立滨海新区就业工作委局际联席会议制度的通知》	滨海新区人民政府	建立滨海新区就业工作委局际联席会议制度。
2010	《滨海新区 2010 年度补充新增就业目标分解表》	滨海新区人力资源和社会保障局	将就业任务分解到塘沽、汉沽、大港、开发区、保税区、高新区劳动和社会保障局(人劳局)。
2011	《滨海新区新增就业与重大建设项目对接服务工作实施意见》	滨海新区人力资源和社会保障局拟定,滨海新区人民政府转发	建立新增就业与重大建设项目对接服务组织体系、工作体系和两级层面互为支撑的促进就业的政策体系。
2012	《滨海新区鼓励企业吸纳农村城市化城镇化劳动力就业试行办法》	滨海新区人力资源和社会保障局、财政局和农业局共同拟定	充分调动企业吸纳城市化、城镇化劳动力就业的相关措施。
2012	《滨海新区农村城市化城镇化劳动力自主创业补贴办法》	滨海新区人力资源和社会保障局、财政局和农业局共同拟定	鼓励滨海新区农村城市化、城镇化人员自主创业的补贴办法。

时间	名称	机构	主要内容
2012	全区基层就业服务平台实现"五统一"进一步提升公共服务能力	滨海新区人力资源和社会保障局	在全区行政村建立了145个村级劳动保障工作站,做到机构、人员、经费、职能、制度"五统一",进一步提升公共服务能力。
2013	《关于印发大港管委会开展劳动关系稳控专项排查工作实施方案的通知》	天津市滨海新区大港管理委员会	成立由大港区管委会副主任任组长的劳动关系稳控排查领导小组,排查辖区范围内各类劳动密集型企业是否存在劳动关系不稳定因素,对发现的矛盾纠纷进行妥善处理,及早化解。
2014	《滨海新区劳动能力鉴定管理试行办法》	滨海新区人力资源和社会保障局	实施对劳动功能障碍程度和生活自理障碍程度的等级确定;实施的劳动者医疗期满复工鉴定、申请低保鉴定及因病或非因工死亡人员供养直系亲属丧失劳动能力鉴定;工伤职工延长停工留薪期的确认、旧伤复发的确认、工伤与非工伤的界定、一次性配置辅助器具的确认、职业康复与复查鉴定、因工死亡职工供养亲属的劳动能力鉴定;其他受委托进行的劳动能力鉴定。
2014	《滨海新区创建和谐劳动关系示范园区工作实施方案》	滨海新区人力资源和社会保障局	集中组织开展了和谐劳动关系示范园区评选活动。
2014	《关于表彰2013年度天津开发区构建和谐劳动关系先进单位的公示》	天津经济技术开发区	拟授予罗姆半导体(中国)有限公司等100家企业"天津开发区劳动关系和谐企业创建奖",并分别给予10万元、5万元、2万元的财政奖励;授予天津三星电子有限公司等33家企业"天津开发区建立工资正常增长机制突出贡献奖",并按照企业为一线职工增长工资额的15%给予最高100万元的财政奖励。
2014	天津港保税区启动职工系列职业技能培训与技能大赛	天津港保税区	组织开展9个行业,17项工种的培训及竞赛活动,覆盖职工近6万人,助推企业加快升级提升的同时,也为技能人才快速成长搭建"绿色通道"。

时间	名称	机构	主要内容
2015	《关于开展滨海新区2015年"春风行动"的通知》	滨海新区妇联	为四类服务对象有转移就业意愿的农村劳动者;有创业愿望的农村劳动者;有招聘需求的各类用人单位;其他有就业创业意愿的劳动者搭建供需平台,促进转移就业。

第八节 滨海新区保障性住房政策演进

保障性住房公共服务发展具有典型的时代性特征,伴随着城市化与城镇化的发展,滨海新区城镇化发展迅速,并且随着滨海新区产业升级及经济发展速度的加快,滨海新区外来人口比重逐渐加大,加快保障滨海新区本地和外来建设者的住房问题成为滨海新区政府亟须解决的问题之一。基于此背景,滨海新区保障性住房改革被列为滨海新区综合配套改革的重点工作。2010年,滨海新区成立了"滨海新区社会保障性住房建设领导小组",由此滨海新区保障性住房改革拉开序幕。

一、2010年滨海新区保障性住房建设启动

2010年滨海新区保障性住房建设启动。在保障性住房建设实施方面,成立了滨海新区规划和国土资源管理局,其重要职责之一即负责滨海新区保障性住房建设与管理。当年7月,滨海新区成立了社会保障性住房建设领导小组,以加强对全区保障性住房工作的统一领导,协调和统筹全区社会保障性住房建设管理,并对重大问题进行研究决策。领导小组组长为滨海新区区长,副组长包括一名滨海新区区委副书记和滨海新区常务副区长,一名滨海新区人大常委会副主任,两名滨海新区副区长,一名滨海新区政协副主席。成员囊括了滨海新区各行政区域管委会主任和滨海新区监察局、民政

局、财政局、规划和国土局、建设和交通局局长。2010 年 11 月,又成立了天津市滨海新区保障性住房管理中心专门负责滨海新区保障性住房的规划、建设和管理工作。

在政策支持方面,《天津市滨海新区保障性住房建设与管理暂行规定》印发,阐述滨海新区保障性住房的内涵,划定了滨海新区保障性住房的外延:"保障性住房,是指政府提供优惠,限定户型、面积、租金标准和销售价格,向具有新区非农业户籍中低收入住房困难家庭和来新区就业各类人员,以出租或者出售方式提供的,具有保障性质的政策性住房。保障性住房包括廉租住房、经济适用住房、限价商品住房和蓝白领公寓。"确定滨海新区保障性住房重点保障人群为"具有新区非农业户籍低收入家庭和来新区就业缴纳社会保险的各类人员"。落实了滨海新区保障性住房建设的规划和建设责任,明确了申请与分配标准,形成了售价和租金的指导性意见,

同年,《滨海新区保障性住房保障标准和申请条件》出台,规定了各类保障性住房的保障标准和申请条件,其中廉租住房、经济适用房、限价商品房主要针对具有滨海新区非农业户籍的家庭困难人群,蓝白领公寓的申请条件限制最为宽松,只要在新区就业缴纳社会保险的无住房人员均可在企业所属功能区申请承租蓝白领公寓。

二、2011 年滨海新区保障性住房规划出台

深化保障性住房制度改革被列为滨海新区"十大改革"[①]项目之一。为配合"十大改革",2011 年滨海新区在保障性住房建设方面出台了两份重要规划政策文件:《关于滨海新区深化保障性住房制度改革的意见》和《滨海新区住房建设"十二五"规划》。

与《天津滨海新区保障性住房建设和管理暂行规定》相比,《关于滨海新

---

① 滨海新区十大改革项目包括:行政管理体制改革、行政审批制度改革、土地管理制度改革、保障性住房制度改革、医疗卫生体制改革、金融改革创新、涉外经济体制改革、城乡一体化改革、国企改革和非公有制经济发展、社会管理创新和公共服务改革。

区深化保障性住房制度改革的意见》将滨海新区保障性住房重点保障人群进一步扩展，提出"在确保户籍人口中低收入人群应保尽保的基础上，重点解决外来常住人口和户籍人口中'夹心层'的住房问题，做到'低端有保障、中端有供给、高端有市场'，构建政府主导、市场引领，多层次、多渠道、科学普惠的住房供应体系，率先实现小康社会的居住目标"。

《滨海新区住房建设"十二五"规划》确定"十二五"期间滨海新区住房建设的目标：新区内符合天津市保障性住房政策的人群三年内实现"应保尽保；外来务工人员及刚毕业大学生的住房需求主要通过蓝白领公寓、政府公屋等住房满足；向建筑工人、环卫工人提供建设者之家等定向型的职工之家，并参照蓝白领公寓方式管理；向随企业入驻滨海新区的各类人才及通勤人口提供定单式限价商品房，满足其居住需求；商品住房主要面对上年总收入高于滨海新区人均劳动报酬2.4倍的家庭，高端需求和投资型需求通过高档商品住房满足"。与之前的保障性住房体系相比，《滨海新区住房建设"十二五"规划》提出要形成保障性住房、政策性住房和商品住房在内的滨海新区住房体系。该体系增加了保障形式，放宽了保障准入条件，保障对象由户籍人口调整为包括外来人口在内的常住人口。

为落实滨海新区保障性住房建设任务，滨海新区规划和国土资源局拟定了《关于落实2011年保障性住房和定制商品住房建设工作责任目标的实施意见》，滨海新区人民政府转发了这一意见。在这一文件中，滨海新区各类保障性住房建设任务、财政补贴任务被分解分配给塘沽、汉沽、大港管理委员会和各经济功能区管理委员会。

在具体项目领域，滨海新区还出台了《滨海新区蓝白领公寓建设管理办法》，转发了《天津市扩大廉租住房租房补贴范围》的通知。

三、2012—2015年保障性住房配套政策完善阶段

2012年时任滨海新区区委书记和滨海新区区长都强调要推动滨海新区保障性住房建设。2012年时任滨海新区区长在政府工作报告中提出了要进

一步改善国计民生,保障性住房作为新20项民心工程中的一项,全年新开工保障性住房200万平方米,新竣工100万平方米。时任滨海新区党委书记在滨海新区"十大改革"重点项目推动会上发表关于住房保障工作的讲话指出:"新区近年来在综合配套改革中取得了阶段性成果,通过保障性住房制度改革,出台了《滨海新区保障性住房建设和管理暂行规定》,确定了经济适用房、廉租房、定单式商品房、蓝白领公寓等多种住房保障模式,以'订单生产''阳光交易'方式与企业和群众直接对接,以满足不同群体的居住需求。实现了改革向民生和社会领域的不断拓展。"

为保障滨海新区保障性住房建设工作进度,2012年和2013年滨海新区规划和国土资源局分别拟定了《住房保障工作责任目标和实施意见》,将建设任务与补贴责任等工作进行了分解,并具体分配给了各区域管理委员会。在保障性住房配套政策方面,2012年和2013年分别出台了《关于扩大住房保障三种补贴保障范围的通知》《滨海新区定单式限价商品住房管理暂行办法》。文件放宽了住房保障三种补贴的准入条件,提高了保障性住房的补贴标准;定单式限价商品房的定义得以明确:指政府主导,市场运作,限定价格,定制户型,面向职工和住房困难居民,以订单方式建设、销售的政策性住房,户型与准入、申请流程等方面进一步细化规定,有了明确标准。

表2-17　2010—2015年滨海新区保障性住房领域主要政策与行动

时间	名称	机构	主要内容
2010	《天津市滨海新区保障性住房建设与管理暂行规定》	滨海新区人民政府	保障性住房的规划、建设、分配、使用和监督等管理与服务等方面的规定。
2010	滨海新区保障性住房保障标准和申请条件	滨海新区人民政府	保障性住房建设标准与具体申请条件。
2010	塘沽城乡社会保障水平显著提升	天津市滨海新区塘沽管理委员会	积极构建多层次、多渠道、科学普惠的住房保障体系,开工建设15万平方米限价商品房项目,响螺湾、于家堡和北塘地区2万余户居民还迁房建设正在加快推进。

续表

时间	名称	机构	主要内容
2010	《关于印发〈天津市滨海新区人民政府机构设置方案〉的通知》	滨海新区人民政府	滨海新区规划和国土资源管理局主要职责。
2010	《关于建立滨海新区社会保障性住房建设领导小组的通知》	滨海新区人民政府	成立滨海新区保障性住房建设领导小组,组长为滨海新区区长。
2011	《关于落实 2011 年保障性住房和定制商品住房建设工作责任目标的实施意见》	滨海新区规划和国土资源管理局拟定,滨海新区人民政府转发	滨海新区各类保障性住房建设任务、财政补贴任务的分解布置。
2011	《滨海新区深化保障性住房制度改革实施方案》	滨海新区人民政府	进一步完善保障性住房的供地方式,创新定价机制,规范申请、退出条件,建立长效投资运营机制,扩大保障性住房的受益人群。
2011	《滨海新区蓝白领公寓规划建设管理办法》	滨海新区规划和国土资源管理局	蓝白领公寓属性、管理和分配等方面的规定。
2011	天津市扩大廉租住房租房补贴范围	天津市滨海新区汉沽管理委员会	此次范围扩大主要针对廉租住房租房补贴、实物配租补贴两项政策,核心内容为对收入准入条件的调整。2011 年 6 月 1 日起,天津市廉租住房租房补贴的收入认定调整为上年人均月收入 960 元以下,这是继 2009 年天津市廉租住房租房补贴由上年人均月收入 600 元以下调高到 800 元以下之后的又一次收入准入条件调整。
2012	《关于 2012 年扩大住房保障三种补贴保障范围的通知》	天津市住房委员发布,滨海新区规划和国土资源管理局转发	再次放宽住房保障"三种补贴"准入条件,提高廉租住房租房补贴和经济租赁房租房补贴标准,进一步扩大中低收入住房困难群众受益面。
2013	《滨海新区定单式限价商品住房管理暂行办法》	滨海新区人民政府	定单式限价商品房建设、销售、户型等方面的具体规定。

时间	名称	机构	主要内容
2015	《天津市利用住房公积金支持保障性住房建设试点项目贷款实施办法》	天津市住房公积金管理委员会颁布,滨海新区规划和国土资源局转发	天津市市住房公积金管理中心委托商业银行利用住房公积金结余资金向借款人发放的,专项用于政府投资的公共租赁住房建设的贷款。
2015	天津滨海新区试点保障房共有产权营销模式	滨海新区规划和国土资源局转发	在限价商品房佳宁苑项目的销售中试行保障房共有产权营销模式,购房人通过支付首付及办理贷款的方式先行购买八成产权,剩余两成产权由开发企业暂时保管,并由购房人按照协议约定在一定期限内回购。
2015	区规国局多项举措做好保障性住房分配等工作	滨海新区规划和国土资源局	深化教育实践活动专项整治工作任务中查纠在城镇保障性住房分配中优亲厚友、以权谋私等问题,在未发现上述问题的基础上,采取多项措施,进一步做好相关工作。

四、滨海新区保障性住房领域政策创新

(一)定单式限价商品房

定单式限价商品住房是指政府主导,市场运作,限定价格,定制户型,面向职工和住房困难居民,以订单方式建设、销售的政策性住房。定单式限价商品房是滨海新区保障性住房的一类,供应量占到了滨海新区住房总供应量的30%~50%。2013年,滨海新区出台《天津滨海新区定单式限价商品住房管理暂行办法》,对定单式限价商品房的面积、定价、利润空间、购买资格、转让方式等作出了较为详尽的规定,定单式限价商品房的审核单位为滨海新区保障性住房管理中心。定单式限价商品房相较于其他类别的保障性住房而言,其特点是面向人群主要是无滨海新区户籍,但是在滨海新区工作,且滨海新区范围内无住房的人群,本地户籍人口购买的限制条件更多一些。

从2012年开始,滨海新区开始计划为部分定单式限价商品房和公共租赁住房进行精装修,并在开发区、保税区、空港经济区等有条件的区域进行试行,逐步实现保障性住房在领取钥匙后也可立即入住的目标。后为加大政策灵活度,调整为定单式限价商品房鼓励采取可选择菜单式成品装修设计,厨房、卫生间的基本设备全部一次性安装完成,住房内部所有功能空间全部装修一次到位。

(二)关注外来务工人员住房保障

第一,关注外来务工人员的住房需求,针对不同的外来人口设计不同的住房服务方式,针对长期工作的外来建设者,创新实施集宿式、公寓式管理。在工程建设启动之初同步启动公寓建设,在管理上,企业的生产管理与流动人口管理同步进行,针对流动人口不仅开展职业技术教育,也同时开展人口普法教育。针对在建工地的临时劳动者,滨海新区创新实施同城化、规范化、动态化管理。主要做法是在大项目、大工地集中的区域,集中建设"建设者之家"。每个"建设者之家"都建设上千平方米的商业街,药店、超市、饭店、理发室等商业设施一应俱全,楼内均设有公共卫生间、淋浴间、食堂、活动室等各类设施,为外来建设者提供良好舒适的生活环境。

第二,在保障性住房建设中向外来流动人口倾斜,例如2014年滨海新区建成5104套保障性住房,共涉及三个项目,惠及2万人,其中三个项目的受益人群为外来务工人员,惠及1.3万人。

第三,注重提升流动人口的住房体验,2013年开始新建的蓝白领公寓等公共租赁住房要一律进行装修,再分配给企业和外来建设者,实现"拎包入住"。在2014年交付的蓝白领公寓,不仅具备独立卫生间、暖气、电源、照明设备等硬件,而且还安装了床铺、衣柜、网线、空调等软性配套设施。这些措施使外来务工人员在新区享受到更舒适的居住条件,提升了幸福指数。"建设者之家"的管理实施自治式管理,将成建制民工队划分为不同小区,民主选举各小区"民管员",组成社区自治队伍;建立由民管员参与的工作协调议事机构,对各建设单位提出意见、建议,做到"建设者之家"的事情建设者参与、建设者评判;成立"建设者之家"治保会,物业公司经理任治保主任,民管员为治保会委员,各分包施工队成立治保小组,在民警、治保主任组织下,积极开展治安管理、人口管理、消防监督、安全监督、宣传教育等工作。

第九节　滨海新区养老公共服务的政策演进

一、滨海新区养老服务发展目标

滨海新区养老服务发展早期主要以执行天津市的养老政策为主,自主出台相关政策较少,基于天津市老年人口居住特点,天津市养老服务发展目标是在 2015 年基本形成"973"居家养老服务格局。所谓"973"是指全市老年人口中,97% 的老年人居家养老(94% 的老年人依托社区日间照料服务设施分散居家养老,3% 老年人在老年宜居社区集中居家养老),3% 的老年人入住养老机构养老。[①]《滨海新区民政事业"十二五"规划》中对滨海新区养老事业发展目标表述为"964",即 96% 的老年人居家养老(90% 的老年人依托社区日间照料分散居家养老,6% 的老年人在宜居社区集中居家养老),4% 的老年人入住养老机构养老。[②]

二、滨海新区养老服务分年度重点

2010 年滨海新区养老服务发展重点为养老服务基础设施建设,为推动养老服务的基础设施建设,2010 年滨海新区政府工作报告中提到要在年内新建三所老年人活动中心。新建三所养老院。在十个街道和乡镇建设老年日间照料服务站。2011 年滨海新区政府工作报告对养老工作的提法为提高城乡居民基本养老待遇水平。2012 年滨海新区养老事业得到了滨海新区政

[①] 参见天津市人民政府办公厅:《关于进一步发展我市居家养老服务的意见》,《天津市人民政府公报》,2011 年第 10 期。

[②] 参见《滨海新区出台民政事业"十二五"规划》,天津滨海新区政务网,http://mzj. tjbh. gov. cn/contents/79/94070. html,2011 年 9 月 2 日。

府的重视,滨海新区领导在当年9月参加的养老设施建设工作会议中指出,滨海新区在重视养老基础设施建设的同时,要加快养老政策的出台。同年养老服务设施工程管理指挥部成立,养老基础设施建设多部门协作与全过程监督机制形成。2013年滨海新区基本延续了之前的政策重点,各功能区在养老服务发展之中也有所创新,如大港区为满足老年人,特别是高龄、空巢和生活不能自理等老年群体就餐配餐送餐服务需求,大港地区分别以日鑫配餐中心,街道办事处、村委会、敬老院、企业为依托,先后开办了荣华里、建安里、海滨街、太平镇老年公寓等十五家老年食堂;大港民政局老龄委对大港四个街镇敬老院规范化管理升星定级工作进行了初步检查评定;开发区城管局举办"阳光助老 健康查体"活动;汉沽向百岁老人发放长寿关爱金等。2014年滨海新区民政工作要点出台,明确了滨海新区养老服务发展的四个重点,第一,根据天津市的相关政策,制定和完善滨海新区的养老服务与配套扶持政策;第二,鼓励社会资本进入养老服务领域;第三,加快建设养老机构重点项目;第四,大力发展老年人福利事业。2015年,在《天津市养老服务促进条例》出台的背景下,滨海新区民营养老机构建设取得重大进展,截至2015年6月,区民政局新批复同意建设非营利性养老机构8家,另外待批1家,在谈2家。以上8个项目总投资约5.724亿元,设计总床位2234张。①

三、滨海新区养老服务政策创新

滨海新区在养老服务方面的政策创新主要体现在以下六个方面:第一,对农村居民养老工作的有效推进,滨海新区城镇化速度明显领先于全国平均水平,推动城镇化、城市化农民的养老保障工作成为滨海新区政府的重要任务,滨海新区免费为农村居民中60岁以上的老人发放了养老补贴,为符合相关条件的农民办理了养老保险;第二,落实天津市相关养老补贴,塘沽区

---

① 《立足民政本职,创新服务新区经济发展》,滨海新区政务网,http://mzj.tjbh.gov.cn/contents/77/93960.html,2015年7月13日。

等功能区域积极划拨专项资金落实到80岁以上老人的养老补贴;第三,与企业合作,通过政府购买公共服务的方式,为居民提供居家养老服务;第四,加快养老服务机构建设,开工建设三个养老院和一个托老所,并同时加强对现有养老机构的监督检查;第五,开通电讯服务平台,如汉沽开通了"12349"居家养老呼叫服务平台,老年人持政府免费发放的呼叫手机可以享受政府提供的服务预约、精神慰藉等服务;第六,多年连续组织开展"敬老月"活动、"敬老文明号"创建、"亲子助老献爱心"活动。对全区老龄工作者开展业务培训,提高其服务和业务能力。

表 2-18　2010—2014 年滨海新区养老服务领域主要政策与行动

时间	名称	机构	主要内容
2010	《中塘镇实施城乡养老和医疗保险新政策》	天津市滨海新区大港管理委员会	实施城乡"两险",该镇3990名60岁以上老年人都有了保障,可以领取老年人补贴,缴纳养老保险后可以按月及时领取养老保险金,有病也可以享受医疗补贴,使广大农民享受到和城市同等标准的保险。
2010	小王庄镇张庄子村被征地农民喜领养老金	滨海新区小王庄镇人民政府	18周岁以上的村民按有关条件缴纳被征地农民养老保险金,符合退休条件的65名老年人直接领养老保险金。
2010	《大港城乡高龄老年人养老补贴实施意见》	天津市滨海新区大港管理委员会	年满80周岁,不满100周岁,具有本市大港户籍满20年以上的老年人,均列入养老补贴范围。每人每月补贴110元。
2011	汉沽组建居家养老服务专业队伍,为千余名60岁以上老年人提供日间照料服务	天津市滨海新区汉沽管理委员会	岗位招聘面向"4050"及"零就业家庭"人员,计划先期安置就业100人,已达成意向80人。
2012	汉沽社会福利院举办养老护理员培训班	滨海新区民政局	2012年1月12—17日,汉沽社会福利院举办了养老护理员培训班,福利院工作人员和蓟运养老服务公司即将从事居家养老服务的人员等117人参加了培训。
2012	加大宣传60岁以上老年人居家养老积极推进服务工作	天津市滨海新区大港管理委员会	居家养老服务推进情况。

时间	名称	机构	主要内容
2012	大港地区80岁以上困难老年人居家养老服务近日开始实施	天津市滨海新区大港管理委员会	大港地区符合80岁以上困难老年人居家养老服务政府补贴共有120人,其中轻度32人、中度43人、重度45人。大港地区日鑫公司承担着大港地区海滨街、古林街、胜利街、海滨街的部分80岁以上居家养老服务的工作。
2012	市人力社保局养老处深入大港现场办公	天津市滨海新区大港管理委员会	市人社局工作人员,严格遵照相关政策法规,为大港辖区近90位符合特殊工种提前退休条件的人员,办理了提前退休审批手续,并详细讲解了相关政策法规和经办流程。
2012	滨海新区举行"三院一所"养老服务设施项目开工仪式	滨海新区民政局	"三院一所"养老设施项目是滨海新区在塘沽、汉沽、大港启动建设第一、二、三社会福利院和在塘沽新港街建设贻芳托老所。该项目是健全和完善养老服务设施,满足新区不断增长的养老服务需求的重要举措。
2012	大港积极推进养老助老事业发展	天津市滨海新区大港管理委员会	完善社区养老服务体系,加快社会养老机构建设,深入推进"助老健康御险"工作。
2013	滨海新区对养老机构进行安全检查	滨海新区民政局	民政局会同各管委会民政局重点对全区20家养老机构进行了安全专项检查。
2013	大港四项举措加强养老保障体系建设	天津市滨海新区大港管理委员会	在实现新型农村社会养老保险和城镇居民养老保险制度全覆盖的基础上,为11000余名达到退休年龄的石化公司"家属工""五七工"解决社会保障和养老问题。将孤老、空巢等六类老人作为社区(村)老龄工作的重点服务对象,采取政府购买服务等方式,有针对性地帮扶和慰问。将老年工作纳入惠民工程,连续三年为城乡80岁以上老人每人每月增发200元养老补贴,目前已累计发放553万元。

续表

时间	名称	机构	主要内容
2013	社区帮扶,独居老人不孤单	滨海新区人民政府向阳街道办事处	2013年,芳园里社区坚持以通过"四声"服务的入户慰问声;生活关怀声;电话问候声和节日祝福声,来关爱辖区内空巢和独居老人。
2013	汉沽"12349"居家养老呼叫服务平台开通试运行	天津市滨海新区汉沽管理委员会	向享受居家养老服务的老人免费发放呼叫手机950部。开通了家政服务预约、精神慰藉、政策咨询、紧急救助等业务模块。试运行期间,受理老年人来电100余人次,居家养老服务回访满意率100%。
2014	汉沽居家养老服务指导中心	滨海新区民政局	2013年5月8日至12日,汉沽居家养老指导中心组织蓟运养老服务有限公司养老护理员进行了第二期业务培训。
2014	《关于开展养老机构冬季消防安全专项检查的通知》	滨海新区民政局	养老机构消防安全防控。

第十节　滨海新区公共文化服务领域政策演进

滨海新区文化发展的纲领性指导文件最早为《天津滨海新区总体规划(2005—2020年)》,其中提到要促进公益性文化事业繁荣兴旺,推动经营性文化产业蓬勃发展,全面提高全社会的文化生活质量,满足人民群众日益增长的精神文化需求。在海河外滩、海河两岸和天津经济开发区建设区级文化娱乐设施。加强公共文化基础设施和标志性文化设施建设,建成泰达市民广场、泰达大剧院、泰达博物馆、泰达图书馆、塘沽文化艺术中心、塘沽图书馆等,建设区、街道、社区三级公共文化网络,形成以大型公共文化设施为骨干,社区和基层文化设施为基础的框架体系。积极发展有新区特色的港口文化、开发区文化和版画刻字文化,做大文化会展和文化旅游,争取举办全国性和国际性重大文化活动,构建新区独具魅力的文化环境。推动文化产业发展,加快新兴电子音像制作、网络游戏等高技术文化产品的设计研发,培育和打造开发区动漫产业基地、塘沽近代历史和海洋文化基地、汉沽水上娱乐大世界文化旅游基地,形成多元化、网络化、规模化文化产业发展格局。

2008 年国务院批复《天津滨海新区综合配套改革试验总体方案》,其中在滨海新区文化发展方面的安排是:积极推进文化体制改革。利用债券、股票等多种方式筹集发展文化产业的资金。逐步探索建立经营性文化事业单位国有资产授权经营制度。建设国家级滨海新区文化产业示范园区,整合、开发天津市乃至环渤海地区文化资源,使之成为新兴文化产业发展的策源地和示范区。坚持"两手抓、两加强",推动公益性文化事业和经营性文化产业协调发展。之后,滨海新区将文化体制改革列入滨海新区"十大改革"项目,为发展文化产业,改革文化管理体制,为民众提供更好的文化改革服务,天津滨海新区第一届委员会第七次会议通过了《中共天津市滨海新区委员会关于深化文化体制改革推动社会主义文化大发展大繁荣的实施意见》。至此,滨海新区公共文化发展目标和原则基本确定。

具体而言,滨海新区文化公共服务政策演进可以划分为以下两个阶段:第一阶段为 2010 年之前,以文化产业发展促进文化服务发展;第二阶段为 2011 年至 2015 年,文化公共服务体系逐步健全阶段,文化产业发展与文化设施建设、惠民文化工程、文化资源整合、文化市场监管共同被列为滨海新区文化公共服务发展的重点领域。滨海新区政府工作报告对文化事业发展的政策宣示也体现了滨海新区在公共文化领域的政策发展演进,滨海新区 2010 年政府工作报告中对公共文化的政策宣示为"打好文化大发展大繁荣攻坚战",2011 年政府工作报告对公共文化的政策宣示为"着力发展文化事业"。由此可见 2010 年与 2011 年滨海新区文化事业发展的重点任务是发展文化基础设施,进行公共文化服务的各类基础建设工作。2012 年政府工作报告对文化公共服务的表述转变为"加强公共文化服务,注重文化事业与文化产业协调发展"。由此表述可以看出,自 2012 年开始,滨海新区公共文化服务进入重点领域重点建设和各领域配套平衡发展阶段。

一、2010 年之前文化产业快速发展阶段

2010 年滨海新区在文化产业政策方面主要印发了以下三个方面的政策：

第一，文化产业发展体制改革方面。2010 年 5 月,滨海新区召开全区宣传思想文化工作会议暨争当文化大发展大繁荣排头兵动员大会,印发《天津市滨海新区争当文化大发展大繁荣排头兵的实施方案》,围绕系统完善文化产业跨越式发展体系,进行全面动员和专题部署,成立了由滨海新区时任区长为组长的滨海新区文化产业发展领导小组和由时任区委宣传部部长任总指挥的滨海新区争当文化大发展大繁荣排头兵指挥部,为新区文化产业大发展提供坚强组织保障。搭建文化产业投融资平台,成立滨海新区先锋文化传媒投资有限公司,注册资本 1 亿元人民币,主要从事新区文化产业投融资服务和项目运作。筹建滨海新区文化创意产业协会,以此凝聚各方面力量和智慧为新区文化产业发展提供有力支持。

第二,文化环境培育方面。滨海新区先后出台了《滨海新区加快文化产业发展的支持意见》《新区文化产业投资指导目录》和《滨海新区金融支持文化产业振兴与发展繁荣的实施意见》系列文件,加大对文化产业政策支持力度。设立文化产业发展引导资金,注重搭建促进产业发展的服务平台,鼓励国家动漫产业综合示范园公共技术服务平台建设。

第三,促进文化产业集聚发展,制定下发《滨海新区国家级文化产业示范园区"一区多园"专业集聚园认定和管理办法(试行)》,滨海新区拟在一至两年内建设一个综合集聚园,八到十个专业集聚园。通过发挥集聚园的产业聚集效应,催生一批有较强实力、竞争力、影响力和自主创新能力的大型文化企业,进一步提高滨海新区文化产业规模化、集约化水平。

二、文化公共服务体系逐步健全阶段（2010—2015 年）

2011 年,滨海新区文化事业发展开始转型,健全文化公共服务体系成为滨海新区新阶段文化公共服务发展的重要目标。2011 年关于滨海新区文化发展目标与重点的重要规划和政策逐步出台,滨海新区文化发展的方向基本确定。

《滨海新区"十二五"规划》提出"繁荣发展文化事业"。整合资源,加大投入,完善和提升新区、街镇、社区文化设施与服务网络,提高新区公共文化服务的质量和水平,培育富有影响力的新区文化活动品牌。实施"艺术名家"和"文艺精品"工程。加强文化遗产保护,促进文化资源与经济发展相融合。大力发展文化产业。突出规模化、品牌化、特色化,健全文化产业发展政策,培育文化市场,加快建设国家级文化产业示范区,形成"一区多园"的文化产业发展格局,重点发展文化用品制造、影视动漫、广告会展和设计创意等产业。完善文化产业投融资服务体系,探索版权质押等融资方式。加强文化市场监督管理,为文化产业发展创造良好环境。到 2015 年,形成 10个以上在国内外具有影响力的名牌文化产品,文化产业增加值力争占地区生产总值 6%。全面提升城市文明水平。弘扬以爱国主义为核心的民族精神和以改革创新为核心的时代精神,突出开放、创新、向上的时代特征,培育和发扬新时期的"滨海精神"①。

2011 年滨海新区文化体制改革被列入滨海新区十大改革项目,《2011年滨海新区"十大改革"重点项目安排意见》对文化体制改革的具体要求为:推进经营性文化单位转企改制,增强国有文化单位的发展活力和市场竞争力。整合新闻出版、广播电视、文化演艺、网络新媒体等各类文化创意产业

---

① "滨海精神"表述为"开放创新,引领未来"。"开放",体现了滨海新区海纳百川的博大胸怀和世界眼光。"创新",是助推滨海新区发展的不竭动力和永恒灵魂。"开放创新",鲜明地表达出滨海新区的人文关怀和精神特质。"引领未来",则表达出滨海人"敢为人先"的价值追求和"不懈进取"的精神风貌。

资源。着力培育市场主体,尽快推动培育一批骨干龙头文化企业。深化公益性文化事业单位内部改革,转换经营机制,完善公共文化服务体系。创新文化市场监管方式和体制机制,提升文化市场安全监管水平。《2011 年滨海新区"十大改革"重点项目安排意见》责成区委宣传部(区文广局)牵头负责文化体制改革工作,区发改委、区财政局、区人力社保局、区国资委、区编办等部门配合区委宣传部的工作。

2011 年 11 月 18 日,中共天津市滨海新区第一届委员会第七次会议通过了《中共天津市滨海新区委员会关于深化文化体制改革推动社会主义文化大发展大繁荣的实施意见》,对滨海新区文化体制改革,文化事业发展意义,文化服务发展目标,文化服务发展的主要措施、主要原则和重点工作作出了指导性安排。

在上述两份文件指导下,《关于推进滨海新区文化体制改革的实施方案》正式出台,提出要从文化事业、文化产业、广电资源整合、报刊改革、强化文化市场监管五大方面着手加快滨海新区文化体制改革,通过加快重点文化设施建设、推进基层文化设施建设、深入实施文化惠民工程、完善"一区多园"建设、抓好重大产业项目落实等一系列措施,努力争当深化文化体制改革推动文化大发展大繁荣的排头兵,为滨海新区成为深入贯彻落实科学发展观排头兵提供思想保证、文化支撑和舆论氛围。

2011 年底,《滨海新区文化发展"十二五"规划》出台,对滨海新区"十二五"期间文化发展目标定位为:围绕实现国家对新区的功能定位,到 2015 年,努力建成坚实有力的社会主义核心价值宣传教育体系、覆盖全区的公共文化服务体系、充满活力的文化创造和传播体系、规范完备的文化产品和市场体系,基本形成与新区经济社会发展水平相当,与功能定位相称,与传统历史文化相协调,与人民群众需求相适应的新的文化发展格局,使新区成为特色鲜明、品位高雅、文化发展主要指标位居全国前列的文化强区。

为支持上述指导性政策的具体实施,滨海新区政府设立了文化发展专项资金,并出台了《天津市滨海新区文化产业发展引导资金有关问题的说明》,明确了专项资金的支持对象,使用范围、重点支持方向和领域、使用方式和标准等内容。滨海新区文化发展专项资金将主要用于推进滨海新区文化体制改革、扶持和引导文化产业发展。具体是：支持政府鼓励投资且能够引导社会资本进入文化产业领域，明显提升文化产业自主创新能力和市场竞争力，具有显著社会效益和经济效益的文化产业项目。

2012年，在支持动漫产业发展方面出台了《关于鼓励和扶持动漫游戏产业发展的若干意见》，从2012年起，财政每年在文化产业发展专项资金中安排专项用于支持动漫游戏产业发展。重点支持动漫游戏作品原创、动漫游戏产业研究以及对动漫游戏企业和各类动漫游戏平台建设的补贴、奖励、贴息等。

为推动文化与科技的融合发展，中共天津市滨海新区委员会办公室与天津市滨海新区人民政府办公室联合下发了《滨海新区关于加快推进文化和科技融合发展的实施意见》，将滨海新区文化与科技融合目标设定为：围绕实现国家对新区的功能定位，到2015年，通过文化和科技融合发展，培育区域新的增长极，文化产业增加值增速高于本地国内生产总值增长速度，成为新区新的经济增长点和支柱产业。积极推动传统文化产业利用现代科技改造升级，不断创新文化的生产方式与表现形式，焕发生机活力，增强竞争实力；在影视动漫、网络游戏、数字新媒体、文化旅游等领域基本形成产业结构合理、产业链条完整、产业关联性强、创新能力突出、具有竞争实力的文化产业发展体系；培育二至三家上市文化科技公司、三十家左右资产过十亿元的骨干文化科技企业、十个以上国内外具有吸引力和影响力的名牌文化产品，十五个以上专业文化产业园区，逐步将滨海新区打造成为区域特色鲜明、示范效应明显、国内外影响力强的中国文化和科技融合发展领航区。

在促进广告产业发展方面，滨海新区人民政府出台了《天津市滨海新区人民政府关于促进滨海新区广告产业发展的意见》，提出了二十二条扶持滨海新区广告产业的政策条款，包括对企业注册条件的放宽，对新区内广告企业的纳税奖励和培育奖励，对落户新区的广告企业在购房、租房方面的奖励，对广告主选择本区内广告企业的消费补贴等。

"十二五"期间，滨海新区公共文化服务体系的重要任务是建立覆盖滨海新区全区的比较完备的公共文化服务体系。面向基层、服务群众,积极探索适合基层群众需要的新的文化服务方式,保证滨海新区群众共享文化发展成果。①

三、滨海新区基层政府的文化政策创新

在公共文化服务供给过程中,滨海新区各基层政府进行了多种形式的政策创新,概括起来,主要有以下七个方面:

第一,以志愿服务的方式拉动公共文化发展,如大港管理委员会成立了文化志愿者协会,小王庄镇选拔了二十名文化联络员,负责联络开展文化活动。

第二,开展具有地方特色和单位特色的文化活动,例如滨海新区司法局通过进行"模拟法庭"活动,培育校园法治文化,海滨街道办事处举办广场大舞台活动,大港建设冬枣博物馆等。

第三,各类监督检查活动,例如滨海新区文化广播电视剧对网吧文化环境的监督检查,对文化活动场所安全环境的检查。

第四,政府文化管理相关部门的自身建设,如对文化从业人员的教育培训等。

第五,对特殊人群的文化服务,如针对残疾人改善相关文化服务设施,使他们能够更加方便地使用,针对流动人口的文化慰问演出,等等。

第六,各类文化评比活动,如滨海新区文化广播电视剧开展的"居民书房"和"居民文化室"建设和评比活动。

第七,各类文化惠民活动,如建设居民书房和文化室、放映公益电影、举办社区文化艺术节、国际艺术节等,为民众免费提供各类文化产品。

---

① 《新区实施文化惠民工程,让群众共享文化发展成果》,北方网,https://www.expon.cn/content-146-4673-1.html,2017年2月21日。

表2-19 2011—2013年滨海新区文化领域主要政策与行动

时间	名称	机构	主要内容
2011	文化市场行政执法大队严查问题网吧净化文化环境	滨海新区文化广播电视局	区文化市场行政执法大队联合塘沽、汉沽、大港、开发区、保税区、高新区文化部门在全区范围内开展了互联网上网服务场所专项治理行动。
2011	大港成立文化志愿者协会	天津市滨海新区大港管理委员会	大港工委宣传部和文化局经过研究策划和精心组织,成立了大港文化志愿者协会,面向社会招募有文艺特长并乐于为文化事业奉献的市民,首批招募120名。
2011	"模拟法庭"——架起大学校园法治文化共建之桥	滨海新区司法局	"模拟法庭"活动相关实施办法。
2011	海滨街社区广场大舞台圆满落幕	滨海新区人民政府海滨街道办事处	海滨街于9月上旬在广场社区举办活动社区广场大舞台开幕式演出,并在同盛东区、康宁社区和安泰社区广场举办三场大型文艺演出。
2011	文化局多措并举精心安排当前各项重点文化工作	天津市滨海新区大港管理委员会	组织4支放映队,全力筹备大港第十四届消夏广场大舞台文化活动,对已完成野外调查的96处文化遗址的勘察数据进行分类、整理,深入挖掘大港地区重点文化遗产保护项目。
2011	大港启建本市首个冬枣酒文化博物馆	天津市滨海新区大港管理委员会	地方特色产品文化塑造活动。
2011	文化局开展安全生产大检查工作	天津市滨海新区大港管理委员会	执法人员分组对辖区内的网吧、娱乐、演出等人员密集的场所进行系统性安全生产大检查。
2011	"和谐滨海、魅力社区"暨汉沽街专场社区文化艺术节	滨海新区人民政府汉沽街道办事处	社区文化培育与宣传。

续表

时间	名称	机构	主要内容
2011	滨海新区公共文化机构服务特殊社会人群	滨海新区文化广播电视局	提升塘沽图书馆图书流动站为残联分馆,同时提供"送书上门"服务;专门设立儿童阅览区以及儿童剧场、儿童培训教室等服务设施,为老年读者制定了办证和服务方面的优惠措施。建立"开发区武警大队""塘沽武警支队"两个武警分馆,以及"天江社区""国翔社区"两个面向外来务工人员的服务阵地。
2011	滨海新区积极为流动人口做好公共文化服务	滨海新区文化广播电视局	一是健全组织制度保障。制定了《滨海新区促进企业加强文化建设的实施方案》,整合全方位力量为流动人口做好公共文化服务。二是为流动人口建设基层文化设施。今年已经建成泰达园林养管二所、四所,中建三局117大厦项目部,南港文体活动中心等6个居民书房和6个居民文化室,并配发了价值18万元的图书和文化用品。三是为流动人口组织专场节庆文化演出。建立了流动文化站,每年组织文艺小分队深入"十大战役"现场举行慰问演出、消夏纳凉文化活动20余场次,形成了"保税区公寓文化节"等文化品牌活动。四是为流动人口放映公益电影。2011年全年累计为流动人口集中的工地、公寓放映公益电影、安全教育电影300多场次。
2012	滨海新区文广局以"强街强镇"为契机着力发展街镇文化	滨海新区文化广播电视局	一是推进基层文化服务设施建设,二是加强基层文化队伍建设,三是丰富基层文化生活。
2012	塘沽举办2012年文化干部培训班	天津市滨海新区塘沽管理委员会	工委宣传部、文化局组织塘沽宣传文化干部进行了一次集中业务培训。

续表

时间	名称	机构	主要内容
2012	新河街大型文化墙建设竣工	天津市滨海新区塘沽管理委员会	该街新建里社区居民楼的11块大型文化墙,主要采取以漫画和朴实简洁的语言文字形式,宣传公民道德行为标准、文明言行公约和环保低碳生活等内容。
2012	小王庄镇策划实施十大文化项目	滨海新区小王庄镇人民政府	实施十个文化项目,成立村居文化宣传队,扩建小王庄草根艺术社,筹建镇民俗博物馆,编撰《小王庄风情录》,培养百名文艺骨干,打造田苑里精品文化广场,组建草根老年街舞队,申报国家级非物质名录,建成区级民间同乐会,搞好街镇专场汇报演出。
2012	古林街"文化六进"工程再掀高潮	滨海新区人民政府古林街道办事处	以优秀文化进农村、进社区、进企业、进机关、进军营、进校园为突破口,全面启动"文化六进"工程。
2013	中新天津生态城延伸入驻文化企业产业链	中新天津生态城管理委员会	除国家给予的优惠政策外,天津生态城动漫园探索出一整套产业链服务模式,从初级的服务迈向高级服务阶段,如从公共技术、融资、版权交易、人才培训、作品展示等方面为企业搭建更高级的服务体系。
2013	文化联络员激活小王庄基层文化	滨海新区小王庄镇人民政府	在建立镇域文艺人才库的同时,采取村居推荐、专业选拔、本人申请的方式,从近100名乡土文艺骨干中,遴选出20名奉献意识强、群众威望高、专业技艺好的文化能人,担当村级文化联络员。这些文化联络员牵头总抓本村文化活动,既是文化工作的联络员、宣传员,又是文化活动的倡导员、组织员、演职员。
2013	塘沽打好文化大繁荣攻坚战	天津市滨海新区塘沽管理委员会	一是加强文化基础设施建设,二是办好群众文化活动,三是办好文化惠民工作。

第十一节 滨海新区公共服务均等化机制

伴随着滨海新区经济的跨越式发展,越来越多的外来人口进入滨海新区,滨海新区流动人口以每年30%的速度递增,2013年规模达到130万,[①]占到了滨海新区总人口的一半以上。对滨海新区公共服务供给的公平性和多元化需求日益强烈。据了解,滨海新区流动人口的年龄主要分布在18岁至25岁之间(约占流动人口总数的70%),主要从事职业是务工和个体经商,主要分布领域是工业和服务业企业、建设工地和街道社区。

一、滨海新区公共服务均等化的改革原则

滨海新区外来人口管理的原则是"三同原则",即把流动人口与城市户籍人口"同对待、同管理、同服务"。

二、滨海新区公共服务均等化的总体框架设计

滨海新区流动人口管理的"滨海模式"主要包括:一是进一步加快流动人口服务管理工作体系建设。完善区县人口服务管理中心、街乡镇服务管理站、社区服务管理分站三级服务管理平台建设。充实协管员队伍,尽快出台《流动人口协管员队伍管理办法》,强化协管员队伍的培训和管理。完善公安、人力社保、教育、卫生、房管、民政、工商、税务和司法等部门相互配合协作工作机制。二是进一步加快流动人口信息化体系建设,大力推进综合信息平台应用,拓宽人口信息采集传输渠道,全面推行实有人口、实有房屋全覆盖管理,按照"谁用工谁负责、谁出租谁负责"的原则,提高流动人口和

---

① 滨海新区政务网,2013年1月3日,http://www.bh.gov.cn/html/bhxqzww/BHJJ22158/2013-01-10/Detail_537225.htm。

出租房屋信息社会化采集比例,做到各类信息随时采集、上传、核查、比对。三要全力加快流动人口公共服务体系建设。加快户籍管理制度改革,加快建立流动人口居住证"一证通"制度,加强流动人口基层组织建设和社区服务管理,为流动人口提供更多方面快捷的服务内容。四要加快流动人口权益保障体系建设。拓宽畅通诉求表达渠道,健全调解处理涉及流动人口矛盾纠纷的"绿色通道",大力加强劳动维权服务,着力提高流动人口依法维权能力。五要全力加快流动人口动态化服务管理体系建设。健全流动人口经常化联系机制,健全打击侵害流动人口权益、重点人员动态管控、特殊人群帮扶帮教、重点地区整治、特定人员(案)事件处理工作机制。

三、滨海新区基本公共服务均等化的基本保障

强化组织领导,完善保障机制。滨海新区成立了以人口计生、综治、公安、财政、人社等十九个部门相关领导为成员的试点工作领导小组,建立部门联席会议制度,明确各成员单位职责。区政府印发了《滨海新区创新流动人口服务管理体制推进流动人口基本公共服务均等化实施方案》。将流动人口计生服务管理经费纳入财政预算,设立均等化服务试点工作专项经费。强化流动人口专兼职服务管理队伍建设,在塘沽、汉沽、大港三个管委会人口计生委设立流动人口科,在街道(乡、镇)设立专职人员,在每个村(居)至少配备一名协管员。[①]

四、滨海新区基本公共服务均等化的具体措施

(一)以"数字人口"平台实施流动人口动态监测

2011 年 7 月,天津市滨海新区政府出台《关于构建流动人口服务管理

---

① 参见特约记者刘丽娜、通讯员皇甫屹:《滨海新区推进流动人口基本公共服务均等化》,《中国人口报》,2011 年 12 月 26 日。

"三级平台"网络的实施意见》,在全区范围内投资数百万元,打造流动人口服务管理"三级平台"网络,建立流动人口信息综合应用系统,更细致周到地为流动人口服务。

第一级平台为功能区管委会流动人口管理中心。服务中心通过联合办公、网络互通、信息化服务管理,将成为新区流动人口服务管理的协调中心、信息中心、服务中心和工作交换平台。

在各街镇搭建起第二级流动人口管理服务平台。由街道和公安派出所共同管理,深入社区落实治安、消防、安全生产等检查,并开展集中的法制和安全宣传教育活动,为大家做好法律援助、卫生防疫等工作。

在重点社区(村队、建筑工地)搭建第三级流动人口管理服务平台。强力推进工作中心下移,在流动人口聚集的社区、村以及成建制的民工队和成建制的用工单位建立流动人口服务管理分站,承担起信息采集、登记办证、出租房管理等基础性信息。

运行建设者实名制管理系统,向每个进入工地的建设者发放劳务管理卡,将身份证信息、用工情况、考勤和工资发放全部纳入劳务卡进行管理,实现多部门信息共享,形成动态化、信息化的管理机制。。

针对散居在社区的流动人口,实施"以业管人、以房管人、以证管人"的管理模式。按照"谁用工、谁负责,谁出租、谁负责"的原则,全面推行集治安防范、矛盾调处、劳动用工、社会保障、安全生产为一体的流动人口服务管理业主责任制,把流动人口的服务和管理责任落实到用工单位、经营业主和房屋出租业主。按照500名流动人口配备1名协管员的标准,组建了稳定的流动人口专职协管员队伍,全面开展流动人口登记、法制宣传教育、维权服务、出租房屋登记建档等工作,做到人来登记、人走注销,问题和隐患第一时间发现和上报。

(二)建立统一高效的流动人口综合协管员队伍

组建起一支流动人口综合协管员队伍,由公安机关统一招录、培训、管理,承担登记办证、出租房屋管理、信息采集等基础性工作,有效缓解了公安机关警力紧张现状,为政府各部门服务管理提供了强力支持。新区已拥有专职协管员 605 名,其他群众性辅助管理人员 656 名。[1]

(三)建立滨海新区流动人口利益向导机制

以计划生育工作为试点,以流动人口较为集中的七个街镇为项目点,实施流动人口利益导向机制项目,对流动人口中实施长效避孕措施的人员给予一次性奖励,对患有重大疾病需要手术的育龄妇女、独生子女在 14 周岁前患重大疾病需要手术的和家乡遇到火灾、地震、雪灾等突发灾难的独生子女家庭给予一次性救助,对困难计生家庭给予一次性生活补助。

(四)家佳推进计划

2012 年滨海新区启动了"家佳推进计划",对七类家庭提供有针对性的公共服务,对以外来人口为主的"新市民家庭",重点开展政策咨询、有效避孕指导、药具服务、生殖健康服务、维权服务等,并制定了"新市民家庭"发展计划,重点围绕"新市民家庭"开展针对性服务,保障流动人口合法权益,全面实现流动人口基本公共服务均等化,为流动人口提供服务、解决实际困难,为其创造公平的生存环境。

(五)保障性住房分类管理

针对不同类别的流动人口,滨海新区制定了相应的保障性住房政策。[2]

---

① 《关于天津滨海新区流动人口服务管理的考察调研报告》,佛山市流动人口管理信息网,ht-tp://www.fslgb.gov.cn/tpxw/201207/t20120709_3760785.html,2012 年 7 月 9 日。

② 具体政策内容详见本章第八节。

第三章　滨海新区公共服务创新的整体性治理分析

整体性治理的系统性思考框架对于公共管理的"碎片化"治理与棘手性问题的解决非常有效,滨海新区恰恰是一个"碎片化"特征非常明显的区域,表现在行政区域的分割,功能部门的交叉等诸多方面,而公共服务创新本身的复杂性与滨海新区的"碎片化"特征相互交织,进一步加剧了滨海新区公共服务创新问题的"棘手性"。基于此,整体性治理思想对于滨海新区公共服务创新的进一步发展具有很大的指导意义。本章基于整体性治理理论视角,考察滨海新区在公共服务创新过程中的"碎片化"表征,解析公共服务创新问题的"棘手性",分析滨海新区面对"碎片化"政府与公共服务创新的"棘手性"问题,如何进行功能整合、空间链接与资源协调,并进一步对公共服务的公私合作、棘手性问题的应对以及多元需求的满足提出了整体性整合策略。

第一节　整体性治理的分析框架

整体性治理针对的主要问题是"碎片化"和"棘手性"。所谓"碎片化"是指不同功能部门、不同区域政府之间,缺乏协调沟通,无法进行合作,导致各自为政,需多部门配合完成业务无法实现,造成政策失效或政策扭曲。所谓"棘手性"的问题是指问题涉及多方利益,需整合不同功能部门,协调多个区域,综合多样化资源方能解决的问题。①

---

① See H. Sullivan, C. Skelcher, Working Across Boundaries: Collaboration in Public Services, *Health & Social Care in the Community*, 2003, 11(2).

一、滨海新区政府的碎片化表征

不同于传统行政区划分的"碎片化"政府,滨海新区政府的"碎片化"更为复杂,既有部门分工及目标因素在起作用,也有历史因素参与其中,既受民众需求变迁的影响,也受到民主化进程的压力。

第一,滨海新区由原有的塘沽、汉沽、大港三个行政区域组成,其中又包含了若干个国家级经济开发区、天津市级经济开发区、区级经济开发区和保税区。不同区域存在行政区划的重叠交叉,部门重复设置与职能空白并存,导致目标冲突与功能空隙的存在。

第二,职能缺位与创新不足同时存在。面对民众越来越高的公共服务需求,滨海新区政府在一段时间内未能完全将顺政府职能,如原管委会和功能区管委会都将"招商引资"作为自身的重要工作,却未对公共服务提出可量化的标准,公共服务创新相对不足,投入相对不足,例如在基层政府公共服务创新过程中,功能区政府与街镇政府的政策创新举措多为财政投入较少,但相对产出比较高的政策,如发动群众进行的卫生清洁工作等。

第三,由于滨海新区自身组织类型的复杂与行政区划的复杂,压缩了滨海新区政府整合社会组织资源提供公共服务的空间,2013 年之前滨海新区政府花费大量的力气解决政府内部的功能整合和部门重叠,滨海新区原有各个行政区域独立性相对较大,每个区域都更为重视自身的发展,造成一定程度的产业布局同质化,资源的分散化,缺乏滨海新区的整体一致性规划。

总体而言,滨海新区的"碎片化"主要是由于行政区划复杂、组织类型过多,彼此之间虽然已经有较长时间接触,但合作的融洽度尚有待提高,各政府部门,尤其是原有的塘沽、汉沽、大港以及最新一次行政管理体制改革的七个功能区较倾向于立足于本功能区视野内来解决问题,以自身发展阶段和自由资源作为行动策略的制定依据。

二、公共服务创新的棘手性解析

虽然经过一段时间的建设,滨海新区在公共服务方面已经取得一定成就,但综合配套改革中公共服务创新仍然棘手,体现在公共服务数量与品质提升与公众需求激增的双重压力,公共服务多元供给主体培育的长期性与管理的复杂性,公共服务体系的完善与机制体制创新协同发展需求。

第一,公共服务供给与需求的双重压力。滨海新区的综合配套改革是在公共服务资源紧张与公共服务需求快速扩张的双重背景下展开的。2003年滨海新区才刚刚建成,2005年在《天津滨海新区总体规划(2005—2020年)》中,公共服务作为地方政府的重要职能加以明确,经过五年的建设周期,滨海新区基础设施建设有了显著成效,但其他各类公共服务水平仍与天津市平均水平存在较大差距,例如2010年之前,滨海新区没有一家综合性三级甲等医院,缺乏高水平医疗卫生工作者队伍和高端医疗设备。2015年滨海新区教育领域取得重要进展,但仍然难以满足流动人口子女的入学需求,因此在小学招生办法中,明确提示"滨海新区教育体育委员会在妥善解决天津市户籍适龄儿童学位的基础上,统筹解决持有'住房'五证随迁子女的学位……对于电脑随机派位未成功的'租房'五证随迁子女做好回原籍入学的准备"。而与此同时,综合配套改革期间滨海新区流动人口规模快速增长,老龄化趋势明显,人民对公共服务的质与量均有了更高层次的要求。滨海新区综合配套改革既面临着基础薄弱的困境也面临着公共服务需求快速扩张的难题。

第二,公共服务多元供给主体培育的长期性与管理的复杂性。滨海新区综合配套改革中一直秉承开放的态度,鼓励社会资本进入公共服务领域,在教育、医疗等领域出台了对民间资本的明确鼓励措施,但民间资本从项目立项、到开工建设和运营需要一段较长的时间,难以短期内缓解公共服务供给资源紧张的现状。另一方面,多元供给主体的加入,也可能引发政府的监管难题,信息不对称、监管困难与协同困境叠加,进一步引致公共服务质量难以保障,公众对供给模式或价格的满意度低等一系列问题。

第三,公共服务体系的完善与机制体制创新的协同发展需求。作为一个多区域、跨层次行政单元所组成的新区,滨海新区公共服务创新目标的实现过程更为复杂,目标与结果之间的关联是非线性的,公共服务目标的达成,一方面需要政府内部进行职能转变、机构改革、工作流程再造;另一方面,需要政府协调市场、社会组织有序参与,还需要转变政府观念,将民众视为政府的服务对象和公共服务的重要参与者,建立政府与民众的良性双向互动关系。

第四,不同利益需求的协同与妥协。滨海新区区划复杂,人口构成多样,如常住人口中几乎一半的人口是流动人口,户籍人口中65岁以上的老年人占到了14%以上,①农业人口在逐年减少,但截至2016年,仍有17万左右的农村人口,每户规模逐渐减少,已经从1994年的3.13,降低到2016年的2.68。2016年滨海新区人口流入相对往年明显降低,不同区域、不同人群具有公共服务需求差异化明显,滨海新区政府如何高效率回应民众需求,协调不同的目标诉求,兼顾公平与效率、发展与环保一直是其综合配套改革的重要内容。

三、整体性治理的整合策略

对于碎片化的整合策略,克鲁克尔(Kreukels)、萨勒特(Thornley)和桑利(Salet)三位学者提出了一个包含空间、功能和部门的三维分析框架。② 空间(Spatial)协调,要求公共政策在不同政府层级之间保持一致,在一个区域内的不同功能区之间保持一致,并需要政策在保持一致的前提下进行有效率的整合;功能(Functional)整合意味着将不同的土地使用与各类政府行为进行整合,并能够形成彼此联结效应,例如住房、交通、经济发展和环境保护的

①　根据天津市统计局:《天津滨海新区统计年鉴》(中国统计出版社,2017年)表2-3计算得出。

②　See Salet, W., Thornley, A. & Kreukels, A. *Metropolitan Governance and Spatial Planning*, London: Spon Press, 2003.

相互联结与整合;部门(Sectoral)协同不仅包括公共部门之间的协作,也包括社会组织、企业和个人之间的整体协作,目的是为了更加有效利用资源,提高政策执行效力。

本章拟将上述三人的分析框架用于研究滨海新区公共服务创新过程中的碎片化过程及整合策略,这一分析框架正与整体性治理的若干主张相契合,如公私合作、跨域合作、公众参与等。因此,"碎片化"政府的整合策略包括三个方面:第一个方面是空间上的一体化,要求滨海新区各个行政区域保持政策一致,避免出现区域之间的利益争夺或目标错位现象;第二方面是功能整合,意味着滨海新区政府要实现不同职能部门之间的功能整合,避免出现管理空白,实现高效合作;第三个方面是部门整合,实现政府与企业及社会组织之间的合作,吸纳社会资源参与公共服务创新。

第二节　化零为整:行政体制改革

一、2010 年之前滨海新区行政系统特征

2006 年滨海新区被国务院批准为综合配套改革试验区之时,滨海新区的行政管理体制实行的是"矩阵式"模式,滨海新区管理委员会作为天津市政府的派出机构,指导、协调塘沽区、汉沽区、大港区和天津经济技术开发区、天津港保税区、天津港区以及东丽区、津南区政府的整体长远发展土地规划、产业布局调整、重大投资建设项目和结构调整等重要经济事项。

《天津滨海新区条例》规定滨海新区管理委员会的职责主要包括七个方面:①组织草拟滨海新区经济发展规划,经市人民政府批准后,组织实施;②组织编制滨海新区区域性城市发展规划、国土利用规划,经市人民政府批准后,组织实施;③审批滨海新区各功能经济区的发展计划和产业布局;④协调或者批准建在滨海新区内、属于市级审批的各类建设项目,协调、组织滨海新区内跨行政区和功能经济区建设项目的实施;⑤筹集、管理和使用滨海

新区建设发展专项资金;⑥协调市人民政府有关部门和国家有关部委驻滨海新区机构的工作;⑦市人民政府赋予的其他职责。同时《天津滨海新区条例》规定,为促进投资发展,为经济发展提供重要的保障条件,滨海新区要按照本市建设现代化国际港口大都市的目标,统筹规划并加强基础设施和公共设施的建设,完善城市功能,在能源、交通、通信、信息等方面为企业经营发展提供良好条件。提高和完善社会服务功能。这意味着公共服务功能在《天津滨海新区条例》中划归滨海新区各区域政府。

这样的管理体制在综合配套改革过程中显然不能适应公共服务快速发展的需要,且由于滨海新区各组成区域原有发展基础、资源环境等方面的不同,在公共服务供给水平上也存在很大差距,为实现滨海新区均衡发展,滨海新区区域整合与行政管理体制改革开始提上议事日程。

二、2010—2013 年空间整合阶段

2009 年 10 月 21 日,《关于调整天津市部分行政区划的请示》获得国务院批复。塘沽、汉沽和大港行政建制撤销,成立滨海新区行政区。同年 11 月 9 日,天津市委、市政府召开滨海新区管理体制改革动员大会,滨海新区管理体制改革全面启动。2010 年 1 月 11 日,滨海新区政府正式挂牌成立。调整后的天津滨海新区,规划面积两千二百七十平方千米,常住人口约二百万,包括塘沽、汉沽、大港三个城区和先进制造业产业区、临空产业区、滨海高新区、临港工业区、南港工业区、海港物流区、滨海旅游、中新天津生态城、中心商务区九个功能区。

(一)滨海新区政府机构设置

伴随着滨海新区政府的成立,原来的滨海新区工委和管委会撤销。新成立的滨海新区政府对原有的行政机构及其政府职能进行了整合。整合之后,滨海新区政府共设二十六个行政机构:发改委、统计局、经信委、商务委、教育局、科委、公安局、监察局、民政局、司法局、财政局、人社局、规国局、建交局、环容局、农业局、卫生局、审计局、安监局、国资委、文广局、工商局、质

监局、药监局、国税局、地税局。

滨海新区政府下设两类派出机构,一类是城市社区管理机构,在塘沽、汉沽与大港成立管理委员会,具体负责三个区域的社会管理工作,在保留经济管理职能的同时,强化社会保障、文化和卫生等公共服务职能;另一类是功能区管理机构,成立九个功能区管理机构,行使经济发展职能。随着滨海新区开发开放的不断深入,又相继成立了三个功能区,分别为北塘经济区、中心渔港经济区、轻纺经济区。

滨海新区政府成立后,获得了更多的自主发展权、自主改革权和自主创新权。新区需要报送国务院审批事项,不再经天津市有关部门审批。

(二)滨海新区政府运行状况

滨海新区政府在塘沽、汉沽与大港设立派出机构,在事实上承接了三个地区原有的工作机构和工作人员,避免了因改革力度过大,造成的人心不稳和运作混乱问题。但经过一段时间的实际运作,这样的政府体制也暴露出了一系列问题,主要表现在:

第一,政府层级关系不顺。由于塘沽、汉沽、大港三个区域的管理委员会承接于三个区域原有的区级政府,因此在现实工作之中,这三个区域管理机构在事实上仍然扮演着一级政府的角色,在客观上形成了滨海新区政府与街镇政府间的中间层。

第二,派出机构法律地位尚待明确。滨海新区政府成立后,对于两类派出机构并未作出法律上的明确定位,在事实上形成了派出机构管理派出机构局面,如塘汉大管理委员负责管理街道,但两者在法律上尚未就级别与管理权限作出划分,相互权责关系不明。

第三,部门间事权不清,关系不顺。滨海新区政府成立后,共承接了269项市级行政审批事项和职能事权,但滨海新区政府在向下级城区、功能区和街镇下放行政审批事权过程中,仍然存在很多的问题和困难,办事流程不够优化。

第四,滨海新区内部不当竞争仍然存在。滨海新区内部国家级开发区、市级开发区、区级开发区,塘汉大原有开发区共存,滨海新区政府的成立并未能实现各类功能区域利益整合,由于资源有限,各类区域之间竞争与内耗难以避免,一定程度上阻碍了滨海新区的发展。

三、2013—2015 年大部门体制改革

2013 年伴随着国务新一轮大部制改革的完成,滨海新区行政管理体制改革也进入了一个新的阶段。作为国家综合改革配套试验区,如何在职能转变、机构调整等方面承担起先行先试的责任,成为滨海新区行政管理体制改革创新的重点。

2013 年 9 月滨海新一轮行政体制改革启动,滨海新区深化管理体制改革将分步实施,结合新区换届,分两个阶段,重点做好以下七件事。

第一阶段:

(1)撤销塘沽、汉沽、大港工委和管委会。

(2)理顺条块关系。区委、区政府全面领导和统筹新区的整体工作,功能区和街镇党政领导机关履行对各自辖区的管理职责。原塘汉大工委、管委会所属部门和单位撤销后,暂作为新区对应部门的工作机构,在其上级部门的领导下,承担当地相关职能。原塘沽、汉沽、大港群众团体接受上级对应组织指导,撤并事宜按有关法规章程办理。成立区委街镇工作委员会、区政府街镇委员会。

(3)妥善安置相关人员。本着对事业负责、对干部负责的精神,区别不同情况,多渠道、多方式安置好干部,切实做好过细工作,保证干部的切身利益不受影响,确保改革平稳顺利实施。

第二阶段:

(4)深化行政审批制度改革。积极探索行政审批制度改革的新路子,成立滨海新区行政审批局。按照有放有收的原则,梳理规范各类行政审批事项,强化过程服务和事后监管。将与招商引资、项目投资建设、企业生产经营等密切相关的行政审批职能,连同相关编制、人员整体划转到审批局,实行集中审批。将与居民日常生产生活密切相关的社会管理和服务事项,下

放到街镇办理。健全监督机制,保证审批局公开、透明、高效、廉洁运行。进一步理顺新区与市垂直管理部门的职责关系,完善"新区事新区办"机制。

(5)整合提升街镇。坚持从实际出发,本着工作急需、条件成熟、分步实施的原则,合理调整街镇区划,规范设置街镇内设机构,充实街镇力量,扩充街镇职能,推进工作重心下移,提升街镇经济发展和社会管理能力,努力把街镇做大做强。2014年,滨海新区政府确定街镇管理的三类模式:一是委托功能区管理,二是建立功能区与街镇的帮扶关系,三是由滨海新区区委和区政府直接管理。在2015年,将区政府17个职能部门的执法权限部分或全部下放到街镇,街镇拥有了独立的执法主体地位,履行13大类共计300项行政执法权,并承担相应的法律责任,综合执法管理改为以街镇管理为主,区执法局负责指导、协调、监督和考核。

(6)整合优化功能区。在科学确定产业布局和功能定位的基础上,本着区位相邻、功能相近、优势互补、促进发展的原则,对功能区进行合理整合,充实相关职能,扩大发展自主权,拓展功能区发展空间,不断增强功能区核心竞争力。

(7)修订滨海新区条例。做到有法可依,为滨海新区改革开放提供法制保障。

2013年9月,滨海新区撤销了塘沽、汉沽、大港三个工委和管委会,同时启动了街镇和功能区的整合工作,整合工作现已基本完成。滨海新区现有27个街镇整合为19个,现有12个功能区整合为7个。

12个功能区整合为7个,分别为开发区、保税区、高新技术园区、中新生态城、中心商务区、东疆保税港区、临港经济区。

功能区整合后,开发区与北塘街,滨海高新区与新河街、新北街,中新天津生态城与寨上街,中心商务区与塘沽街、大沽街形成融合发展的新机制。滨海新区区委、区政府统领功能区和街道工作。功能区主要负责统筹区域规划、经济发展、城市建设等。街道在发展经济的同时,着力做好国计民生和社会管理等工作。

撤销于家堡街、新港街、新村街,设立塘沽街。具体为将现于家堡街、新港街两街道办事处的行政区域以及现新村街海河以北区域合并,设立塘沽街,辖区总人口 31 万,设 31 个居委会。

四、2016 年法治政府与服务型政府的有机融合

2016 年是滨海新区"十三五"规划开局之年,在行政管理体制改革方面,围绕建设法治政府和服务型政府的目标,着重从以下五个方面进行改革,第一,继续深化行政审批制度改革,第二,完善公共信用服务平台,第三,建立事前、事中与事后的全过程监管体系,第四,探索互联网 + 政务模式,第五,全面推行公务用车制度改革。

五、滨海新区行政管理体制的整合策略

具体而言,滨海新区行政管理系统的整合策略有如下三种:

第一,减少政府层级,探索扁平式政府。2010 年滨海新区行政体制改革完成之后,虽然取消了塘沽区、汉沽区和大港区的行政建制,但在三个区域政府仍然以管理委员会的形式存在并发挥作用,塘汉大三个区域管理委员会与滨海新区各个功能区、各街镇政府存在一定的区划重叠,在管理功能上,虽然滨海新区条例规定原塘、汉、大政府主管社会管理和公共服务,功能区政府主管经济发展。但在实际运行过程中,两类政府并未就两种功能进行严格区分,例如中新生态城管理委员会关注幼儿园入园儿童补助、校车配给等方面的工作。塘沽、汉沽和大港管理委员会也仍然关心本区域经济发展情况。2013 年新一轮行政管理体制改革之后,塘沽、汉沽和大港管理委员会撤销,行政区划重叠,管理职能交叉问题基本解决。改革之后,滨海新区政府直接管理七个功能区和十九个街镇政府,形成了事实上的两级政府设置,七个功能区和十九个街镇政府之间不再存在区划重叠,彼此之间也没有隶属关系。街镇政府的主要工作职责是经济发展和社会管理;功能区政府将会比街镇政府拥有更大的自主权,但应该更多集中于产业结构调整、经济

布局等方面。

第二,以立法形式加强滨海新区人民政府的自主权。2015 年 5 月 21 日,天津市人民代表大会常务委员会第十八次会议通过了新修订的《天津滨海新区条例》,其中对授权滨海新区政府理顺管理体制,赋予滨海新区人民政府统一编制实施区域规划、组织实施改革、组织大型基础设施建设、统筹建设发展专项资金、统一土地和投融资管理的统筹管理权。明确了滨海新区人民政府应当支持开发区、保税区、滨海高新区、东疆保税港区、中新生态城等经济功能区的发展。同时各经济功能区管委会履行法定管理职责,接受滨海新区人民政府领导。这无疑为滨海新区政府进一步理顺行政管理体制,在不同政府部门和不同层级政府之间进行财权和事权分配提供了重要的法制保障。

第三,在具体运作过程中注重多部门的协同联动。例如,在滨海新区公共服务发展过程中,教育服务、环境保护、医疗卫生、保障性住房等领域都曾采用过滨海新区政府领导,多职能部门、功能区政府、管委会政府共同承担,分工合作的工作方式。

第四,实施属地管理,在政府之间进行纵向分工,充分发挥功能区、街道、社区在公共服务创新中的基础性作用,强化对公共服务需求的及时获知与满足,基层政府职责中注重对民众生活息息相关的问题的解决,例如私搭乱建、扬尘污染问题,注重基层公务人员素质提升。

第三节　先行先试:深化行政审批制度改革

一、审批权限下放,理顺与市级垂直管理部门的权责关系

2010 年滨海新区行政管理体制改革的重要内容之一是理顺与天津市相关垂直管理部门的权责关系。为配合滨海新区行政管理体制改革,2011 年 1 月 26 日,天津市政府办公厅发布《关于第一批向滨海新区下放市级行政审

批事项及扩大滨海新区行政审批实施权限的通知》，向滨海新区首批下放市级行政审批事项和扩大滨海新区行政审批实施权限事项共 110 项，其中，直接向滨海新区下放市级行政审批事项 38 项，扩大滨海新区行政审批实施权限的事项 72 项，市行政许可服务中心进驻部门在滨海新区行政服务中心设窗口延伸服务的行政审批事项 18 项。从具体下放的事项来看，在促进高端产业聚集方面，有《外商投资产业指导目录》中总投资（包括增资）3 亿美元以下的鼓励类、允许类项目，除国务院《政府核准的投资项目目录》规定需由国务院有关部门核准（含港口项目）之外，由滨海新区发展改革部门、市开发区、保税区、滨海高新区管委会核准等规定；在科技创新方面，有关"高新技术产业化项目认定"的市级审批权限全部下放滨海新区；在生态文明示范方面，临时排污（水）许可证核发，以及排污（大气、水）许可证核发的市级审批权限全部下放滨海新区等。此外，在争创改革开放先行区和和谐社会首善区方面，此次下放也有体现。

2011 年 12 月，天津市人民政府办公厅发布《关于第二批向滨海新区下放市级行政审批权限事项和职能事权事项的通知》，向滨海新区下放市级行政审批权限事项 32 项，下放职能事权事项 33 项。2013 年 3 月，天津市政府下发《关于减少和调整下放行政审批事项的通知》，从当年 4 月 1 日起，天津市向滨海新区下放第三批共计 43 项市级行政审批事项及权限。2013 年按照《国务院关于取消和下放一批行政审批项目等事项的决定》，天津市政府发布《天津市人民政府关于取消和承接一批行政审批事项进一步向滨海新区下放行政审批事项及权限的通知》，决定继续向滨海新区下放行政审批事项及权限 51 项。至此，天津市政府共向滨海新区下放 269 项审批事项和权限。

二、滨海新区行政审批制度改革起步

首批行政审批事项下放滨海新区之后，同年 9 月，《关于深化滨海新区行政审批制度改革的意见》出台，滨海新区首轮行政审批制度改革启动。改革内容主要包括以下三个方面：

第一，建立与滨海新区加快发展相适应的审批服务运行机制，新区政府各部门的审批处和城区（功能区）审批实施部门的审批科，全部整建制进入同级"中心"。新区所有审批部门实施的审批事项，全部进入同级"中心"实行集中审批服务，做到"大厅之外无审批"。

第二，简化审批流程。统一接件，内部运转，限时办结。进入"中心"的审批事项全面实行"一审一核、现场审批"最简化的审批程序。按照"流程优、环节少、时间短、服务佳"的要求，通过改革创新，在减少审批环节、压缩审批时限、简化审批程序上对原有审批流程进行创新和突破，达到流程再造的目标要求，保证政府投资项目审批提速提效，实现实际办结时间比承诺办结时限提速15%。

第三，实施"保姆式"服务。具体包括全程代办，24小时行政审批开门服务，即工作时间现场审批服务制，非工作时间预约审批服务制。新区和管委会"中心"向社会公布24小时行政审批开门服务热线，并作为审批预约电话，每天的非工作时间和节假日，企业可以通过电话预约办理相关审批手续，实现行政审批全天候服务。

三、组建行政审批局实现"一颗印章管审批"

在审批局组建之前，滨海新区每个委办局都有审批处，每个处在行政审批中心设有窗口，但是这些窗口并不能直接解决问题。在接到审批申请之后，窗口把任务返给审批处，审批处还有很多审批业务分散在不同的专业处室，各个专业处室批准完之后，审批处再过下个流程，最终才回到窗口。

为有效解决这一问题，在天津市深化审批制度改革的大背景下，2014年5月20日，天津市滨海新区行政审批局挂牌成立。行政审批局成立之后，滨海新区发展改革委、经济信息委、商务委、建设交通局、教育局、科委、财政局、民政局、司法局、人力社保局、环保市容局、农业局、卫生局、安全监管局、文化广播电视局、档案局、民族宗教侨务办、编办18个部门的216项审批职责,全部划转到行政审批局,启用审批专用章,实现"一颗印章管审批"。

行政审批局成立之后,滨海新区行政审批制度的创新主要体现在:

第一,改进行政审批流程。打破了按部门设置审批窗口的方式,按企业办理事项,建立了"车间式流水线"审批方式,现场审批率达到100%。对审批工作人员采取"车间式"管理模式,实行定岗定员定责定质和绩效考核。每个审批窗口和后台工位,均安装视频音频监控设备,实行全程监察,有效保证服务质量。科学梳理流程,采取"流水线"作业方式,使关联审批事项紧密衔接,切实提升审批效率和服务水平。

第二,提高审批效率。对简单事项实行立等审批,对联办事项实行一口办理,对关联审批实行一章多效,对网上审批实行一次领证,对踏勘验收实行统一勘验。建立最便捷的审批备案制,申请人"一张申报表、一份承诺书",要件齐全,可在1个工作日完成审批,最快的仅需1个小时。企业投资项目从项目备案或核准到取得开工证,全程办理累计自然时间由140天缩减到70天以内,核准类项目90天以内。政府投资项目从立项到取得开工许可证,累计审批时间为25个工作日,累计自然时间为70天。

第三,提供电子化审批服务。建立了网上办事大厅"直通车"办事渠道。建设专门网站,申请人在互联网上直接登记申报审批事项,审批人员网上审核,批准后通知申请人到行政许可服务中心一次性领取证件,极大地方便了企业和群众办事。目前,此类网上办理事项达200项。

第四,进一步精简行政审批事项,2014年底,行政审批局将初定的216项审批事项以取消、压减和暂不列入等方式减少到了173项。

第五,编制规范化操作规程(Standard Operation Procedure,SOP),对审批流程进行标准化管理,工作人员必须按照SOP的操作要点,一步步严格操作。窗口受理完后交给专业的审核部门,然后再由审批部门批复。每一步都有严格的审批时间控制,一旦时间只剩1/3,系统就会亮起黄灯,而红灯就代表着超时,随之而来的就是绩效考核系统的扣分处罚。2016年滨海新区行政审批标准进一步完善,采取"一事项一标准"的办法,详细制定了每个审批事项的审查和审批标准,要求审批人员依法审批,为申请人提供了事前的基本判断标准。

第六,受理、审查和批准相分离机制。这个机制在申请人与审查、批准人员之间树立一道防火墙,形成"双盲",审查、批准人员接触不到申请人,申请人也接触不到他们,从而杜绝权力寻租现象。

四、不断推动行政审批便利化

2016年滨海新区进一步推进行政审批制度改革,其中三项都将极大提升行政审批效率和行政审批的便民性。第一,与企业合作建立联合审批流程,将社会保险登记纳入"一照一码一章一票"的企业设立联合审批流程,在部分已经落实的企业审批效率提高到一天办结。第二,合并审批事项,探索多项合一的行政审批办法,例如在2016年已经将"取水许可、变更、延展"和"建设项目水资源论证报告书审批"两个事项合并成"取水许可审批"事项。第三,推动行政审批申请的便利性,一方面推行行政审批的互联网+改革,探索行政审批网络办理途径,另一方面建立街道行政服务中心,负责行政审批申请的受理,未来所有行政审批事项都将能够在街道行政服务中心受理。

第四节　灵活高效:以"领导小组"实现政府间整合

公共服务供给的复杂性决定了公共服务创新不是某一个部门能够独立完成的工作,需要多部门合作,形成公共服务供给的合作系统。在滨海新区公共服务机制体制创新过程中,"领导小组"(或称指挥部)形式被广泛采用(如表3-1所示)。本节内容将从"领导小组"的生成机理、领导小组的组织架构、领导小组内的成员间关系,分析滨海新区公共服务创新过程中的"领导小组"工作机制。

表3-1 滨海新区公共服务创新中的典型"领导小组"

领导小组名称	主要构成情况
滨海新区外环高速工程建设领导小组	成立滨海新区外环高速工程建设领导小组,以加快推动外环高速工程建设,加强工程组织领导,确保工程质量和进度,推动工程顺利实施。 组长为滨海新区常务副区长 副组长为滨海新区副区长
滨海新区西外环高速工程建设指挥部	成立滨海新区外环高速工程建设领导小组,以加快推动外环高速工程建设,加强工程组织领导,确保工程质量和进度,推动工程顺利实施。 组长为滨海新区常务副区长 副组长为滨海新区副区长
滨海新区房地产项目开发监管自查工作领导小组	组长为滨海新区区长 副组长为滨海新区副区长 成员有滨海新区各职能局局长及各管委会主任
滨海新区建设和交通局建筑节能工作领导小组	组长为滨海新区建设和交通局局长 副组长为两位建交局副局长
滨海新区卫生局纠风工作领导小组	组长为滨海新区卫生局局长 常务副组长为两位卫生局副局长 成员有滨海新区卫生局相关处室第一负责人、办公室设在党群处
滨海新区卫生系统政务公开领导小组	组长为滨海新区卫生局局长 副组长为滨海新区卫生局两位副局长 成员有滨海新区卫生局相关处室第一负责人以及塘汉大、开发区、保税区卫生局第一负责人
滨海新区卫生局手足口病防治工作领导小组	组长为滨海新区卫生局局长 副组长为两位滨海新区卫生局副局长、塘汉大卫生局局长、开发区文化教育卫生局副局长 成员包括滨海新区卫生局、塘汉大、开发区内设相关处室第一负责人
滨海新区创建三级甲等医院工作领导小组	成立滨海新区创建三级甲等医院工作领导小组。 组长为滨海新区副区长,副组长包括各功能区副主任,卫生局、财政局、人力资源和社会保障局、规划和国土资源局局长,中国海洋石油渤海公司副总经理,天津港集团有限公司副总经理 成员包括各功能区卫生局局长,各相关医院院长

续表

领导小组名称	主要构成情况
滨海新区 2011 年重点人群麻疹疫苗接种工作领导小组	全区生产企业中外来从业人员凡无麻疹疫苗接种禁忌的均接种 1 剂次麻疹疫苗。成立重点人群麻疹疫苗接种工作领导小组。 　　组长为滨海新区副区长 　　成员有区卫生局局长和副局长,区财政局、文广电局局长
滨海新区流动人口计划生育基本公共服务均等化领导小组	指导思想、基本原则、主要措施等内容,成立滨海新区流动人口计划生育基本公共服务。成立均等化试点工作领导小组。 　　副组长为卫生局局长 　　成员有滨海新区各相关局局长
天津市卫生局全球基金项目整改领导小组	成立"滨海新区卫生局全球基金项目整改领导小组"。 　　组长为滨海新区卫生局副局长 　　组成人员有滨海新区卫生局相关处室副处长
滨海新区实施妇女儿童健康行动计划领导小组	决定成立滨海新区实施妇女儿童健康行动计划领导小组。 　　组长为滨海新区区长 　　副组长为滨海新区卫生局局长和滨海新区各区域管委会主任
滨海新区重点疾病预防控制和免疫规划工作领导小组	成立滨海新区重点疾病预防控制和免疫规划工作领导小组。 　　组长为滨海新区区长 　　副组长为滨海新区卫生局局长和滨海新区各区域管委会主任
滨海新区医疗卫生系统履行烟草控制框架公约领导小组	成立滨海新区医疗卫生系统履行烟草控制框架公约领导小组。 　　组长为卫生局局长
滨海新区卫生信息化工作领导小组	加快我区卫生信息化建设步伐,促进区域卫生信息资源共享,提升卫生信息化水平,成立滨海新区卫生信息化工作领导小组。 　　组长为区政府副区长 　　成员有滨海新区各功能区管委会副主任,滨海新区各职能局局长 　　资金预算为 2.9 亿元,其中区财政解决 2.08 亿,功能区解决 0.82 亿。

领导小组名称	主要构成情况
滨海新区适龄儿童窝沟封闭预防龋齿项目领导小组	成立滨海新区适龄儿童窝沟封闭预防龋齿项目领导小组。 组长为滨海新区卫生局局长 副组长为财政局、教育局和卫生局副局长各一位
滨海新区重大活动医疗保障领导小组	成立重大活动医疗保障领导小组,由滨海新区卫生局一位副局长任组长。
滨海新区科技教育领导小组	成立滨海新区科技教育领导小组。 组长为滨海新区区长 副组长为滨海新区三位副区长 成员有滨海新区各相关局局长
滨海新区义务教育均衡发展工作领导小组	为推动新区义务教育实现较高水平均衡发展,促进教育公平,提升全区义务教育整体办学实力,经区人民政府研究同意,决定成立推动滨海新区义务教育均衡发展工作领导小组。 组长为滨海新区副区长 成员有八名滨海新区相关职能局局长,四名功能区管委会副主任,一名公安局副局长,一名区残联理事长
滨海新区教育局法制滨海建设领导小组	主要工作依法执政、依法行政、加强和创新教育系统管理、法制宣传教育。 组长为滨海新区教育局党组书记、局长
滨海新区校园排球联盟	"联盟"由"总联盟—分联盟—联盟单位"组成,总联盟设在区教育局,负责"联盟"的统筹管理;分联盟设在各管委会教育局,负责本区域联盟单位的具体活动安排与日常管理;联盟单位由分联盟推荐经总联盟审核产生,负责组织实施"联盟"布置的各项校园排球活动和安排。"联盟"成立领导小组,领导小组由区教育局领导、各管委会教育局领导组成,主要负责"联盟"的组织、领导、协调、规划,"联盟"设办公室,办公室设在区教育局学校体卫处,办公室主任由学校体卫处处长兼任,负责"联盟"工作的组织实施。
滨海新区社会保障性住房建设领导小组	成立滨海新区保障性住房建设领导小组。 组长为滨海新区区长
独流减河绿化工程指挥部	指挥部总指挥为两名副区长,下设规划组、实施组和保障组。

领导小组名称	主要构成情况
滨海新区中部新城起步区开发建设指挥部	总指挥为常务副区长,副总指挥为副区长、天津港(集团)公司总裁、交通局局长
"美丽滨海·一号工程"指挥部	指挥部总指挥为滨海新区区长,常务副总指挥为常务副区长,副总指挥有四位,分别是滨海新区公安局局长及三位副区长。成员为滨海新区各职能局局长。指挥部下设五个分指挥部,分别是清新空气行动分指挥部、清水河道行动分指挥部、清洁村庄行动分指挥部、清洁社区行动分指挥部和绿化美化行动分指挥部。

一、滨海新区公共服务创新"领导小组"的生成机理

"领导小组"工作机制的建立一方面是因为滨海新区原有行政管理体制存在区划交叉、部门重叠、分工未明确等问题;另一方面"领导小组"工作机制的有效性也在很大程度上促使滨海新区政府在政策执行过程中采用这种功能整合方式。具体而言,滨海新区政府在以下五种情况下会倾向于建立"领导小组":

第一,关系滨海新区整体发展的重大规划落实、重大工程建设项目推进等工作,通常会成立由包含滨海新区各级政府、各功能部门的领导小组,领导小组的小组长根据工作的重要性有三类设置:一是由滨海新区区长任小组长,二是由滨海新区常务副区长任小组长,三是由主管该项工作的滨海新区副区长任小组长。

第二,重大安全隐患排查,例如重大传染疾病防控、商品房建筑质量监控等事项,一般会成立由滨海新区人民政府、各功能区政府和各功能部门共同组成的领导小组或指挥部。根据事项的重要程度同样有三种领导方式:一是由滨海新区区长任小组长,二是由滨海新区常务副区长任小组长,三是由主管该项工作的滨海新区副区长任小组长。

第三,某功能局内部的某项重要工作,需要全局参与或需统筹全局力量才能完成的工作,通常会设立由功能局局长任小组长的领导小组,领导小组成员一般为功能局下设的各处室第一负责人,例如重大活动医疗保障工作、纠风工作、政务信息公开、手足口病防治等。

第四,政策试点或某项新的政策实施初级阶段一般会成立由滨海新区各级政府、各功能部门共同构成的领导小组,例如流动人口计划生育服务的均等化工作就成立了由滨海新区一位主管副区长任小组长的领导小组。

第五,关系滨海新区整体区域可持续发展的重要事项,如滨海新区实施妇女、儿童健康行动计划领导小组,领导小组小组长为滨海新区主管教育医疗的副区长,副组长为滨海新区卫生局局长,各功能区管委会副主任、成员包括部分功能局副局长。

二、领导小组的成员选择与沟通方式

滨海新区综合配套改革过程中,领导小组成员的选择标准有三个:一是工作任务的重要程度,二是工作内容,三是地域范围。根据工作任务的重要程度,领导小组组长分别为滨海新区区长、滨海新区常务副区长,滨海新区主管此项业务的副区长,在区长或者常务副区长担任领导小组组长的情况下,一般会在选择一位业务主管副区长担任领导小组副组长。根据领导小组的工作内容,相关职能部门会被招募到领导小组之中,但因职能与领导小组工作内容的相关程度不一,职能关系最为紧密的职能部门将负责办公室的相关工作。滨海新区虽然在综合配套改革之前已经在行政区划上实现了统一,但原有的行政机构仍然存在了一段时间,因此领导小组一般也会将原有行政区的管委会副主任招募进来,以便更好地实现滨海新区内部的区域间协调。

"领导小组"工作机制主要有三种:一是例会制度,由领导小组组长定期召集领导小组成员召开会议,汇报工作实施进展情况,探讨工作过程中遇到的问题和解决措施,通报研究工作的进一步发展方向等。二是信息报送制度,领导小组成员单位定期汇报工作进展情况,由领导小组办公室汇总信息,并根据需要进一步报送有关部门和领导。三是督察制度,定期对领导小组成员单位进行工作落实情况检查。

三、滨海新区公共服务创新"领导小组"组织架构

　　领导小组的架构一般包含三个层级：第一层级为领导小组组长，组长一般设置一名，偶有设置两名的情况，第二层级为领导小组副组长，副组长最少为一名，最多可达六名，第三层级为小组成员。领导小组通常设有办公室，办公室一般设在与领导小组主管事项最为接近的功能局或处室，办公室主任一般由主管功能局局长或处室主任担任。有时，领导小组还会设置一位常务副组长，在常务副组长下再设置若干位副组长，且在涉及较多区域、较长时间的工作事项上，部分领导小组内还会设置若干分领导小组。

　　根据领导小组主管事项的性质和重要程度，领导小组的组织架构形式有以下三类：

　　第一，由滨海新区区长任领导小组组长，常务副区长、主管副区长任领导小组副组长，成员为滨海新区人民政府内设的相关职能部门第一负责人。

　　第二，由滨海新区常务副区长或一位主管副区长任领导小组组长，副组长通常为主管功能局或处室主管该项工作的副局长（副主任），偶见由另一位副区长任领导小组副组长的情况。

　　第三，由主管功能局局长（主任）任小组组长，由主管副局长任小组副组长，相关处室主任作为领导小组成员参与工作。

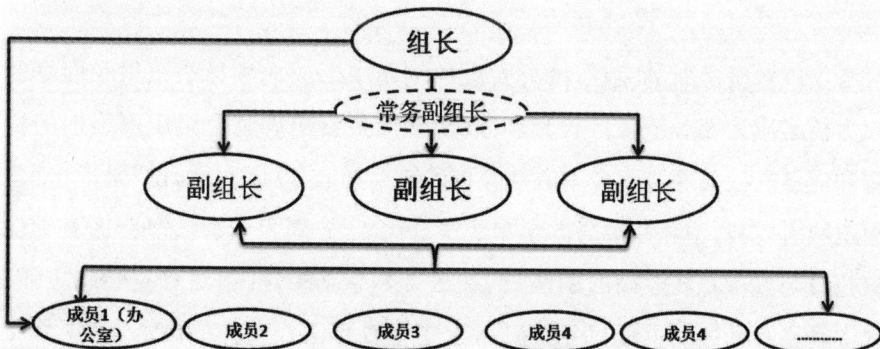

图 3-1　滨海新区领导小组的组织架构

四、滨海新区公共服务创新中"领导小组"的合作水平

在公共服务创新过程中,滨海新区各领导小组成员间形成了一个彼此相连的组织网络,网络中没有孤立组织存在,网络内的交往密度达到了 0.42,由此可见"领导小组"各成员间资源共享与合作程度应该比较高。但由图3-2 明显可见,滨海新区在教育和医疗领域的"领导小组"交往密度要高于其他公共服务领域的"领导小组"。

以 k 值为十五对领导小组组织网络进行小群体分析,共得出十个小群体,其中三个以副区长(蔡云鹏)为核心,三个以塘沽管委会副主任为核心,两个以规划和国土资源局局长为核心,一个以副区长为核心,一个以大港管委会主任助理为核心。

E-I 指数检验结果为 0.22,这一结果显示,在领导小组组织网络中小群体数量虽然较多,各个小群体之间存在彼此联结的桥梁,且桥梁组织不仅仅只有一个,组织网络内部资源共享和信息共享,协作与沟通不仅发生在小群体内部,且各个小群体之间的交往合作程度也较高。

综上,滨海新区公共服务创新过程中形成的领导小组组织网络是一个合作水平较高的组织网络,网络内部成员之间协作水平较高,工作成效较为显著。

五、"领导小组"组织网络中的权力关系

仅以经验推断,滨海新区公共服务创新中形成的领导小组组织网络的权力核心应为滨海新区区长和副区长,他们负责协调整个组织网络内的资源和信息。社会网络中介中心性分析的结果如表3-2 所示,在"领导小组"组织网络内部,中介性最高的十个组织(个人)分别为主管滨海新区基础设施建设与城市发展建设的副区长、汉沽管委会副主任、塘沽管委会副主任、大港管委会常务副主任、卫生局局长、主管教育医疗工作的副区长、规划和国土资源局局长、建设和交通局局长、财政局副局长和常务副区长。

　　而三个功能区管委会副主任也拥有较高的中介性,作为牵头机构它们对相关机构没有指挥命令权,平等协商与共识决策依然是协同的主要特征。

　　其结果并不能断定三个功能区管委会副主任具有控制组织网络内成员间交往的能力,而是滨海新区人民政府的行政体系设置之初,三个功能区作为区政府的派出机构而存在,因此在功能区内并未对公共服务具体再分类管理,而是统一交由主管公共服务的一位管委会副主任进行对外协作与对内执行。由于管委会副主任同时需兼顾多领域的公共服务创新,因此统计结果中三个功能区管委会副主任具有了较高的中介性。

　　卫生局局长具备较高中介性的重要原因是医疗卫生公共服务创新面临的任务较多,情况较为复杂,需协作组织数量较多,滨海新区各项公共服务创新“领导小组”中医疗卫生领域的“领导小组”规模也相对较大。

　　最后,整个组织网络的群体中介性为12.95%,总体而言群体中介性并不高,这也意味着,虽然滨海新区人民政府主管公共服务的两位副区长在网络中的主要作用是居中统筹与协调,但网络内部同时存在着组织间的多种沟通管道,组织间联系并不完全依赖于滨海新区人民政府的居中协调。由于任务的非紧迫性与公共服务供给的复杂性,多渠道联结在事实上有可能会激发出更多的创新性成果,虽然不一定能够提高协作的效率,但为公共服务创新提供了容纳更多资源与信息的空间。

表3-2　滨海新区“领导小组”组织网络中介性分析结果

机构名称	中介关系数	标准化中介性
副区长(主管滨海新区基础设施建设,城市发展建设)	1081.481	14.126
汉沽管委会副主任	777.165	10.151
塘沽管委会副主任	777.165	10.151
大港管委会常务副主任	777.165	10.151
卫生局局长	702.370	9.174
副区长(主管教育与医疗)	702.370	9.174
规划和国土资源管理局局长	577.335	7.541

续表

机构名称	中介关系数	标准化中介性
建设和交通局局长	415.796	5.431
财政局副局长	405.887	5.302
常务副区长	344.042	4.494
组织网络整体中介性	0.1295	

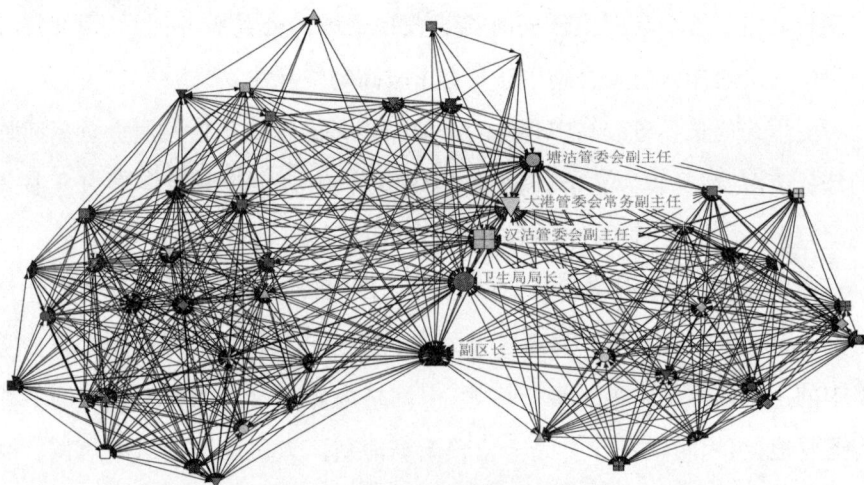

图3-2 滨海新区医疗卫生领域领导小组的结构内聚图

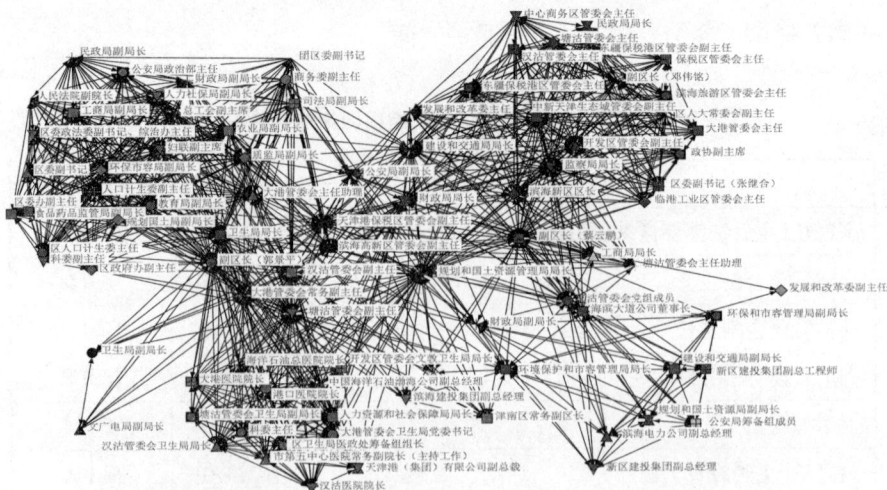

图3-3 滨海新区公共服务创新"领导小组"权力关系网络

六、滨海新区公共服务创新中"领导小组"的关系结构分析

结构角色理论认为,如果组织网络内的上下级组织之间能够形成结构内聚,则上级行动者的影响力可以直接传递到下级行动者身上,若两级行动者之间同时形成了结构对等关系,则上级行动者无须进行额外的施压与劝导,下级行动者无论其本身的认知如何,都会由于受到其他共同行动者的压力而作出与上级行动者类似的决策与行为。无疑,结构内聚与结构对等对于整个网络内的行动一致性与高效性具有重要意义。以滨海新区医疗卫生领域的领导小组组织形式为例,领导小组内形成多层次的结构对等与结构内聚。首先,滨海新区主管教育医疗的副区长与滨海新区卫生局局长、塘沽、大港汉沽管委会主管公共服务的副主任形成了第一层次的结构内聚,这意味着滨海新区人民政府在医疗卫生与教育领域的公共服务创新举措能够得到职能局和功能区的支持与认同。其次,由图3-3可知,参与领导小组的其他部门也形成了结构对等与结构内聚关系,彼此之间应该较容易达成一致意见,有利于公共服务创新性政策的有效执行。

另一方面,滨海新区主管工作的副区长、卫生局局长、塘汉大管委会主管公共服务的副主任虽然具有居中协调与统筹的角色,但组织网络内的多重内聚性与对等性也反过来影响着这一核心决策层的政策选择。例如,滨海新区在公共服务政策执行过程中的一个重要特点是将政策目标指标化,然后通过指标的层层分解与分配实现政策目标。多层次的结构内聚与结构对等关系给予公共服务创新的具体执行部门在政策指标上更大的讨价还价能力。

七、滨海新区公共服务创新中"领导小组"的执行力评价与改进建议

(一)滨海新区公共服务创新中"领导小组"的执行力评价

在滨海新区行政体制转轨期,行政隶属关系尚未理顺,部门分工与职责

划分还在实践探索,领导小组工作机制能够较为高效地协调公共服务资源,提升公共服务的质量和数量。

第一,滨海新区领导小组工作机制有效承接了原塘沽、汉沽和大港三个功能区政府的权威。塘沽、汉沽和大港三个功能区虽然在行政区划上已经取消,但 2013 年 9 月之前三个区的整套政府班底仍未撤销,并在事实上发挥着一级政府的作用。且由于塘沽、汉沽和大港三个区域悠久的历史,民众对三个区域的情感接受度要明显高于新成立的滨海新区人民政府。通过前述分析已知,塘沽、汉沽和大港三个区域管委会在领导小组组织网络中占据了网络内的中心位置,具有仅次于副区长的中介性指数,发挥着联系滨海新区人民政府相关部门和本区域内相关职能部门的重要作用。因此,以领导小组工作方式,通过三个功能区原有政府班底推动三个区域内的公共服务创新具有现实性和可行性。

第二,滨海新区领导小组工作组织网络内存在较为稳定和合理的权力关系。如前分析,滨海新区领导小组组织网络为全联结网络,网络内部不存在孤立组织,整个组织网络内部各个行动者之间的交往密度较高。且借由结构内聚,滨海新区人民政府将权威有效转移给了滨海新区卫生局、塘沽、汉沽和大港管理委员会,结构内聚的形成增加了组织网络的稳定性,提高了领导小组工作的有效性,尤其是在医疗卫生领域,滨海新区卫生局借助副区长的权威影响,能够有效联结其他相关职能部门,有效推动医疗卫生领域的公共服务创新。

第三,滨海新区领导小组组织网络具有较好的适应性。滨海新区行政管理体制虽然已经逐步理顺,塘沽、汉沽和大港的政府建制已经取消,但滨海新区的综合配套改革过程总是伴随着各种政策创新,对于没有先前经验可借鉴,并且未完全厘清及规划机构功能之前,领导小组工作机制以其灵活和适应能力,能够满足民众多元的公共服务需求和适应进一步的行政体制与区划调整。

(二)滨海新区公共服务创新中"领导小组"的改进建议

滨海新区公共服务创新中的"领导小组"工作机制,在滨海新区行政体制转轨过程中,层级发挥了重要作用,伴随着滨海新区新一轮行政体制改革的进展,"领导小组"工作机制至少应该在关系结构调整、内部文化整合和成员挑选等方面进行适应性发展。

第一,在关系结构方面,适当加强领导小组组织网络内的集权程度。滨海新区公共服务创新中形成的领导小组组织网络以其多重结构内聚与结构对等、较高的交往密度,在既往的政策执行过程中较为高效地完成了政策目标。滨海新区新一轮行政管理体制改革之后,滨海新区人民政府向街镇政府下放了更多的权力和事项,七个功能区与十九个街镇同属于滨海新区人民政府管辖,未来领导小组建制过程中,建议形成以滨海新区主管副区长和主管功能区为核心的多中心组织网络,而适当在组织网络中降低功能区域政府与街镇政府的权力等级,如此设计的逻辑是为实现公共服务创新政策的高效贯彻实施。此种领导小组组织网络适用于重大规划调整、公共服务在滨海新区整个区域内的均等化,以及其他重要的公共服务改革事项。具体结构设置可考虑由滨海新区主管副区长任领导小组组长,职能局主管局长或副局长任副组长,街镇政府主管领导与功能区主管领导不再担任领导小组副组长,而是与其他相关职能局一起作为领导小组成员参与领导小组工作。

第二,在文化整合方面,发挥"目标引导"效用,培育滨海新区政策执行系统内部的共同价值观,在利益整合之外,形成各个行政分支对政策执行目标的一致认知。滨海新区由原有利益独立的若干行政区域组合而成,且滨海新区内部设有若干行政级别不一的开发区,各个区域公共服务供给水平存在较大差距,且在发展重点上各有侧重,统一各个分立区域对发展公共服务的统一性认知对于领导小组作用的进一步发展具有关键性作用。

第三,在成员挑选方面,进行成员精炼与分层。成员精炼与分层的意义在于减少领导小组组织网络内的冗余联结,提高核心成员之间的凝聚力和执行力,尤其是在医疗卫生领域与教育领域,两个公共服务领域涉及人群复杂,创新性政策牵扯部门过多,往往形成领导小组内有多位副组长,总成员数目多达三十个大型领导小组。领导小组规模的扩大在吸纳更多公共政策执行资源的同时,也会造成协同行动的困难。建议未来领导小组设置过程中,将大型领导小组进行分层设置,基本配置可考虑由滨海新区人民政府主管副区长任组长,主管职能局局长或副局长任副组长,相关职能局与功能区街镇主管领导共同组成领导小组成员;其他社会团体、企业成员则由其主管职能局或功能区相关部门负责联络,即除核心职能部门和功能区、街镇政府外,其他各类机构不再构成领导小组核心成员,而改由某一专门部门与其建立单独联结关系,形成事实上四级领导小组结构。

第五节　跨域合作:以政府购买公共服务的方式实现跨域合作

公共管理事项日益复杂化,使得政府不得不应对来自更多方面的挑战,在公共事务的处理过程中引入各类非政府组织已成必然。同时,民间组织与市场经济组织的迅速发展,使得这种必然成为可能,公共服务的多元供给方式将在供给效率和服务品质方面更具优势。在此背景下,滨海新区政府也通过政府向社会组织购买公共服务的方式,吸纳社会组织进行公共服务提供,在一定程度上满足了公众对公共服务的多元异质需求。

一、政府购买公共服务的运行机制

政府购买服务作为一种新型公共服务供给方式,其运行机制可以概括为政府出资、定向购买、契约管理、评估兑现。[①] 而这种新型的购买模式主要会涉及三方主体的利益,即政府、社会组织以及社会公众。[②] 因此,分析滨海新区政府购买服务的运行机制需要从服务的购买主体、承接主体、购买内容、购买方式和绩效评估等方面进行着手。

---

① 魏中龙、巩丽伟、王小艺:《政府购买服务运行机制研究》,《北京工商大学学报》(社会科学版),2011 年第 3 期。

② 王浦劬、[美]莱斯特·M.萨拉蒙:《以特殊税收规定与消费券方式购买服务》,《中国社会组织》,2013 年第 10 期。

1. 购买主体

购买主体是政府购买服务行为的动作"施行方"。根据2014年2月天津市政府颁布的《关于政府向社会力量购买服务管理办法》的有关规定,政府购买服务的购买主体被界定为三大类,即天津市各级行政机关和参照公务员法管理、具有行政管理职能的事业单位,以及纳入行政编制管理且经费由财政负担的群团组织。

2. 承接主体

承接主体是政府购买服务行为的动作"承接方",根据《关于政府向社会力量购买服务管理办法》的规定,承接政府购买服务的主体包括依法在民政部门登记成立或经国务院批准免予登记的社会组织,以及依法在工商行政管理部门登记注册的企业或在其他行业主管部门登记成立的机构等社会力量。在天津市所颁布的有关政府采购服务类项目或者政府购买公共服务的相关文件中,除了2014年制定的《关于政府向社会力量购买服务管理办法》外,其他文件几乎未对政府购买服务的承接主体进行规定,即便有所涉及也较为模糊。例如,2013年颁布的《天津市财政局关于推进天津市服务类政府采购改革与发展的指导意见》、2014年出台的《天津市财政局关于推进和完善服务项目政府采购有关问题的通知》中,都只是将承接服务的对象表述为"供应商",而未对其进行详细的界定。

3. 购买内容

2013年11月,天津市政府出台了《天津市财政局关于推进天津市服务类政府采购改革与发展的指导意见》,对政府采购服务类项目的基本范围进行了划分,并规定:"政府采购服务类项目是指除货物和工程以外的其他政府采购对象。从性质上看,政府采购服务类项目包括政府消费类服务和政府提供类服务两类。政府消费类服务是政府部门为维持自身正常运转和履行职能所需的各种通用服务项目和专业服务项目。政府提供类服务是政府部门向社会提供的其职责范围内的用于满足社会公共需要的社会公共服务。"另外,该意见还指出,随着政府职能的转变和市场主体的培育与发展,政府提供类服务应逐渐转交专业化的社会组织和企业提供。

2014年3月,天津市政府制定了《关于政府向社会力量购买服务管理办法》,将政府购买服务内容划分为七个部分,包括:①基本公共教育、公共就业服务、社会救助、社会福利、基本养老服务、优抚安置服务、基本医疗卫生等基本公共服务事项;②社会组织管理、社区事务、社工服务、法律援助、慈善救济等社会管理服务事项;③行业职业资格认定、处理行业投诉等行业管理与协调事项;④科研、行业规划、行业规范、行业调查、行业统计分析等技术服务事项;⑤公车租赁服务、机关物业管理服务、会议服务等机关后勤服务事项;⑥法律服务、课题研究、政策(立法)调研草拟论证、监督、评估等政府履职所需辅助性事项。另外,还对政府购买服务的"禁区"进行了规定,应当由政府直接提供、不适合社会力量承担的公共服务,以及不属于政府职责范围的服务项目,不得向社会力量购买。

2014年3月17日,天津市政府根据《天津市关于政府向社会力量购买服务管理办法》公布了《2014年天津市政府向社会力量购买服务指导性目录》,将政府可以向社会购买的服务划分成7大类56小类286项。同年7月,天津市政府又出台了《2015年天津市政府向社会力量购买服务指导性目录》,在2014版的基础之上,继续扩大了政府购买服务的范围,将其扩展到了7大类58小类320项,增加了两个小类项目,分别是服务"三农"和城市维护与公共设施管理服务。

4.购买方式

政府购买公共服务的方式是多种多样的,包括采购、租赁、委托、承包、特许经营、战略合作、公共私营合作制等。自2013年以来,天津市政府颁布了多项政策文件,对政府购买服务的方式予以了规定。2013年11月19日,天津市财政局出台的《关于推进天津市服务类政府采购改革与发展的指导意见》规定:"采购人应按照竞争择优的原则,依法选择公开招标、邀请招标、竞争性谈判、单一来源、询价等采购方式,委托采购代理机构组织服务类项目采购活动。采购代理机构应严格按照政府采购法定程序实施采购,并根据服务类项目特点,制定科学合理的评标方法和评审标准,提高服务类项目操作执行水平。"

2014年3月13日,天津市政府颁布的《天津市关于政府向社会力量购买服务管理办法》规定:"购买主体根据部门预算确定的采购项目,原则上应当编制政府采购预算和计划,通过公开招标、邀请招标、竞争性谈判、单一来源、询价等方式确定承接主体,严禁转包行为。对具有特殊性、不符合竞争性条件的,经政府采购管理部门审批,可以采取委托、特许经营、战略合作等方式进行购买。"

2014年7月31日,天津市财政局发布了《关于推进和完善服务项目政府采购有关问题的通知》,提出要进一步创新服务项目政府采购管理模式,并规定:"采购人应当按照政府采购法律制度规定和本通知要求,根据服务项目的采购需求特点,选择适用采购方式。对于采购需求处于探索阶段或不具备竞争条件的第三类服务项目,符合《政府采购法》第二十七条规定申请适用公开招标以外采购方式的,财政部门要简化申请材料要求,也可以改变现行一事一批的管理模式,实行一揽子批复。"同时,还规定:"对于采用竞争性谈判方式实施的服务项目,采购人除可以采取发布信息公告方式征集供应商外,还可以采取由采购人和评审专家分别书面推荐等方式确定参与谈判的供应商。"

5. 绩效评估

政府购买公共服务过程离不开监督,监督管理是政府购买公共服务的制度性保障,其涉及制度监管、过程监管、审计监管和评估监管以及社会组织的自律等方面。① 事实上,政府购买公共服务质量的高低,可以从服务结果的绩效评估中予以反映。一般而言,政府购买公共服务的绩效评价应当按照"过程评价与结果评价、短期结果评价与长远结果评价、社会效益评价与经济效益评价相结合"的原则进行,而评估的方式应当以采用内外部评估机制相结合的方式,即内部评估为政府购买服务项目的绩效自评价,而外部评估为引入中介机构对购买服务事项实施情况进行的绩效评价。为了推动

① 参见邵鹏峰:《政府购买公共服务的评估困境破解——基于内地评估实践的研究》,《学习与实践》,2013年第8期。

公共服务体系建设,天津市政府对政府购买公共服务的绩效评估在政策上都作出了一些规定(见表3-3)。

表3-3 天津市政府购买公共服务绩效评价的制度设计变迁

时间	市/县	名称	绩效评估方式
2013年11月19日	天津市	《天津市财政局关于推进天津市服务类政府采购改革与发展的指导意见》	采购人进行绩效评价
2014年3月13日	天津市	《天津市关于政府向社会力量购买服务管理办法》	由购买主体、服务对象及第三方组成的综合性评估方式
2014年7月31日	天津市	《天津市财政局关于推进和完善服务项目政府采购有关问题的通知》	采购人进行绩效评价及第三方评价

2013年11月19日,天津市财政局出台的《关于推进天津市服务类政府采购改革与发展的指导意见》规定:"竞争择优、注重绩效。按照公开、公正、公平原则,严格采购程序,保证公平竞争,择优选择服务类项目的承担主体。同时,建立服务类政府采购绩效评价体系,研究细化评价标准和方法,确保采购项目的质量和效率,逐步建立多方参与的监督管理长效机制。"

2014年3月13日,天津市政府颁布的《天津市关于政府向社会力量购买服务管理办法》规定:"购买主体应健全绩效评价指标体系,将服务对象满意度作为一项重要评价指标,对购买服务项目数量、质量和资金使用绩效等进行考核评价。财政部门应加强对绩效评价工作的组织指导,根据需要选择部分项目开展重点评价和再评价。逐步引入第三方评审机构进行综合绩效考评,形成由购买主体、服务对象及第三方组成的综合性评审机制。"同时还规定:"政府要建立政府购买服务退出机制,绩效评价结果较差的承接主体不得参加下一年度政府购买服务项目竞标,弄虚作假、冒领财政资金的承接主体在3年内不得参与政府购买服务。"明确"六类公共服务"可以由政府向社会力量购买,包括基本公共教育、公共就业服务、社会救助、社会福利、基本养老服务、优抚安置服务、基本医疗卫生等基本公共服务事项;社会组织管理、社区事务、社工服务、法律援助、慈善救济等社会管理服务事项;行业职业资格认定、处理行业投诉等行业管理与协调事项;科研、行业规划、行业规范、行业调查、行业统计分析等技术服务事项;公车租赁服务、机关物业管理服务、会议服务等机关后勤服务事项;法律服务、课题研究、政策(立法)调研草拟论证、监督、评估等政府履职所需辅助性事项。

2014 年 7 月 31 日,天津市财政局发布了《关于推进和完善服务项目政府采购有关问题的通知》,提出天津市政府要积极推进政府采购服务项目绩效评价,并规定:"采购人、采购代理机构和财政部门要提高责任意识,按照全过程预算绩效管理制度要求,做好服务项目绩效评价工作。财政部门要建立服务项目绩效评价体系和标准,对重点试点项目的资金节约、政策效能、透明程度以及专业化水平进行综合、客观评价,并将评价结果作为下年度安排和继续实施购买服务工作的重要参考。同时,建立服务项目供应商优胜劣汰机制,对于服务项目验收或者绩效评价结果优秀的供应商,在同类项目的采购中同等条件下可以优先考虑;对于绩效评价结果为不合格的供应商,禁止其参加下一年度同类服务项目的政府采购活动。"

二、滨海新区政府购买服务的探索实践

相对而言,截至 2016 年底,滨海新区政府购买公共服务领域尚处在一事一议阶段,没有滨海新区整体性的政府购买公共服务办法出台。

2010 年,滨海新区政府开始尝试以"政府购买服务"的方式提供社区服务。2010 年 8 月,天津市滨海新区新港街道为了引导社区内 94 家社会组织参与社会管理和公共服务,成立了新港街道社会组织联合会,并设立了建立了 20 万元的专项资金,拟通过政府购买服务、开展社会资助、项目委托、项目奖励等多种形式扶持社会组织发展。

2011 年滨海新区政府转发了《2011 年天津市民政工作要点》,明确提出要加大政府购买公共服务的力度。2011 年 6 月,新港街道以"政府购买服务"的方式向社会组织购买了 9 个社会工作服务项目,率先尝试"政府购买

服务、社会组织参与、居民群众受益"的社区管理和服务模式。① 随着滨海新区管理体制改革的深入,由政府承担的部分社会职责将逐步向社会转移,部分管理权限将下放到社区,社区社会组织将成为服务居民的重要力量,在发挥社会组织作用,创新社会管理模式的过程中,政府向社会组织购买公共服务渐成趋势。

2012 年 11 月,天津市政府成立了滨海新区社会组织管理服务中心,并将新区范围内所有政府购买的公益服务项目交由该服务中心处理,以促使民间社会组织向专业化、高效率、全覆盖方面发展,让新区公益类民生项目更加透明,方便政府和市民进行监督。该中心成立以来,已经承担了培育孵化社会团体、发布政府购买服务信息、公开招标公益岗位、服务审核民办非营利机构等职能,并在服务政府、服务社会、服务民生方面起到了重要的作用。事实上,该中心共有 20 个岗位,而所有岗位也是以"政府购买公益岗位"的形式进行购买的。② 同年 12 月,滨海新区社会组织管理服务中心开始实践政府购买服务活动,通过公开招标、基层公益组织竞拍、公益项目组织审核的方式向社会组织购买了六个公益项目,涉及社区、养老、助残等服务领域,其分别为泰达社会服务中心的"爱心小剪刀""阳光助老 健康查体""让我来关心你,成长在社区""多带一公斤"和新港街的"助老健康教育服务""困难及残疾人家庭儿童生日会"项目。这六个项目通过政府投资、非营利机构运营的方式在新区新港街和泰达街施行,为天津市社会组织参与社区建设、管理与服务积累了宝贵的经验。

2013—2016 年滨海新区政府购买服务的范围逐步扩大,涉及养老、医疗、社区绿化、排水、文化等诸多领域。例如 2013 年滨海新区大沽街道为党龄 50 年以上的老年人购买了每月一次的免费理发服务,滨海新区文广局购买了优质的高端文化服务资源等。2014 年滨海新区的政府购买服务范围进一步拓展到居家养老,医疗卫生基础设施建设和街区绿化等领域。例如,

---

① 参见王贵民:《加强志愿组织建设 增强服务社会能力》,《滨海时报》,2011 年 9 月 16 日。

② 参见张姝:《新区社会组织服务管理中心投运》,《滨海时报》,2012 年 11 月 26 日。

2014年滨海新区民政工作要点提到:要引入社会力量参与居家养老服务,探索政府购买服务机制,提升居家养老服务管理水平,为新区老年人提供更加优质高效的居家养老服务。在加快卫生基础设施建设方面探索政府购买、公办民营等政府责任实现新形式,有序推进非政府办基层医疗机构和村卫生室实施基本药物制度及基本医保制度。塘沽街采取政府购买服务的方式,自筹资金100万元,对社区绿地进行统一外包管理,更新绿植,全面提升小区的绿化水平。2016年滨海新区第一老年养护院竣工投入使用,是滨海新区首个以政府购买服务模式建设、运营的养老院。2016年滨海新区政府网转发了国务院出台的《城镇排水与污水处理条例》,其中提到国家鼓励采取特许经营、政府购买服务等多种形式,吸引社会资金参与投资、建设和运营城镇排水与污水处理设施。

第六节 人际均衡:公共服务均等化

一、流动人口基本公共服务均等化

随着滨海新区经济的跨越式发展,越来越多的外来人口进入滨海新区,滨海新区流动人口以每年30%的速度递增。2015年末,滨海新区流动人口达到170万,占人口总量的58%,是滨海新区人口增长的主要来源,为滨海新区发展提供了重要的劳动力保障,与此同时,他们对滨海新区公共服务供给的公平性和多元化需求日益强烈,流动人口与户籍人口的公共服务均等化是滨海新区公共服务创新的重要课题。

(一)滨海新区公共服务均等化的改革原则与总体框架设计

滨海新区外来人口管理的原则是"三同原则",即把流动人口与城市户籍人口"同对待、同管理、同服务"。

滨海新区流动人口管理的"滨海模式"主要包括:一是进一步加快流动人口服务管理工作体系建设。完善区县人口服务管理中心、街乡镇服务管理站、社区服务管理分站三级服务管理平台建设。充实协管员队伍,尽快出台《流动人口协管员队伍管理办法》,强化协管员队伍的培训和管理。完善公安、人力社保、教育、卫生、房管、民政、工商、税务和司法等部门相互配合协作工作机制。二是进一步加快流动人口信息化体系建设,大力推进综合信息平台应用,拓宽人口信息采集传输渠道,全面推行实有人口、实有房屋全覆盖管理,按照"谁用工谁负责、谁出租谁负责"的原则,提高流动人口和出租房屋信息社会化采集比例,做到各类信息随时采集、上传、核查、比对。三要全力加快流动人口公共服务体系建设。加快户籍管理制度改革,加快建立流动人口居住证"一证通"制度,加强流动人口基层组织建设和社区服务管理,为流动人口提供更多方面快捷的服务内容。四要加快流动人口权益保障体系建设。拓宽畅通诉求表达渠道,健全调处涉及流动人口矛盾纠纷的"绿色通道",大力加强劳动维权服务,着力提高流动人口依法维权能力。五要全力加快流动人口动态化服务管理体系建设。健全流动人口经常化联系机制,健全打击侵害流动人口权益、重点人员动态管控、特殊人群帮扶帮教、重点地区整治、特定人员(案)事件处理工作机制。

(二)滨海新区流动人口基本公共服务均等化的基本保障

强化组织领导,完善保障机制。滨海新区成立了以人口计生、综治、公安、财政、人社等十九个部门相关领导为成员的试点工作领导小组,建立部门联席会议制度,明确各成员单位职责。区政府印发了《滨海新区创新流动人口服务管理体制推进流动人口基本公共服务均等化实施方案》。将流动人口计生服务管理经费纳入财政预算,设立均等化服务试点工作专项经费。强化流动人口专兼职服务管理队伍建设,在塘沽、汉沽、大港三个管委会人口计生委设立流动人口科,在街道(乡、镇)设立专职人员,在每个村(居)至少配备一名协管员。①

---

① 参见刘丽娜:《滨海新区推进流动人口基本公共服务均等化》,《中国人口报》,2011 年 12 月 26 日。

（三）滨海新区流动人口基本公共服务均等化的具体措施

在流动人口管理方面,滨海新区注重对流动人口的动态观测,采用信息技术平台,通过流动人口综合协管员队伍,实时掌握流动人口的现状和公共服务需求。在具体服务措施上,按照同城待遇的原则,原则上促进流动人口享有与滨海新区户籍人口同等的教育、医疗卫生和人口计生等方面的服务,在保障性住房领域适当向流动人口倾斜。

二、城乡基本公共服务均等化

城乡基本公共服务均等化是城市化、城镇化的重要内容,农村基本公共服务水平的提升是城市化的重要标志。2011年"加快城乡一体化改革"被列入滨海新区"十大改革"项目,至此,滨海新区城乡一体化发展有了明确的指导思想、发展目标和实施方案。

促进城市化、城镇化农民就业,是滨海新区在发展中遇到的新问题。塘沽、汉沽和大港地区在未被并入滨海新区之前,多以农业生产为主,人口中农村人口的比重较大。随着滨海新区城市化进程的发展,农村人口再就业问题开始凸显。妥善安置原有的农业人口,一方面有利于社会的稳定与长久发展,另一方面也有助于消除社会不安定因素,实现社会的和谐与繁荣。

（一）农村基本公共服务均等化发展目标

2011年滨海新区出台《关于促进滨海新区城乡统筹发展的意见》,意见中对于滨海新区城乡统筹发展过程中,公共服务发展的总体目标表述为利用三到五年的时间加强农村的公共服务,促进就业、养老、医疗、最低生活保障、社会救助等制度改革;改善农村的生活设施和生态环境,提升农村发展面貌。

（二）农村基本公共服务均等化的具体措施

1. 在基础设施与环境保护方面

滨海新区农村区域基础设施发展有两种模式:一是城乡空间统筹,整体城镇化,如作为滨海新区"十大战役"项目之一的西部城区建设,采取是的土地征收,兴建农民还迁住宅,帮助农民就业的手段;另一种模式是居住地与配套设施统筹,进行新农村建设,改善农村道路、排水等基础设施,如《滨海新区2010年重点工作》要求在农村新修改造街镇公路二十八千米,修建村内街道三十千米、排水设施三十千米。

2013年10月滨海新区启动"美丽滨海·一号工程",要求实施清洁村庄行动,加快完善提升村内道路、给排水、垃圾、污水等基础设施及公共服务设施,带动全区农村环境质量的全面提升。

2. 在医疗卫生方面

推进农村医疗基础设施建设与监管农村医疗卫生服务体系是滨海新区医疗卫生服务城乡均等化的两个方向,具体表述见于《天津滨海新区总体规划(2005—2020年)》《2010滨海新区卫生工作要点》《关于印发滨海新区卫生事业发展"十二五"规划的通知》等文件。具体措施主要包括四个方面:第一,加强农村医疗人才培养,提高农村医院医疗水平,打造农村医院优势学科。第二,建立城市医师定期下乡支农制度,为涉农区县开展以技术培训、巡回医疗、双向转诊为主要内容的医疗服务支持。针对广大农民群众和基层医疗卫生机构的实际需求,组织开展义诊、送医送药等活动。第三,加强农村三级医疗卫生服务网络建设、完善农村重点公共卫生服务项目、推进乡镇村医疗一体化管理进程。第四,广泛开展各种帮扶慰问活动,切实帮助农村基层群众解决生产生活实际困难,宣传引导农村家庭树立科学文明的生活理念,培养健康良好的生活方式,推动广大农民健康水平的全面提高。

3. 在就业公共服务方面

2012年伴随着滨海新区城镇化步伐加快,城镇化劳动力就业问题日益突出,滨海新区人力资源和社会保障局、财政局和农业局共同拟定了《滨海新区鼓励企业吸纳农村城市化城镇化劳动力就业试行办法》和《滨海新区农村城市化城镇化劳动力自主创业补贴办法》。在鼓励企业吸纳农村城市化、城镇化劳动力就业方面,制定了五项鼓励措施:用工一次性奖励、稳定用工奖励、规模性招用奖励、涉农企业奖励、对劳动力远途就业奖励。对自主创业人员从事个体经营,按照每人每年最高限额五千元的标准给予三年的税费补贴。基层政策在促进城镇化农民就业方面进行了有效的政策创新,主要包括:第一,教育培训,太平镇开办被征地农民技能培训班,中塘镇举办了创业培训班;第二,财政资金支持,大港区为创业人员提供免息一年的五万元小额担保贷款。

4. 在社会保障方面

2008 年根据《国务院关于天津滨海新区综合配套改革试验总体方案的批复》,天津滨海新区政府制定《天津滨海新区综合配套改革总体试验方案》,提出了滨海新区农村社会保障服务发展的原则与目标:按照"较低费率、广泛覆盖、可以转移、社会共济"的原则,建立适合农民工特点的养老保险制度,将农民工纳入医疗保险和工伤保险。完善被征地农民社会保险制度。建立以大病统筹为主的城镇居民医疗保险。全面实行新型农村合作医疗制度。建立农民社会养老保险制度。在组织保障方面,2011 年滨海新区人力资源和社会保障局发出《关于进一步加强村级劳动保障工作站建设的实施意见》,要求在滨海新区构建完善的覆盖城乡的劳动保障服务网络。

5. 在教育方面

城乡统筹发展的具体措施包括三个方面,第一,提升农村中小学的教学装备,为此,滨海新区在 2005—2007 年实施了"农村中小学教学装备升级工程",要求农村中小学教学装备达到国家一类标准。工程实施之后,塘沽、汉沽、大港以及油田区域的农村中小学更新了理科实验、体育艺术、电化教学、卫生等方面的教学仪器装备、教学装备。2008 年,天津市义务教育学校现代化标准建设启动,2009 年滨海新区义务教育标准化工作展开,农村义务教育学校在操场、图书馆、食堂等方面逐步按照现代化标准进行了建设或改造。农村中小学校园环境得到了极大改善。第二,在教师队伍建设方面,滨海新区通过财政补助的手段,通过教师津贴、敬业奖励等手段稳定了农村教师队伍,提高了农村地区的师资配置水平。第三,在职业教育发展方面,滨海新区 2008 年启动了"农民素质提高工程",健全农村职业教育网络,对农民开展职业技能培训。

第七节 提升自身质量实现传统与创新的融合

一、权力阳光运行:反腐倡廉机制建设

(一)以"筑堤行动"防微杜渐

2010年,滨海新区政府发布文件《关于在滨海新区实施反腐倡廉"筑堤行动"的意见》,滨海新区通过"筑堤行动",以五项制度创新推进滨海新区反腐倡廉工作,建立土地交易管理制度、财政资金监管制度、公共资源集中配置管理制度、国有企业廉政风险防控制度和廉政宣传教育机制五项制度,滨海新区反腐倡廉机制基本成型。

第一,加强对土地出让的管理,实行土地集中交易日制度,把所有即将出让使用权的经营性用地在土地交易市场集中挂牌,构建"土地交易超市"。探索实施"净地"出让及土地出让成本一次核算等配套制度。

第二,建立财政资金监管制度,推进国库集中支付改革,建立健全国库集中支付系列配套制度,促进了财政资金使用流程的公开、透明、高效。通过人员经费集中划拨、公用经费集中核算、专项支出集中决策、审计部门全程监督,大幅度减少财政资金在中间环节的滞留和沉淀,加快了资金周转速度。

第三,建立公共资源集中配置管理制度,建设滨海新区公共资源交易中心。利用信息网络等科技手段,将建设工程招投标、政府采购、土地出让、产权交易、医疗购销等各类公共资源交易行为纳入中心统一管理,即统一公布信息、统一交易场所、统一运行规则、统一服务系统、统一监督管理,减少行政权力对公共资源市场配置的干预。

第四,建立国有企业廉政风险防控制度体系。企业"月排查",对重大投融资项目和资金使用进行流程监管,拟定《建设项目管理流程图》,把建设立项、征地拆迁、招标投标、物资采购、资金拨付等纳入流程,有效监控等。

第五,通过多种形式进行反腐倡廉教育,例如签订《廉政承诺书》等。

(二)以行政审批制度改革创新反腐机制

滨海新区以行政审批制度改革为契机进行反腐机制创新,主要体现在以权力清单廓清政府权力边界和以审批流程标准化减少政府自由裁量权两个方面。

首先,滨海新区政府在行政审批制度改革中探索政府职能改革新路径,通过政府职能改革,确定政府权力边界,有效保障公民权利。在滨海新区行政审批局成立之后,滨海新区政府行政审批事项予以公布,共计216项,其中主要包括国家层面下放的7项,天津市下放的78项,原有滨海新区审批的131项。运行后,又通过合并、简化,暂不列入等方式再次压减为173项,至此,滨海新区政府的权力清单基本明确,行政许可权力将受到全社会监督。

其次,通过审批流程标准化,实现每个审批事项都有标准的审批流程,每个流程都有考核标准,审批标准由计算机系统根据后台设置自动生成,审批人员没有权利修改流程及标准,这样行政审批实现信息可追溯,网上留痕有据可查,最大限度地减少了行政审批的自由裁量空间。

(三)以反腐倡廉机制保障公共服务创新

滨海新区反腐倡廉机制的有效开展为滨海新区各项公共服务创新提供了重要的组织保障与人力资源保障。例如在医疗卫生领域,滨海新区卫生局为纠正医疗卫生领域的不正之风,于2010年成立了纠风工作领导小组,并于同年发布了《滨海新区卫生局2010年民主评议政风行风工作实施方案》推行民主评议政风行风,具体包括对医疗采购工作、医德医风、医疗卫生相关管理部门、药品价格等方面的评价。为保障基本公共医疗卫生工作的服务的真实性,组织医疗系统工作人员集体观看《焦点访谈》等新闻警示节目;开展各类主题教育活动,如2013年组织开展"廉洁行医、诚信服务"主题教育活动,鼓励医护人员自尊自爱、奋发向上、爱岗敬业、无私奉献主体教育活动。

在教育领域,通过民主生活会、表彰先进等形式引导教育领域员工干部廉洁奉公,模范遵守社会公德。如滨海新区教育与体育委员会于2013年发布了《关于评选表彰滨海新区教育系统德育工作先进个人和先进集体的通知》,在全区教育系统评选表彰德育工作先进个人和先进集体,以进一步激励广大德育工作者,促进滨海新区未成年人思想道德建设工作再上新水平。

二、公开透明:全口径预算管理体系改革

天津市委及天津市政府高度重视全口径预算管理改革,2013 年,在天津市委十四届四次全会提出要"健全政府全口径预算体系,建立经费开支全过程动态监控机制","改进预算管理制度,建立公共财政预算、政府性基金预算、国有资本经营预算、社会保险基金预算相互衔接的政府预算体系,实行全口径预算管理"。天津市十六届人大二次会议人大常委会工作报告提出,2015 年要将包括国有资本经营预算在内的四本预算草案全部提请市人代会审议。滨海新区政府在 2015 年政府工作报告中强调,滨海新区要"深化财政体制改革,健全政府全口径预算"。

(一)天津市全口径预算编制情况

为实施全口径预算,天津市目前主要做了以下四个方面的工作:

(1)完善一般公共预算。主要进行了五项改革,规范预算编制程序、细化预算编制内容、强化预算约束机制、健全厉行节约机制、推进预算信息公开。

(2)规范政府性基金预算。主要措施包括:清理规范基金项目、深化"收支两条线"改革、加强土地出让金管理、加大公共资金统筹力度。

(3)细化社会保险基金预算。天津市自 2010 年开始试编社会保险基金预算,2014 年提交市人代会审议。社保基金预算的原则是"保基本、兜底线、促公平"。近年来,天津市进一步完善了社会保险体系,建立了覆盖城乡的社会保险制度,加强了社会保险基金的收支管理,加大了社会保险紧急的收缴力度,提高了政府预算的补助标准,强化了对支付过程的控制。细化了预算编报内容,在原有反映各险种基金总体收支的基础上,进一步细化收入、支出和结余情况。

（4）建立国有资本经营预算。天津市国有资本经营预算制度建立于2011年,全口径预算体制改革启动之后,天津市政府建立出天津市财政局、天津市国有资产委员会共同组成的国有资本经营预算编制工作组。工作组在调研与走访的基础上确定了国资收益收缴范围,提高了国资收益收缴比例(由2011年的10%提高至13%),完善了国资预算表体系。

总体来看,天津市全口径预算管理改革的各项准备工作已经基本就绪,但仍然存在需进一步完善的工作,主要涉及以下四个方面:第一,公共预算资金的多头管理、分散使用、统筹能力不足问题;第二,政府性基金预算年度波动较大,稳定性不够问题;第三,社会保险基金预算不同险种之间平衡能力存在差异,资金沉淀和支付风险问题并存;第四,国有资本经营收益收缴范围较窄、比例较低,资产收益率有待进一步提高。

（二）天津市完善全口径预算的工作重点

（1）完善政府预算体系。政府收支全部纳入预算,实行全口径预算管理,建立一般公共预算、政府性基金预算、国有资本经营预算和社会保险基金预算。这种政府预算体系定位清晰、分工明确。加大政府性基金预算、国有资本经营预算与一般公共预算的统筹力度,提高国有资本收益对公共财政的贡献水平。清理规范重点支出同财政收支增幅或生产总值挂钩事项,对重点支出统筹安排、优先保障。

（2）建立透明预算制度。全面公开政府预算决算,除涉密信息外,财政支出全部细化公开到功能分类的项级科目,专项转移支付细化到具体项目和具体区县。扩大部门预算决算公开范围,所有使用财政拨款的单位均要公开本部门预算决算和"三公"经费,部门预算决算要细化到基本支出和项目支出。

（3）改进年度预算控制。建立跨年度预算平衡机制,规范超收资金管理使用。预算调整应当编制预算调整方案,由政府报同级人大常委会审批。实行中期财政规划管理,财政部门会同各部门研究编制三年滚动财政规划,强化三年滚动财政规划对年度预算的约束,各部门规划中涉及财政政策和资金支持的,要与三年滚动财政规划相衔接。

(4)完善转移支付制度。按照"增一般、减专项、提绩效"的原则,完善一般转移支付增长机制,逐步提高一般性转移支付占比,加大向困难区县和社区、农村等基层组织倾斜力度。清理、整合、规范专项转移支付,严格控制新增项目和资金规模,建立健全专项转移支付定期评估和退出机制,对资金使用效果不明显的坚决予以取消。

(5)严格预算执行管理。硬化预算约束,预算未安排的事项原则上不得支出。年度预算执行中一般不出台增支政策,一些必须出台的政策,原则上通过以后年度预算安排资金。完善国库现金管理,财政资金和公共资金代理银行的选择推行公开招标、择优选择,合理调节国库资金余额。严格权责发生制核算范围,规范和清理财政借垫款。健全预算绩效管理机制,评价结果作为编制三年滚动财政规划和年度预算的重要依据。

(6)创新财政投资机制。扩大公共产品和公共服务市场化供给范围,改进预算支出方式,发挥财政资金引导作用,推进政府购买服务,通过委托、采购等方式,将社区服务、居家养老等服务事项交由社会力量承担,减少财政供养人员。推进公共产品融资租赁,实行批量购置、分期付款、到期回购,缓解集中投入筹资压力,放大财政投资效应。推行政府与社会资本合作(PPP),通过财政补贴等方式,吸引社会资本进入市政基础设施和公用事业领域,完善多元投资机制。

(7)加强政府债务管理。建立以政府债券为主体的政府举债融资机制,在国家批准的限额内发行债券,并全部纳入预算管理。严格限定政府举债程序和资金用途,债务资金只能用于公益性资本支出和适度归还存量债务,不得用于经常性支出。健全债务风险预警及应急处理机制,严防系统性、区域性风险。推行权责发生制的政府综合财务报告制度,建立考核问责机制和政府信用评级制度。

(8)严格执行财经纪律。依法依规组织财政收入,严禁擅自免征、减征、缓征预算收入。强化预算约束,严禁无预算超预算安排支出,严禁虚列支出、转移或套取预算资金。强化公务支出管控,严格执行风险提示、问题推送和整改反馈制度。加强政府采购和投资评审管理,完善专家遴选和过程公开制度,建立责任倒查机制,规范自由裁量权。规范国有资产管理,严格资产配置、使用、处置程序。严禁账外设账、私设"小金库",严厉查处违法违规行为。

三、以科技提升服务:公共服务领域信息化建设

电子政务是改善公共服务的重要手段。滨海新区在 2007 年被天津市确定为"电子政务示范先行区"。自此,滨海新区以电子政务推动服务型政府建设的战略基本确定。

（一）完善信息化基础设施建设

2008 年开始天津市滨海新区电子政务与电子商务工程同时启动建设,至 2010 年,滨海新区电子政务建设初见成效。在电子政务网建设方面,"滨海新区网"成为政务公开、对外宣传、招商引资的窗口;在政府内部办公方面,建设了覆盖全市副局级以上单位的配套宽带网络平台,建立了市、区、县和局以上党政机关的信息网络,办公自动化得到普及,塘沽党政机关公文流转系统实现了 150 个部门及企事业单位(280 多个电子印章)间的电子化公文流转办理,代替了纸制公文传递。开发区、保税区和滨海高新区建成数字化城市管理系统,每年处理各类上报问题上万件。开发区和保税区建成应急指挥系统,在预防和处置突发公共事件时,实现管委会、公安、消防等部门统一指挥和统一行动;社会管理方面,"公安技防网"框架体系已经形成,共完成 3 个中心、16 个分控中心,426 个视频监控探头建设,各系统与公安机关110 指挥系统之间关联互通。中新天津生态城规划建设管理平台集成城市规划、建设、国土、房管、市政等管理职能,实现规划、建设、管理与决策的信息化。

在教育领域,"校校通"工程实现各级各类学校接入教育网,教室、办公室网络接入率达到100%,并达到千兆主干,百兆到桌面。

在文化方面,塘沽利用图书馆、文化馆、博物馆、大沽口炮台等文化信息资源,建立了"塘沽文化信息网站",还建立了街道社区三级网络,覆盖 11 个

街道、83 个社区(居委会),实现基础信息库资料共享。

在医疗领域,新型农村合作医疗系统在推动农村人口医疗管理信息化方面发挥了重要作用。

(二)信息化与公共服务发展深度融合

2012 年《天津市滨海新区信息化"十二五"规划》出台,其中对于信息化发展有了明确的定位,即到 2015 年基本形成电子政务高效便民、城区管理精细智能,实现信息化与公共服务的深度融合,以现代科技助推公共服务水平提升。

在电子政务发展方面,2015 年滨海新区覆盖全区的电子政务网建成,建立滨海新区电子政务云中心和云计算服务平台,建设了基于地理信息系统的人口、法人和经济等基础信息库与公共信息资源共享平台。具体成就体现在以下五个方面:第一,行政审批事项网上办理率就将达到 90% 以上;第二,各功能区、各部门、各街镇政务信息公开网络已经完成整合,政务信息、新闻发布系统已经建立并运行良好;第三,政府与公众互动性增强,网上办公情况即时监察、预警提醒和监察纠错机制建立;第四,建立了新区 12365 举报处置指挥系统,建设消费者申诉举报中心;第五,在政府系统内部,滨海新区党政机关专用网络,党政机关视频会议系统,党政机关公用地理信息系统、政务信息交换平台建立。

在环境保护方面,滨海新区开展了环境信息一体化研究,建设了包括污染源、环境质量、行政管理等业务数据、环境数据中心,实现环境数据实时交换与共享存储,为滨海新区信息一体化管理提供技术支持。

在医疗卫生领域,2012 年《国家基本公共服务体系"十二五"规划》出台,其中提到医药卫生信息化工程是医疗卫生服务发展的重要保障。为建立统一高效的卫生信息系统,滨海新区卫生局于 2012 年发布《滨海新区区域卫生信息化建设实施方案》,并成立由区副区长任组长的工作领导小组,并要求各级政府保障信息化建设的资金投入,资金预算为 2.9 亿元,其中区财政解决 2.08 亿,功能区解决 0.82 亿。

经过一年多的建设,2013 年滨海新区医疗卫生信息化建设取得初步成效,实现了八所试点医疗卫生机构间的互联互通、信息共享和医疗费用结算一卡通。① 为继续推进滨海新区医疗卫生信息化进程,《2014 年滨海新区卫生计生规划发展工作要点》强调,滨海新区工作的重点仍然是加快基础设施和信息化建设,加强经济管理,扎实推进各项管理工作,促进卫生计生事业健康有序发展。

在教育公共服务领域,滨海新区将教育信息化工程作为提升滨海新区基础教育质量的重要手段,2012 年滨海新区教育局分别转发了天津市教委与教育部的两个文件:一是《关于印发〈天津市基础教育质量提升工程实施方案〉的通知》,二是《教育部关于开展教育信息化试点工作的通知》,滨海新区教育信息化工程正式启动。经过三年的发展,滨海新区实现了教学楼、宿舍区的网络全覆盖,加速推进科研、教学、管理、后勤保障、政工、图书等的数字化,充分利用网络优势开展网络备课、网络教研、网络学习,实现无距离学习;深化互联网协议第 6 版(IPv6)在新一代校园网建设中的应用;逐步完善各级各类远程教育系统,利用网络优势,大力提升网上教育平台的功能,推动网络教育应用,为市民提供个性化、开放的网络化教育和终身教育服务。

在公共服务均等化方面,滨海新区通过人口信息系统的建立,拓宽了人口信息采集渠道,提高了流动人口和出租房屋信息社会化采集比例,掌握了流动人口居住、工作、子女教育等方面的公共服务需求,进而为流动人口公共服务的均等化提供了重要保障。

四、承接服务:发展社会组织创新社会管理

2011 年 12 月,民政部与天津市政府签订了《加快推进天津市滨海新区民政事业创新发展的合作协议》,滨海新区成为全国综合配套改革实验区、全国首批社会管理创新综合试点区和全国社会组织创新观察点。为推动社

---

① 参见《天津市滨海新区 2013 年全面推广家庭医生制度》,滨海高新网,http://news. 022china. com/2013/01 - 10/788398_0. html,2013 年 1 月 10 日。

会组织健康有序发展,促进社会管理创新,滨海新区制定并实施了多项措施,主要包括:

第一,以党建工作,保障社会组织发展的公益性。2012 年 1 月滨海新区社会组织党工委成立,之后"1 + 8 + 1"的工作思路基本确定。所谓"1 + 8 + 1"是指"建立一个覆盖全区的社会组织党建信息数据库,建设议事决事、信息传递、履责督责、全面覆盖、质量提升、人才培养、资金保障、创先争优八项社会组织党建工作机制,探索创新'一方隶属,多方管理,全程作用'的社会组织党建管理模式"。

第二,以社会组织管理体制创新,优化社会组织发展环境。①建立社会组织服务管理中心,通过信息化手段,建立社会组织信息共享平台,整合多部门资源与信息,帮助社会组织发展。②在全国首创社会组织服务管理"1234"系统工程,其中"1"是指社会组织管理工作由滨海新区民政局牵头,相关部分分工配合;"2"是指社会组织服务管理中心和社工人才队伍为滨海新区社会组织发展提供支撑保障;"3"是指社会组织中的党组织、政府管理部门和社会组织联合会共同推动社会组织发展;"4"是指在滨海新区建立区、功能区、街道(乡镇)和社区四个级别的社会组织网络。③简化行政审批程序,对行业协会商会类、科技类、公益慈善类及城乡社区服务类社会组织实行直接登记。

第三,以培育孵化,推进社会组织健康发展。滨海新区构建了三级社会组织孵化体系。滨海新区社会组织孵化园 2013 年 7 月投入运行,培育发展有潜力又符合社会需求的初创期社会公益组织,为其提供场地设备、能力建设、注册协助和小额补贴等必要支持。2014 年 7 月,区民政局、区财政局联合下发了《关于开展滨海新区 2014 年社会组织公益创投活动的通知》,由区财政投入 300 万元公益创投资金,开展社会组织公益创投活动。培育树立品牌典型,在滨海新区内树立社会组织发展品牌典型,予以表彰和宣传。

截至 2014 年 6 月,滨海新区共有社会组织 2319 个,其中登记注册的有

596 个①,备案的社区社会组织有 1723 个,新区已经形成了门类齐全、层次丰富、覆盖广泛的社会组织体系。在登记注册的社会组织中,建立独立党组织 227 个,联合党组织 52 个,选派党建指导员 43 名,实现并保持社会组织党建全覆盖。②

第八节 以整体性治理推动公共服务创新

滨海新区的"碎片化"特征尤其明显,且其中历史因素与现实问题交织,碎片化问题与公共服务创新的棘手性交互影响,造成滨海新区公共服务创新的复杂性。本节基于整体性治理理论视角,提出跨空间政策整合、跨功能组织联结与跨部门资源互补分析框架。在此框架基础上,解析滨海新区碎片化表征及公共服务创新的棘手性,研究并评价滨海新区在跨空间政策整合、跨功能组织联结和跨部门多元合作方面的机制体制创新。

第一,滨海新区行政管理体制几经改革,目前已经基本解决了行政区划的分割问题,实现了区域一体化,纵向层次上,取消了原有塘沽、汉沽和大港区管理委员会,行政区域内以功能区和街镇的形式进行了重组,管理层次减少到两级,隶属关系基本理顺。

第二,滨海新区"领导小组"工作机制,以临时性任务小组的形式推进公共服务创新。在关系滨海新区整体发展的重大规划落实、重大工程项目建设、重大安全隐患排查及其他重要事项的处理过程中,滨海新区会成立由滨海新区人民政府牵头的领导小组。"领导小组"内成员之间交往密切,权力关系设置基本合理,合作效率较高。"领导小组"工作机制是保障滨海新区顺利度过行政体制转轨期的重要保障,为塘沽、汉沽和大港区的顺利过渡转型提供了组织保障,且"领导小组"具有良好的适应性,能够适应滨海新区公共服务的进一步创新性发展。

---

① 截至 2018 年底,在中国社会组织公共服务平台(http://www.chinanpo.gov.cn/index.html)查询到的滨海新区等级注册社会组织为 575 个,与滨海新区社会组织管理局数据有所出入。
② 数据来源于滨海新区社会组织网络(2015 年 5 月查询)。

第三,滨海新区行政审批制度改革分为两个阶段:第一个阶段以天津市政府向滨海新区政府下放行政审批权限为主要内容,行政审批权限下放的目的一方面是为赋予滨海新区更大的自主权,另一方面也为进一步理顺滨海新区政府与天津市政府相关职能部门的垂直关系,而此阶段滨海新区行政审批制度创新目标也已尽快承接行政审批权限,顺利实现业务专业和政策衔接。第二阶段,在天津市行政审批制度改革酝酿期,滨海新区先行先试,建立行政审批局,进一步精简了行政审批事项,提高了行政审批效率。

第四,"同城待遇"是滨海新区流动人口公共服务均等化的重要原则,同时也是滨海新区流动人口公共服务均等化的重要目标。为实现对流动人口公共服务方面的"同城待遇",滨海新区首先借助信息化手段,建立流动人口信息库,掌握流动人口公共服务需求,然后在教育、医疗、社会保障、保障性住房、劳工关系等领域进行有针对性的政策创新。

第五,在城乡统筹发展方面,滨海新区以两种模式推进城乡基本公共服务均等化:一种是依托空间城市化,通过农民身份的转换实现农民基本公共服务的均等化;另一种是居住地升级建设,在身份不变的前提下,提升农民的各项公共服务水平。

第六,反腐倡廉既是滨海新区完善政府自身建设的一项重要工作,同时也是公共服务创新的重要保障。在反腐倡廉方面,滨海新区首先通过土地管理制度、财政资金监管制度、公共资源配置管理制度、国有企业廉政风险防范制度等手段构筑了防止腐败的堤坝,然后借助滨海新区行政审批制度改革的契机推进反腐倡廉制度改革的深化。同时在各项公共服务创新过程中,反腐倡廉工作的开展也为公共服务政策创新的有效执行提供了重要的组织保障。

第七,滨海新区全口径预算管理改革刚刚起步,经过公共预算、政府性基金预算、社会保险基金预算、国有资本经营预算等领域的改革,目前全口径预算制度实施的条件已经基本具备,但仍需进一步完善政府预算体系,提高预算制度的透明度,改进年度预算控制、完善转移支付制度和预算执行管理制度。

　　第八,滨海新区作为天津市电子政务的先行试验区,已经基本建立了统一的电子政务网络,政务系统内部通过信息共享平台、电子化会议平台的建设,已经实现办公系统的电子化运作,在公共发展领域,公共服务的网络化与公共服务供给的网络评价、监测已经基本实现,信息化与公共服务创新已基本实现融合。

　　第九,社会组织发展是滨海新区经济社会全面发展的重要方面,同时社会组织的发展又有助于承接政府公共服务,推进社会管理创新,实现政府职能转型。滨海新区政府作为社会组织创新观察点,以党建工作、管理模式创新和培育孵化等手段,一方面扩大滨海新区社会组织的规模,另一方面保障社会组织的公益性及与政府的互补性。但总体而言,滨海新区社会组织发展尚处于起步阶段,在承接公共服务事项,满足民众多元化公共服务需求方面仍未能与政府建立起良好的对接互补机制。

第四章 滨海新区公共服务创新的政策工具分析

政策工具是政策目标和政策效果之间的桥梁,综合配套改革过程中,滨海新区公共服务的体制机制创新涉及的政策工具类型非常丰富,且政策工具类型应用具有很强的地方性特征,政策工具理论分析范式对滨海新区公共服务创新过程和特征具有很强的解释能力。本章基于滨海新区政策工具理论分析框架,分领域考察滨海新区各项公共服务创新过程中的政策工具应用情况,提炼滨海新区公共服务创新政策工具应用的总体性特征,提出滨海新区公共服务创新政策工具优化的对策建议。

第一节 政策工具理论分析框架

一、政策工具的分类

朱春奎教授以蒙特利与拉米什的研究为基础,结合中国实践,将政策工具整合为自愿性政策工具、强制性政策工具和混合性政策工具,三类政策工具的具体分类如表 4 - 1 所示。[①] 本书研究采用了这一政策工具分类方法,具体分析滨海新区综合配套改革过程中自愿性政策工具、强制性政策工具和混合性政策工具的应用情况,研究滨海新区公共服务创新过程中的政策工具选择影响因素,探索政策工具应用与公共服务改进之间的关系,总结政策工具应用的经验,提出进一步改进建议。

---

① 朱春奎等:《政策网络与政策工具:理论基础与中国实践》,复旦大学出版社,2011 年,第134 ~ 136 页。

表4-1 政策工具箱

自愿性政策工具	强制性政策工具		混合性政策工具
家庭与社区		建立和调整规则	教育学习
自愿性组织		检查检验	象征
自愿性服务		设定和调整标准	建设舆论工具
市场、市场自由化		体系建设与调整	信息发布
		禁止	信息公开
			鼓励号召
		监督	示范
		许可证与执照	劝诫
		特许	
			舆论宣传
		考核	呼吁
	规制类	法令	实物奖励
			税收优惠
		法规	
			票券
		特许	利率优惠
			成产补贴
		禁止	政府贷款
		处罚	补贴限制
			直接补助
		制裁	消费补贴
	公共企业		财政奖励
			赠款

自愿性政策工具	强制性政策工具		混合性政策工具	
	直接提供	公共财政支出	产权拍卖	排污权拍卖
				生产权拍卖
				服务权拍卖
		直接服务		政府出售
		直接管理	征税和用户收费	消费税
				使用者收费
		直接生产		社会保险金
		转移支付		生产税
		政府购买		营业税
				个人所得税
	命令和权威性工具	机构设置	诱因型工具	程序简化
		政府机构改革		社会声誉
				信任
		政府机构能力建设		利益留存
			契约	权力下放
		政府间协定		服务外包
				公私合作
		指示指导		
		计划		
		命令执行		
		强制保险		
		政策试验		

二、政策工具选择

蒙特利和拉米什引入国家能力和政策子系统复杂程度两个维度,建立了一个政策工具选择分析框架。国家能力指的是政府影响社会中行动者的能力,政策子系统复杂程度是指政策对象的复杂程度。基于这一分析框架(如表4-2所示),蒙特利和拉米什认为:①当政府影响社会行动者能力较弱,而政策对象情况又比较复杂的情况下,政府应该采用自愿性政策工具,依靠家庭、社区和自愿性组织等手段完成政策目标。②在国家能力较弱,但政策子系统复杂程度也较低的背景下,政府可以采用混合性政策工具,如补贴、消费补助、鼓励、号召等形式的政策工具。③如果国家能力较强,政策子系统的复杂性也较高,政府可以采用自愿性政策工具,通过市场的自发调节来实现政策目标。④当国家能力较强,而政策子系统的复杂性程度较低时,政府对社会行动者的控制能力较强,但行动者相对单一,政府可以采用强制性政策工具来调配行动者的行动,使之行动一致指向政策目标。

表4-2　蒙特利与拉米什的政策工具分析框架

		政策子系统复杂程度	
		高	低
国家能力	强	(自愿性工具) 市场工具	(强制性工具) 管制、公共企业、直接提供等
	弱	(自愿性工具) 家庭与社区、自愿性组织等工具	(混合型工具) 消费补贴、税费优惠、财政奖励等

资料来源:朱春奎等《政策网络与政策工具:理论基础与中国实践》,复旦大学出版社,2011年,第139页。

三、滨海新区公共服务机制体制创新的政策工具选择分析框架

(一)滨海新区公共服务机制体制创新政策工具选择的概念框架

蒙特利与拉米什的政策工具分析框架,在一定程度上能够解释滨海新区公共服务创新过程中政策工具的选择现状,如滨海新区政府能力较强,同时政策子系统,政策对象的复杂性并不高,因此滨海新区政策工具选择过程中,强制性政策工具应用比例最高。但在解释混合性政策工具应用与自愿性政策工具的采用方面其解释力多有不足。因此,本书进一步引入了公共服务供给系统与公共服务创新复杂性两个概念。

公共服务供给系统是指政府、企业、社会组织和个人通过各种正式与非正式关系联结组合而成的复杂系统,其功能是提供公共服务(如图4-1所示)。公共服务供给系统包含四个重要部分:第一,管理中心或称决策中枢。政府组织充当了整个系统的管理中心,政府的主要任务除了进行公共服务供给之外,还需通过政策、项目和财政手段对整个系统进行管理。具体而言,政府组织的任务包括:明确公共服务供给目标,并使得这一目标成为整个系统的愿景;制定明确的合作规则,建立并维护资源共享平台,建立并维护信息通道等。第二,系统主体或称公共服务参与主体。在公共服务系统之中,相互依赖的政府组织、民间组织、企业和公民个人共同构成了公共服务系统的主体。政府组织提供公共服务是政府的应有职能之一,企业因为对公共服务投资的高回报率而加入系统,民间组织因为其自身的公共价值性质而加入系统,公民个人作为社会的一分子,秉承公共责任心而加入系统。第三,系统边界。由于公共服务需求的复杂性和政府组织自身资源能力的有限性,吸纳多元主体进行公共服务供给已成趋势,公共服务系统的开放性是其重要特征之一,但公共服务系统同样具有选择性,借由公共服务主体网络选择机制而具有了明确的边界。第四,存在样态。公共服务系统的存在具有时间和空间两个维度。就时间样态而言,公共服务系统是一个持续发展的有机体,适应外部环境不断调整自身结构、主体、规则的同时也在

一定程度上影响着外部环境,在与外部环境的交互影响过程中实现成长。就空间样态而言,公共服务系统可以被看作多元主体互动联系的一个场所,即使在没有特定任务的情况下,政府内部不同部门、民间组织与政府组织、企业与政府组织也可以借助这个平台建立关系联结,从而为未来的合作打下基础。

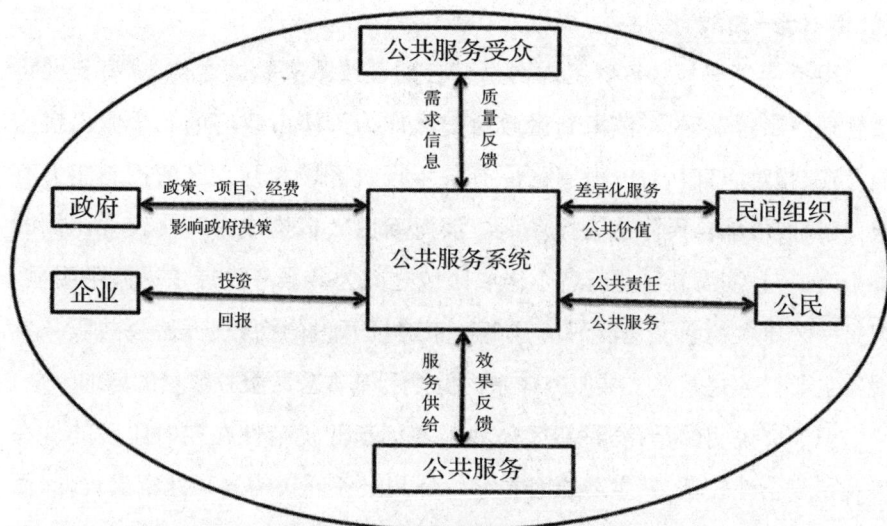

图4-1　公共服务供给网络

基于上述分析,公共服务供给系统能力高则意味着,社会行动者具有较多的额外资源能够用于公共服务供给,且政府有较高的能力将各类社会行动者统合进公共服务供给系统之中,并具有合理高效利用公共服务资源进行公共服务创新的能力。

公共服务创新的复杂性主要是针对公共服务创新环境而言的,具体包括三个方面的复杂性:第一,公共服务对象的复杂性及其需求的异质性,例如流动人口规模,流动人口的政治行动能力等;第二,公共服务的区域不均等程度;第三,政治环境与行政系统的稳定程度和效率水平。公共服务创新的复杂性高则意味着公共服务所面对的政策对象构成复杂,且需求多元,并可能相互冲突,同时存在着区域间公共服务的均等与政府工作效率相对低下的问题。

(二)滨海新区公共服务创新中的政策工具选择框架。

本书以"公共服务供给系统能力"和"公共服务创新复杂性"两个维度建立公共服务创新中政策工具选择分析框架(如图4-2所示)。这一分析框架包含两个命题:

命题一:随着时间的推移,滨海新区公共服务创新的复杂性发展趋势呈现"倒U形"曲线。

2006年滨海新区被确定为国家综合配套改革实验区之初,滨海新区行政管理体制尚未理顺,滨海新区政府仍然作为天津市政府的一个派出机构而存在,相对而言其对滨海新区原有各个行政区域和开发区的控制能力有限,其权威传承自天津市人民政府。滨海新区人口构成中存在较大比例的外来人口,且滨海新区原有各个构成区域之间公共服务发展水平差距明显。但另一个更大的前提是滨海新区尚处于建设开发的初始阶段,公共服务发展的主要任务是基本公共服务体系的健全和基本公共服务数量的增加。

但需要说明的是,滨海新区公共服务创新的复杂性在初时阶段的外在表现是复杂性较低,其主要原因并不是公共服务创新的复杂性本身较低,而是在当时的政策发展目标下,公共服务异质性需求的满足、公共服务的人群间平衡、公共服务的区域间平衡被列为公共服务发展的次级目标,因此在政策制定与政策执行过程中,一些复杂性因素的平衡被有选择性地搁置了。伴随着公共服务供给系统能力提升,政府开始重视这些异质性需求的满足,并进一步提升公共服务供给品质,最终的结果是公共服务供给数量足以满足现有的公共服务需求,对于异质化公共服务需求,政府通过各类政策工具途径满足,公共服务创新由数量提升、质量保障阶段进化到细节完善和个性化需求满足阶段。

命题二:滨海新区公共服务创新过程中政策工具的采用比例,随时间发展逐步由以强制性政策工具为主过渡到以自愿性政策工具为主,当然过渡周期将会是一个比较长的时期,其整体进程可能与中国整体服务型政府建设进程相关联。

在区间A,由于公共服务供给系统的能力较低,社会力量还未发展成熟,政府吸纳融合社会资源进行公共服务供给的能力还比较低,公共服务创新的主要行动者仍然以政府为主。在这个阶段,政府采用的主要政策工具为强制性政策工具,即政府更多地通过直接提供、管制、直接生产的方式提供公共服务。这个阶段不宜过多采用自愿性政策工具,自愿性政策工具的采用在一定背景下可能会被解释为政府的不作为。在区间 B,社会志愿力量有所发展、企业经济能力和参与意识都有所增强,且政府影响这两类行动者的能力也较高,公共服务体系已经基本建立起来,公共服务数量逐渐增多,在继续采用强制性政策工具的同时,政府可以采用更多的混合性政策工具,并少量采用自愿性政策工具进行公共服务创新。例如通过财政补贴的形式鼓励企业参与公共服务,在孤儿救助等领域引导社会组织提供必要的服务和支持等。在区间 C,企业的经济实力和社会责任心进一步增强,在社会组织力量逐步壮大的前提下,可以更多地采用自愿性政策工具,真正开放公共服务市场,以市场化手段来满足部分较为高端的公共服务需求。在区间 D,公共服务本身已经达到较高水平,政府自身能力显著提升,公众生活达到较高水平,公共服务创新领域已经由公共服务的规模化发展演变为公共服务的细节性完善方面,而政府的整体供应已经不能完全满足公共服务细节完善的需求,自愿性政策工具在此时理应成为最主要的政策工具,市场、家庭、社区将成为公共服务创新的主力。

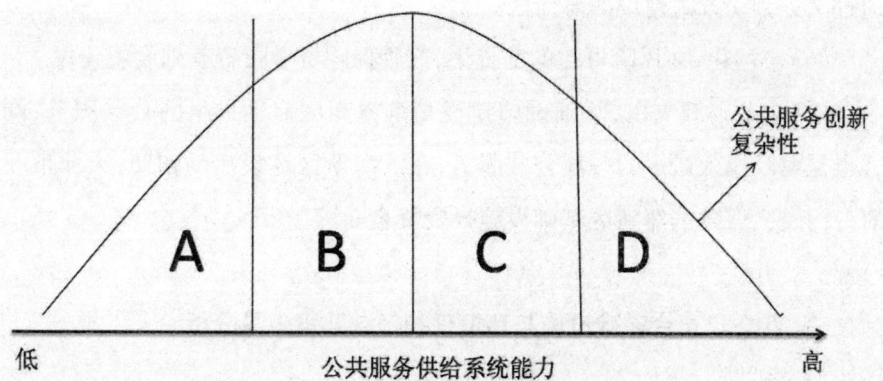

图 4-2　滨海新区公共服务创新政策工具选择图谱

第二节　基础设施与环境保护领域政策工具分析

一、1994—2009 年基础设施与环境保护领域政策工具分析

在 1994—2009 年,在基础设施建设与环境保护方面滨海新区政策工具应用类型并不算丰富,主要涉及以下七种:

(1)规划计划,这是此阶段采用最为频繁的政策工具,通过各种规划和计划,设定滨海新区基础设施建设的目标和战略。2005 年之后又出来了若干个规划文件,对滨海新区基础设施建设总体目标、规划布局等方面做出了安排,同时较为细致地规划了环境保护工作。

(2)指示指导,早在滨海新区建设启动阶段,时任天津市市长就提出了滨海新区建设,"基础设施先行"的指示。

(3)政策试验,在《滨海新区综合配套改革试验方案》中提到要进行保险资金投资基础设施试点,进行环境保护综合执法试点。

(4)禁止,在 2002 年出台的《天津滨海新区条例》中禁止在滨海新区兴建不符合环境保护标准的项目。

(5)号召,如在滨海新区建设启动阶段,天津市政府号召各单位和个人通过义务劳动方式建设滨海新区。

(6)市场化,在风险可控的前提下,鼓励保险资金投资基础设施建设。

(7)公共财政支出,基础设施建设是滨海新区启动最早的公共服务,同样也是财政投入最多的一项公共服务,在滨海新区建设启动初期,天津市政府专门发文保障滨海新区基础设施投资资金。

二、2010 年至今基础设施与环境保护领域政策工具分析

与前一个阶段相比,2010 年之后,在基础设施建设与环境保护方面所涉

及的政策工具类型明显增多,强制性政策工具、混合性政策工具和自愿性政策工具都被采用。

(一)强制性政策工具应用分析

在基础设施建设与环境保护过程中,强制性政策工具主要应用类型包括:

(1)禁止,如《天津市滨海新区加快推动"十一五"主要污染物总量减排工作实施方案》提出,要加快淘汰落后产能,推进结构减排成果,对淘汰关停的企业,要依法落实断水、断电、吊销执照等强制措施。

(2)许可,《关于印发滨海新区污水处理厂建设及运行监管工作方案的通知》中规定,"对于处理、处置本单位产生的污染物或者运行本单位的环境污染治理设施,可不领取资质证书,但应具备下列维护设施正常运转的技术条件"。

(3)监督检查,在环境保护工作中对污染企业的监督检查,对市容工作的专项检查活动等,如"春节期间新区执法局开展市容环境秩序专项督查活动"。

(4)建立和调整规则,上述内容同样也是一种规则的调整。

(5)财政投入,除基础设施投资和环境保护财政支出外,滨海新区还针对一些特定事项进行了财政投入,如《关于印发滨海新区节能降耗鼓励办法》中,滨海新区政府设立"节能专项资金",每年额度为4000万元,纳入年度财政预算。

(6)政府机构设置,如滨海新区行政体制改革中设立了滨海新区交通和建设局、滨海新区环境保护和市容局,在基础设施建设和环境保护的具体工作中,还成立了若干工作小组、指挥部。临港经济区成立建设管理服务中心,并承接新区建交局下放的建设管理权限,统一行使临港经济区管辖范围内的建设项目管理和招投标建设服务工作。

(7)政府机构能力建设,如滨海新区建设和交通局发出《关于进一步加强和改进工作作风建设的通知》,加强建设交通局系统内的工作作风,为此还成立了工作作风领导小组。设定和调整标准,如《天津市道路运输管理机构驻客运站运管人员监管标准化建设管理考核办法》建立了天津市道路运输管理机构驻客运站运管人员监管标准。

(8)政策试验,组织开展海绵城市建设试点示范工作。

(二)混合性工具政策工具应用分析

在基础设施建设和环境保护过程中,混合性政策工具类型主要包括:

(1)号召,如建交局、人社局、总工会、团区委四部门举办了滨海新区第一届建筑业职业技能大赛暨天津市第五届技能大赛选拔赛,通过比赛号召建筑业从业人员加强职业技能。

(2)教育培训,如开展村干部环保知识培训将环保工作引向基层,组织道路运输企业深入学习贯彻落实新《安全生产法》。

(3)象征和示范,如滨海新区命名了一批绿色社区、绿色学校、绿色幼儿园和绿色家庭,以绿色象征环保节约和可持续发展。

(4)审批制度改革,如《关于加强滨海新区城市道路挖掘施工管理的通知》中提出要适当集中审批权限,实行分级审批制度,在原有审批渠道不变的前提下,凡是新区区域内城市主干路及以上等级的城市道路和二级及以上等级的公路,新区核心区内次干路及以上等级城市道路和三级及以上等级公路的施工,必须由各管委会市政管理部门上报新区建交局,由新区建交局会同规划、交管等部门联合审批并出具批准文件后方可实施。

(5)使用者付费,如在塘沽2011年开始征收排污费。

(6)消费补助,如为鼓励居民开展垃圾分类,天津滨海新区中新生态城免费为居民发放垃圾袋。

(7)简化审批程序,如《关于进一步规范滨海新区建筑活动从业企业资质和人员执业资格初始审核管理工作的通知》中规定,建设交通局在驻区行政审批中心服务平台单设窗口,统一办理建筑活动从业企业资质和人员执业资格初始审核。建交塘沽、汉沽、大港分局不再受理此项业务,相应的锁、卡要尽快上缴区建设交通局封存。

(8)劝诫,如2011年8月23日上午,新北街道欧美风情小镇社区组织辖区文明督导队队员、党员、社区志愿者六十余人,对小区周边及金江路两侧的小广告进行清理,并对乱摆乱卖等不文明的行为进行劝导。

(9)检查与约谈,如2016年8月16日,滨海新区环境综合整治指挥部对环境整治工程进行抽查,检查发现问题之后,于次日对涉及的五家企业进行了约谈。

第三节　医疗卫生领域的政策工具分析

综合而言,滨海新区医疗卫生政策领域自愿性政策工具、强制性政策工具和混合性政策工具都有涉及,但自愿性工具运用较少,强制性工具和混合性工具运用较多。自愿性工具包括家庭社区、市场和市场化、自愿组织与资源服务;强制性政策工具包括规制、直接提供、命令和权威等;混合性工具包括信息与劝诫、诱导和补贴等。就政策对象而言,自愿性政策工具的政策对象主要是居民个人、医疗服务机构、社会组织和政府组织;强制性政策工具的政策对象包括政府组织、居民个人、医疗服务机构和部分经营性企业;混合性工具的政策对象包括政府组织、居民个人、医疗服务机构中的工作人员等。

一、强制性政策工具应用分析

强制性政策工具是滨海新区医疗卫生领域应用最多的一种政策工具。就政策工具分类而言,具体包括以下三类:

第一,规制类,主要有建立和调整规则,如规定医疗系统内部有关安全生产的若干守则;检查检验,如在滨海新区全区范围内开展地沟油和餐厨废弃物专项整治工作,为推动自然分娩工作,展开对产科专项检查;设定和调整标准,滨海新区分别就社区诊疗中心与农村医疗机构的相关配置设定了相关标准,在医院系统内部,根据医疗卫生事业发展需要设置了新的人才招聘标准;体系建设与调整,如建立滨海新区卫生信息系统相关政策;监督,主要见于政府机构及医疗服务机构内部对工作人员的监督;禁止,如滨海新区在开放医疗市场的同时也在打击非法行医,几乎每年都开展打击非法行医专项行动,制定专项行动方案;特许、许可证和执照,如给予社区卫生服务中心独立法人身份,将全部十八项社区基本公共卫生服务项目划分到社区公共卫生服务中心。

第二,直接提供,主要包括公共财政支出,在滨海新区卫生局公开的政务信息中,滨海新区政府财政支出中每年都设置医疗卫生公共服务支出,对于专项医疗卫生项目滨海新区各级政府还会安排专门的财政资金;直接服务,如免费为流动人口提供的十八项医疗服务,免费为新区儿童接种水痘疫苗,卫生下乡等;直接管理,如滨海新区卫生局督促有关单位做好《天津市妇女发展规划(2001—2010 年)》和《天津市儿童发展规划(2001—2010年)》的中期评估工作,对创建三级甲等医院的相关政策规定;直接生产,建设医疗城,扩建改建公立医院和社区卫生服务站等;

第三,命令和权威性工具,主要有:计划,在滨海新区行政体制转轨与医疗卫生体制改革阶段,滨海新区医疗卫生领域的很多政策都是以计划、规划的形式存在的;机构设置,此为滨海新区医疗卫生事业推动的重要手段之一,遇特别重大、紧急或需多部门多区域配合事项,滨海新区政府一般会成立一个特别工作组或委员会专门负责某项工作;政府机构改革,滨海新区行政体制改革中对医疗卫生机构设置及隶属关系的改革等;指示指导,如对重大事项、重要节日医疗保障工作的相关要求,应急管理方案等;政府机构能力建设,如开展各种培训、论坛、系统内部廉洁性教育等方面的政策;命令执行,如成立专门领导小组,履行烟草控制框架公约;政府间协定,如与天津市总医院等医院签订合作协议,发展滨海新区医疗卫生机构;强制保险,如各种提高滨海新区内医疗保险参保率的政策文件;政策试验,如社区医疗试点、家庭医生试点等。

就政策工具的政策对象而言,包括政府机构、医疗服务机构、居民和其他各类企事业单位。对政府机构采用的政策工具主要是建立和调整规则、检查、直接管理、机构设置、政府机构改革、政府机构能力建设、计划、命令执行、政府间协定等;对医疗服务机构采用的政策工作主要有设定调整标准,检查检验、直接管理、公共财政支出、指导指令、政策试验等；对居民采用的政策工具包括强制保险、财政支出、直接服务等；对企事业单位采用的强制性政策工具主要包括检查检验、监督和禁止等。

在政策总量方面，强制性政策工具是滨海新区医疗卫生领域应用量最大的一种政策工具，2010 年以来，强制性政策工具数量多达近百项，其中又以规划、计划、方案等为主。这主要是由于正处于新一轮医疗体制改革阶段，滨海新区医疗卫生体制改革中的若干问题需要制定总体规划、计划或方案，在计划、方案、规划等宏观政策文件下，又有关于具体政策执行的通知、要求等政策。

二、混合性政策工具应用分析

混合性工具是滨海新区医疗卫生公共服务发展过程中应用较多的一种政策工具，应用频率仅次于强制性工具。

就政策工具分类而言，滨海新区在医疗卫生领域采用的混合性政策工具主要有以下四类：

第一，信息与劝诫。教育学习，主要见于对医疗机构内部人员的相关培训及政府公务人员、医护人员的工作纪律和道德教育等方面；示范，如对先进个人、先进单位的表彰，建立国家慢性非传染性疾病综合防控示范区的相关措施等；舆论宣传，如对相关身体保健的宣传；建设舆论工具，出台相关文件，对医护人员和政府工作人员进行政风行风评议，建立健康教育与健康促进理念；信息发布与信息公开，2010 年成立专门的卫生系统政务信息公开领导小组，有关医疗卫生的政府文件、工作成效等信息都通过滨海新区政务信息公开网进行公开；鼓励号召，如鼓励居民到社区医疗服务机构就诊等相关政策措施，鼓励民营医疗机构落户滨海新区；象征，如举办"我心中的共产党员"主题征文。

第二，补贴。消费补贴，如为鼓励居民到社区医疗中心就医，针对患者制定的挂号和住院优惠补贴措施；财政奖励，如对家庭医生的奖励措施、对落户滨海新区的民营医疗机构的奖励;赠款,如对困难患病家庭的捐款;直接补助,如对大医院帮扶社区医疗服务中心的直接补助。

第三,征税和用户收费。用户收费主要应用于家庭医生制度中,通过收费,优先服务特定困难人群,其他人群若想享受家庭医生服务,可通过交费享受。社会保险金并未在滨海新区具体政策文件中体现,但滨海新区执行的是天津市的相关社会保险金政策。

第四,诱因型工具。程序简化,如行政审批程序简化相关规定。就政策对象而言,混合性政策工具的政策对象更多地以个人为主,主要包括三类人群:政府公务人员、医疗服务机构的医护人员和管理人员、滨海新区居民。政策目标主要是提高医护人员的技术水平,保障医护人员、医疗机构管理人员和政府公务人员模范遵守职业道德和法律规范;鼓励医护人员和医疗服务机构将服务向社区、农村倾斜,鼓励居民就近就医。

近两年以来,滨海新区鼓励民营资本进入滨海新区医疗卫生服务市场的政策开始逐步落实,因此直接运用财政奖励,鼓励民营资本投资滨海新区医疗卫生事业的政策开始出现,未来几年内,将会有更多相关政策工具被采用,如税收优惠、政府贷款、服务外包、公私合作等。

就应用数量而言,滨海新区混合性政策工具应用数量仅次于强制性政策工具,在许多政策文件中既有强制性工具的运用又有混合性政策工具的体现。如在社区医疗发展过程中,用强制性工具设定了社区医疗服务机构的相关标准,用混合性工具鼓励居民到社区医院就诊,鼓励大医院成立社区医疗服务中心,激发医生到社区医院工作的热情。在政府机构及医疗卫生服务机构能力建设、工作纪律维持、职业道德保障等方面也多采用混合性政策工具。

三、自愿性政策工具应用分析

自愿性政策工具主要包括家庭社区、志愿组织、志愿服务、市场和市场化。如滨海新区中塘镇相关工作人员与困难群众结成"亲戚"对子,给予这些困难"亲戚"必要的帮助,如遇突发重大疾病,联系慈善机构和相关人员进行捐款;塘沽中医院成立医疗志愿者服务队。早在《天津滨海新区总体规划(2005—2020)》中即提到要"逐步开放医疗服务市场,建立社会投融资机制",2010年《天津市滨海新区国民经济与社会发展"十二五"规划纲要》再次强调,要"支持和引导境外资本、民营资本进入医疗服务领域,构建多元化医疗市场"。2014年医疗服务领域市场化的具体方案出台——《滨海新区促进社会资本举办医疗机构奖励办法》,且安琪妇产医院、新世纪儿童医院、济民精神病医院、明锐眼科医院、爱诺医院等一批民营医院已成功引入滨海新区医疗服务市场。2015年初,安琪妇产医院、济民精神病医院两所医院工程已竣工。

自愿性政策工具的政策对象包括城市居民、农村居民、慈善机构、政府组织和医疗服务机构。针对城市居民、农村居民,号召居民邻里互助,如滨海新区新塘镇,困难群众的热心邻居经常会到困难患病群众家中走访、照顾。慈善机构,如各级红十字协会与基层政府部门会商对困难患病群众给予捐款、赠款。

就总体数量而言,滨海新区医疗卫生领域的自愿性工具较少,且目前为止,应用家庭社区、志愿组织和志愿服务类政策工具的政府均为基层政府,且往往以基层工作经验的形式存在。一方面,虽然早在《滨海新区总体规划(2005—2020)》中即提到要逐步开放滨海新区的医疗服务市场,但直到2014年底,这一构想才以一份具体文件的形式落地。可见,滨海新区政府在开放医疗服务市场方面采取的是比较谨慎的姿态,近几年的发展仍以建设滨海新区本地公立医院为主。另一方面,滨海新区市民社会发展尚处于起步阶段,社区社会组织中,卫生类的只有四个,其中两个是计划生育协会,两个是社区环卫队。民政类社区社会组织有十三个,治安巡逻、法律咨询、残疾人协会共六个,其余七个为居委会社区服务工作站。社会组织发展的滞后性及政府在医疗体制改革中的主导角色决定了自愿性政策工具短期内不会成为医疗卫生领域的主要政策工具。

第四节　公共教育领域政策工具分析

2010 年之前,滨海新区教育事业发展主要依赖于原有的功能区域管理委员会,滨海新区共有五个功能区管委会具备教育管理功能,分别是塘沽、大港、汉沽、开发区和保税区,五个区域管委会主要是对教育部、天津市教育委员的政策进行政策解读与政策执行。就教育公共服务发展成就而言,2010 年之前职业教育和高等教育是发展较快的两个领域。职业教育发展较快,资源整合取得成效,服务产业发展更为有力。高等教育发展较显著,大港高教区、开发区高教区初具规模,中新天津生态城优质化、国际化教育体系建设蓄势待发,新区高等教育特色初步形成。但滨海新区教育发展在 2010 年前后仍然与滨海新区综合配套改革示范区的地位有一定差距,且伴随着滨海新区开发开放,流动人口比例不断增大,各类教育服务缺口也较大。加之教育体制未能捋顺,教育统筹发展仍然存在一定困难。在此背景下,滨海新区制定了"优先发展,育人为本,先行先试,追求卓越"的教育服务发展原则,一系列政策出台。主要内容涉及以下七个方面:第一,普及学前教育,鼓励民间资本兴建学前教育,提高学前教育质量;第二,发展义务教育,进行素质教育改革;第三,推进普通高中现代化建设;第四,发展职业教育,推进职业教育为新区发展服务的功能;第五,继续发展高等教育;第六,构建继续教育网络体系;第七,校园安全建设等。

总体来说,滨海新区教育服务领域强制性工具、自愿性工具和混合性工具都有涉及,应用数量上以强制性工具最多,混合性工具其次,自愿性工具应用最少。就政策对象而言,自愿性政策工具的政策对象主要包括居民个人、教育服务提供机构;强制性政策工具的政策对象包括居民个人、政府组织、教育服务提供机构;混合性工具的政策对象包括政府组织及政府组织内工作人员、居民个人、教育服务机构和教育服务机构内工作人员等。

一、强制性政策工具应用分析

强制性政策工具是滨海新区教育服务领域应用最为广泛的一种政策工具。

就政策工具类型而言,在教育服务领域,滨海新区政府主要采用了以下十种政策工具类型:

(1)建立和调整规则。建立与调整规则是教育领域内最为常见的一种政策工具类型,滨海新区政府以通知、意见、方法、规划等文件类型发布了若干教育规则,内容几乎涉及了教育公共服务的各个方面,如校园安全管理方面的相关通知、预案,学前教育、义务教育、高中教育入学工作指导意见等等。

(2)设定和调整标准。包括设定人员招聘标准、学校现代化建设标准、学校相关配套后勤设施建设标准、师资选拔标准、信息报送工作标准、民办教育服务机构建设标准及服务标准等方面。

(3)检查检验。如成立教育督导组,对教育服务机构进行督导检查,对教育资源整体情况进行调研,对民办教育机构的监督检查等。

(4)机构设置。主要表现为各类工作小组的建立。如滨海新区教育督导小组、双拥工作领导小组、义务教育均衡发展领导小组、迎评工作办公室、科技教育领导小组等。

(5)政府机构改革。滨海新区政府成立之后,成立滨海新区教育局,统领滨海新区教育事业发展,对滨海新区教育局与各管委会教育局之间关系进行了相应调整。

(6)政府机构能力建设。在教育系统内部开展民主生活会,优化领导干部工作作风,转发上级机构指定的反腐倡廉建设实施意见,并要求各部门严格遵照执行。

(7)计划。发布滨海新区教育事业发展"十一五"规划、"十二五"规划,每年就教育事业发展情况发布工作要点。

(8)政府间协定。主要存在于两个领域:一是滨海新区为提升本区域学校的整体水平,与天津市名校签订合作协议,通过与名校在教研、师资、学生、资源等方面的交流共享,提升滨海新区本区域内学校的教师素质和办学水平。二是职业学校与企业间的协定,建立与企业的互动合作平台,根据企业需要发展职业教育,提升职业教育服务滨海新区发展的能力。

(9)政策试验。滨海新区被天津市确定为义务教育均衡发展试点,天津市教育体制改革试点工作中,滨海新区有八项教育改革项目被列入天津市教育体制改革试点。

(10)财政支出。例如在滨海新区教育标准化建设过程中,滨海新区政府规定要保障标准化建设财政投入,其中滨海新区人民政府担负其中70%的财政投入,各管委会担负30%财政投入。

就政策对象而言,强制性政策工具的政策对象以政府机构和教育服务提供机构为主,少部分涉及教育服务机构与政府机构工作人员。

二、混合性政策工具应用分析

相较于强制性政策工具而言,混合性政策工具的应用对象更多地涉及居民个人、学生和教育服务机构工作人员。

具体来说,在滨海新区教育公共服务领域,应用的混合性政策工作包括:

(1)程序简化。如为加快滨海新区义务教育现代化达标工作,滨海新区发展和改革委员会简化了义务教育现代化达标项目的审批程序。

(2)信息公开。滨海新区教育局转发教育部关于中小学信息公开的通知,并要求各相关单位遵照执行。

(3)鼓励号召。滨海新区在本区域范围内举办了形式多样的竞赛、评比和表彰活动,以引导教师进行自我完善,引导学生进行全面发展,鼓励社会力量参与教育公共服务。

(4)建立舆论工具。如举办"我参与、我快乐,争做文明滨海人"主题活动。

（5）示范。建立示范学校、优秀个人，引导其他机构和个人向这些示范单位及个人学习。如给古林街挂牌成立流动人口子女教育示范学校，评选"教师标兵""十佳班主任"等。

（6）教育学习。如给学前教育报销部分学费，鼓励其参与培训。

（7）消费补贴。在《天津市学前教育师资培训工程实施方案》中对师资培训部分费用进行报销。对中新天津生态城幼儿园入学儿童实施的"免费坐校车、免费就餐和补助"政策。

混合性政策工具的政策对象包括学生、教师、居民个人、教育服务机构。针对学生，主要是为鼓励学生全面发展，通过举办各类素质提升竞赛，鼓励学生在相关领域进行自我开发。对于教师，以先进教师的示范作用，引导普通教师向优秀教师学习，以消费补贴等形式，激发教师的继续学习热情。对于居民个人，则通过直接进行消费补贴，减轻居民个人用于教育的家庭开支。对于教育服务机构，同样运用示范学校的引导作用，使得更多学校进行教育创新和质量提升。

三、自愿性政策工具应用分析

在教育公共服务领域，自愿性政策工具主要应用的类型包括市场、市场化、志愿组织和志愿服务，其中又以市场化为主。如果将流动人口计算在内，滨海新区教育资源相对紧张，针对这一现实，在《滨海新区教育事业发展第十二个五年计划》中明确提出要扶植规范的民办幼儿园，落实民办学校法人财产权，完善民办学校法人治理结构，探索营利性与非营利性民办教育机构分类管理制度，支持天狮学院等民办学校加快发展。截至2014年底，滨海新区共有各类民办教育机构154个，涉及学前教育、职业教育、继续教育和科学研究等领域。在志愿组织与志愿服务方面，滨海新区以表彰志愿服务者的方式，倡导教育服务领域的志愿服务。部分大学生、离退休同志也被社区招募为志愿者，义务为社区提供教育服务。在家庭和社区方面，滨海新区着力发展社区和家庭在教育发展中的作用,有近四百个社区居委会或村开展了"家庭教育进社区"活动。各社区居委会或村分别组织了"家教讲座"进社区、"亲子教育"进社区、"小课堂"进社区、"慈孝文化"进社区等活动。

自愿性政策工具的政策对象包括公民个人和民办教育服务机构。在志愿组织和志愿服务领域政策工具应用较少,主要表现为基层政府对志愿服务个人的表彰与宣传。在教育服务市场化方面,政策工具应用较多,除了市场与市场化之外,还有强制性工具与混合性工具的应用。在家庭和社区方面,政策对象包括居民个人、家庭、社区,其中也包括外来务工人员及其子女,主要表现为家庭讲座、小课堂等形式。

第五节　社会保障领域政策工具分析

总体而言,滨海新区在社会保障领域主要采用的政策工具为强制性政策工具和混合性政策工具,基本没有采用自愿性政策工具。

一、强制性政策工具应用分析

强制性政策工具是滨海新区社会保障服务供给过程中采用最为普遍的一类政策工具,其中又以命令和权威性政策工具最为常见。具体来说,滨海新区社会保障事业发展过程中采用的强制性政策工具类型涉及:①计划,滨海新区在国民经济和社会发展规划纲要中对滨海新区社会保障事业提出了明确的目标定位,每年的政府工作报告就当年社会保障发展的总体目标和具体目标作出计划;②政府机构设置,政策执行领导小组是滨海新区政策执行的重要手段,在教育、医疗和环境保护公共服务中都有采用,在社会保障发展过程中,滨海新区也组成了相关政策执行领导小组,用于保障政策执行效果;③指示指导,滨海新区重要领导人对相关工作的视察和指导性谈话是滨海新区社会保障工作发展的重要标准;④政策试验,滨海新区在社会保障领域进行了针对社会保险基金的社会监督试点工作;⑤政府机构能力建设,在推动医保扩大覆盖面工作过程中,滨海新区人力资源和社会保障局通过对医保经办人员进行培训,打牢了医保推广工作的基础。

强制性工具中的规制工具是滨海新区社会保障事业发展过程中采用较多的另一类政策工具,规制工具主要涉及:①检查检验,为推动滨海新区社会保险覆盖面扩大工作,滨海新区对新区内企业单位进行了各类专项检查,检查监督其依法参加社会保险和缴纳社会保险费情况;②设定和调整标准,在2012年滨海新区调整了居民医疗保险筹资标准,门诊报销比例、住院医疗费起付标准和政府补贴水平,各项项目都有所提高;③建立和调整规则,在具体保险类别,例如工伤保险中,具体规定了工伤保险的参保范围、参保办法和工作机制等内容。

强制性政策工具的政策对象主要为政府机构和用人单位,针对政府机构,以强制性命令手段要求其推动相关政策的落实,针对企事业单位等用人单位,依靠检查监督等手段督促其为雇用人员缴纳各类社会保险。

二、混合性政策工具应用分析

混合性政策工具的采用主要是为了推动政策的有效执行,基层政府应用较多,主要涉及:①信息公开和信息发布,如通过电视台等大众媒体发布社会保险相关政策;②鼓励号召,通过宣讲、发传单等形式鼓励号召群众参与社会保险,尤其是在针对城镇化、城市化的农民参与养老保险的工作中,此种政策工具的采用较为有效;③教育学习,如前所述,为提高医保覆盖面推动工作,对滨海新区辖区内的医保经办人员进行了培训,提高了医保经办人员的政策知晓率和经办服务能力。

第六节　就业领域政策工具分析

在滨海新区发展过程中,伴随着滨海新区城镇化步伐的加快,滨海新区城镇化和城市化过程中的农民就业压力逐步增大,解决好城镇化过程中的农民就业问题既关系"人"的城镇化这个根本性目标,也有利于滨海新区整体稳定发展。因此,在就业政策方面,滨海新区采用的强制性政策工具与混合性政策工具较多。

一、强制性政策工具应用分析

在推动就业工作发展方面,滨海新区采用的强制性政策工具主要包括:

(1)政府机构设置。例如为推动滨海新区就业工作的进展,成立了滨海新区就业工作委局际联席会议制度,成立了联席会议领导小组。联席会议领导小组在滨海新区政府领导下开展工作,办公室设在滨海新区人力资源和社会保障局。

(2)监察监督。如滨海新区人力资源和社会保障局对用人单位遵守劳动用工和社会保险相关法律法规情况的专项检查,天津市人民代表大会常务委员会对滨海新区促进就业法贯彻情况的检查等。

(3)政府机构自身能力建设。为推动滨海新区劳动争议仲裁资源的整合,在滨海新区人力资源和社会保障局的统筹之下,大港、塘沽、汉沽、开发区、保税区、高新区劳动人事争议仲裁机构合并,以"滨海新区劳动人事争议仲裁委员会"的名义受理辖区内的劳动人事争议案件,这标志着滨海新区建立一体化仲裁办案体系和对劳动人事争议仲裁资源的整合工作迈进了一个新的阶段。

(4)政策试验。滨海新区进行了和谐劳动关系综合试验区项目。

(5)财政支出。从2011年开始,在实施滨海新区就业的"大就业"政策之后,滨海新区就业公共服务财政投入逐步增大,要求建立项目对接安置就业资金投入长效机制,区政府、各管委会每年在上年安排的就业资金规模的基础上逐年递增。

(6)直接服务。虽然这并未体现在具体政策之中,但滨海新区各级政府各部门都举办了各种形式的招聘会,直接为企业和待业人员提供了重要的招聘和就业平台。

（7）政府间协定。主要表现在三个层次：一是滨海新区成立"就业工作委局际联席会议制度"，滨海新区各管理委员会、各委局均为联席会议成员。二是滨海新区各区域建立区域培训互补机制，由滨海新区人力资源和社会保障局统筹协调，集合各区域培训资源。三为推动"大就业"发展，滨海新区相关政府部门还与企业建立了就业联盟。

（8）考核。在《滨海新区新增就业与重大项目对接服务工作实施意见的通知》中，滨海新区将"大就业"任务分解下发给了滨海新区各委局和各管委会，要求各单位按周、按月统计项目对接情况，滨海新区人力资源和社会保障局负责对各居委"大就业"工作的检查和考核。考核分为两个方面：一方面，由区人力社保部门分阶段对各管委会人力社保部门新增就业和对接服务指标工作落实情况进行检查；另一方面，由区人力社保部门组织随机抽选的项目单位开展对本区域内人力社保部门服务情况进行评估。

强制性政策工具的政策对象主要是政府机构自身，针对企业的政策工具采用领域主要为和谐劳动关系塑造，而非促进就业。利用强制性政策工具，设置专门用于统筹就业工作的工作机构，并通过政府机构自身能力建设，督促各单位承担并追加促进就业的财政支出，为就业人群和企业直接提供各种服务的手段来完成滨海新区政府在政府工作报告中的就业工作宣示。

二、混合性政策工具应用分析

在滨海新区就业公共政策中涉及的混合性政策工具主要包括：

（1）教育学习。例如滨海新区太平镇人民政府2011劳动保障服务中心举办小额贷款培训会促进就业。

（2）财政奖励。在《滨海新区鼓励企业吸纳农村城市化城镇化劳动力就业试行办法》中，详细规定了对用人单位和就业人员的财政奖励措施，主要包括对用人单位招收城市化、城镇化劳动力的奖励，对远途就业人员的财政奖励，对与城镇化、城市化劳动力签订两年以上劳动合同的企业的奖励，对大规模雇用城镇化、城市化劳动力企业的奖励和对涉农企业的奖励等。

（3）税费优惠。如《滨海新区农村城市化城镇化劳动力自主创业补贴办法》中规定，对自主创业人员从事个体经营，按照每人每年最高限额五千元的标准给予三年的税费补贴。

（4）示范。在滨海新区促进就业工作过程中，通过树立先进典型，形成示范效应，推动其他机构和单位继续加大促进就业工作力度。如中塘镇获得"就业和社会保障工作"先进单位称号。

（5）政府贷款。如为鼓励滨海新区待业人员进行自主创业，滨海新区大港区管理委员会为他们提供了免息一年的五万元小额担保贷款。

（6）信息发布。如滨海新区人力资源和社会保障局向滨海新区各管委会提供新区项目信息；滨海新区人力资源和社会保障局向待业人员提供岗位需求信息和培训信息。

混合性政策工具的政策对象主要为企业和待业人员，通过对企业的政策引导，鼓励其吸纳更多人群就业，通过对待业人员的服务，引导其尽快实现就业或自主创业。

第七节　保障性住房领域的政策工具分析

在滨海新区保障性住房建设过程中，强制性政策工具、混合性政策工具和自愿性政策工具都有应用，但仍以强制性政策工具和混合性政策工具为主。

一、强制性政策工具应用分析

滨海新区保障性住房建设过程中应用的强制性政策工具主要涉及：

（1）计划规划。滨海新区出台了《滨海新区住房建设"十二五"规划》，对"十二五"期间滨海新区住房的规划目标、住房体系、房价收入比等进行了规划，并专门出台《保障性住房重点建设片区》对滨海新区保障性住房重点建设片区进行了规划。

（2）机构设置。在滨海新区政府成立之后，成立了滨海新区规划和国土资源局，建立了滨海新区社会保障性住房建设领导小组。

（3）设定和调整标准。在相关政策中都详细设定了保障性住房规划和配套设计标准，如《滨海新区深化保障性住房制度改革实施方案》提出定单式限价商品房按照以 10 万人为一个街道，1 万人为一个居委会社区进行组织配建生活配套设施。

（4）直接提供。在滨海新区保障性住房建设发展过程中，滨海新区政府提出购买定单式限价商品房的非本市户籍家庭和个人，可凭定单式限价商品房产权属证明申请《天津市滨海新区居住证》，享受滨海新区医疗、教育、就业、高考、社会保险等同等权益。

二、混合性政策工具应用分析

保障性住房改革过程中应用的混合性政策工具主要包括：信息发布，如对申请保障性住房人员进行公示，对保障性住房建设项目基本情况进行公示等。消费补贴，为申请廉租房人员和按家庭发放财政补贴。生产补贴，如对于蓝白领公寓的运营管理企业的合理运营亏损，滨海新区各功能区可以用专项资金以购买公共服务的形式给予合理补偿。费用优惠，在定单式限价房建设过程中建设方可以免交铁路建设费和优惠缴纳其他一些应该缴纳的费用。

三、自愿性政策工具应用分析

保障性住房改革过程中涉及的自愿性政策工具主要是指市场和市场化：《滨海新区住房建设"十二五"规划》与《滨海新区深化保障性住房制度改革实施方案》都提出，在保障性住房建设过程中要以政府为主导，但同时要发挥市场的作用，实现政府主导下的市场均衡。《滨海新区深化保障性住房制度改革实施方案》明确蓝白领公寓用地可以协议出让,建成后由企业持有产权并按规定运营管理。

第八节 滨海新区综合配套改革的政策工具应用分析

一、滨海新区政策工具应用的总体特征

总体而言,在各项公共服务创新过程中,滨海新区政府应用的政策工具以强制性政策工具和混合性政策工具为主,自愿性政策工具应用较少。在强制性政策工具中,法律、法令类政策工具并未采用,但滨海新区相关职能部门一般会对上级政府的相关法令、规章等进行转发,督促各功能区卫生行政部门严格执行和遵守相关法律、法规和规章。且由于正处于综合配套改革的过程之中,强制性政策工具中"建立和调整规则""设定和调整标准""机构设置""政府能力建设"等政策工具的应用明显多于其他类型政策工具,如滨海新区就社区医疗卫生服务中心进行的标准化建设、农村卫生所的标准设定、医疗系统招聘人员的标准设定等。混合性工具的采用更多是为达成政策目标提供相关激励措施和保障,如为提高医疗技术水平,对医疗从业人员采用的教育学习、象征、鼓励号召和示范等工具;为推动社区医疗发展,鼓励民众就近就医,并对去社区医院就诊患者采用的消费补贴工具等。在鼓励民营资本进入医疗市场,丰富医疗资源方面,滨海新区也采用了财政奖励、简化程序等混合性工具,虽然此领域尚未充分发展,应用数量较少,但却表明了滨海新区在鼓励民营资本进入医疗服务市场方面明确的支持态度。

在滨海新区公共服务创新过程中,自愿性政策工具应用较少,其应用主要存在于两个层次:第一,在高层次规划文件中,以原则性规定,口号目标等形式,表明滨海新区在开放卫生医疗服务市场方面的倾向性;第二,在基层政策实践和工作汇报中,作为基层政策和管理创新而存在。

表4-3 滨海新区公共服务创新政策工具箱

自愿性工具	强制性工具		混合性工具	
家庭与社区(c)	规制类	建立和调整规则(g,h)	信息与劝诫	教育学习(h,g,c)
自愿性组织(c)		检查检验(g,h,e)		象征(g,h)
自愿性服务(c)		设定和调整标准(g,h)		建设舆论工具
市场(h,c)、市场自由化(h)		体系建设与调整(g,h)		信息发布(g)
		禁止(e)		信息公开(g,h)
				鼓励号召(c)
		监督(g,h,e)		示范(h,c)
		许可证与执照(h)		约谈(g,h,e)
		特许(h)		
	直接提供	财政支出(h,c)	补贴	直接补助(h)
				消费补贴(h、c)
		直接服务(c)		财政奖励(h)
		直接管理(g,h)		赠款(c)
				使用者收费(c)
		直接生产(g,h)	征税和用户收费	社会保险金(c)
	命令和权威性工具	机构设置(g,h)		程序简化(h)
		政府机构能力建设(g)		
		政府机构改革(g)	诱因型工具	
		政府间协定(g,h)		
		指示指导(g,h)		
		计划(g,h,c)		
		命令执行(g,h)		
		强制保险(c)		
		政策试验(g,h,c)		

注:g代表政府机构,h代表公共服务提供机构,c代表居民,e代表企事业单位

二、强制性政策工具应用分析

(一)公共服务各领域强制性政策工具应用分析

在基础设施与环境保护方面,强制性政策工具类型主要包括:禁止、许可、监督检查、建立和调整规则、财政投入、政府机构能力建设、政策试验和政府机构设置八种。其中禁止、许可、监督检查、建立和调整规则的政策对象多为各类生产企业,滨海新区政府通过禁止、监督检查等手段控制其污染物排放量,监督其遵守新建立或调整的环保规则,同时对条件较好的企业给予了一定的自主处理权。财政投入是基础设施建设与环境保护的重要资金保障手段,滨海新区用于基础设施建设的资金投入是所有公共服务项目中最多的。① 近年来,随着科学发展观的普及,用于环境保护方面的财政投入也在逐年增加。政绩机构能力建设、政府机构设置是基础设施建设与环境保护的重要组织保障,政策试验则是滨海新区在本区域内政策创新的重要手段。

在医疗卫生领域,滨海新区采用的强制性政策工具类型非常广泛,具体而言包括:①规制类政策工具,涉及建立和调整规则、检查检验、设定和调整标准、体系建设与调整、监督、禁止、特许、许可证和执照;②直接提供类政策工具,涉及公共财政支出、直接服务、直接管理、直接生产;③命令与权威性政策工具,主要有计划、机构设置、政府机构改革、指示指导、政府机构能力建设、命令执行、政府间协定、政策试验以及强制保险等。计划、体系建设与调整、政府机构设置与政府机构改革用于推动滨海新区医疗体制改革,建立和调整规则、检查检验、设定与调整标准、监督、许可证和执照指示指导等政策工具用于推动医疗卫生服务机构改进服务质量,提升服务水平。直接服务、直接生产、强制保险、政策试验等政策工具则用于为民众提供更多更好的医疗卫生服务。

_____

① 详见滨海新区历年统计年鉴。

在教育领域,滨海新区教育公共服务创新过程中采用的强制性政策工具涉及建立和调整规则、设定和调整标准、检查检验、机构设置、政府机构改革、政府机构能力建设、计划、政府间协定、政策试验和财政支出等类型。建立与调整规则是教育领域内最为常见的一种政策工具类型,滨海新区政府以通知、意见、方法、规划等文件类型发布了若干教育规则,内容几乎涉及了教育公共服务的各个方面,如校园安全管理方面的相关通知、预案,学前教育、义务教育、高中教育入学工作指导意见等。政府间协定是滨海新区教育公共服务领域的重点创新途径,通过与天津市相关学校及政府的协定,推动滨海新区基础教育的发展,通过与企业的协定,推动职业教育的发展。

在社会保障方面,滨海新区采用的强制性政策工具主要以命令和权威性政策工具为主。具体而言,涉及计划、政府机构设置、指示指导、政策试验、政府机构能力建设、检查检验、设定和调整标准、建立和调整规则等类型。强制性政策工具的政策对象主要为政府机构和用人单位,针对政府机构,以强制性命令手段要求其推动相关政策的落实,针对企事业单位等用人单位,依靠检查监督等手段督促其为雇用人员缴纳各类社会保险。

在就业方面,滨海新区采用的强制性政策工具包括政府机构设置、监察监督、政府机构自身能力建设、政策试验、财政支出、直接服务,政府机构设置与政府机构能力建设为滨海新区就业服务的发展提供了重要的组织保障,表明滨海新区政府对就业工作的重视。财政支出为就业服务发展提供了财政资金方面的保障,直接服务、监督检查等手段保障了就业服务相关政策的落实,政策试验则为就业领域的政策创新进行了先期试验。

在保障性住房建设过程中,滨海新区应用的强制性政策工具主要涉及计划规划、机构设置、设定和调整规则、设定和调整标准、直接提供。滨海新区保障性住房建设发展过程中出台了专门性的政策规划用于指导滨海新区保障性住房建设;成立了较高级别的政府机构和工作组专门负责保障性住房建设;根据滨海新区具体情况设定了保障性住房的范围和申领条件,建立了保障性住房建设标准,为特定人群提供与保障性住房相配套的其他类别公共服务。

(二)强制性政策工具应用宏观分析

强制性政策工具是滨海新区公共服务创新过程中应用最为广泛的一种政策工具。虽然公共服务项目不同,但强制性政策工具采用的类别基本类似,在滨海新区公共服务创新过程中,主要涉及三类内容:

第一,以政府系统自身建设为主题,通过体系调整、规则重设、机构设置等政策工作进行政府自身的能力建设,目的是为公共服务的进一步创新性发展提供组织保障。在基础设施建设、环境保护、医疗卫生、教育和保障性住房等领域都有类似的政策文件出台。而且滨海新区公共服务创新过程本身就伴随着滨海新区两轮行政管理体制改革,在行政管理体制改革过程中,滨海新区公共服务供给系统也得以逐步建立并屡顺关系。

第二,以公共服务供给为主题的公共政策,例如直接提供服务、直接管理、进行公共财政支出等。尤其是在基础设施建设、环境保护、教育和医疗卫生四个领域,现阶段的公共服务供给仍以政府为最主要的供给主体。

第三,政策试验,滨海新区作为综合配套改革的先行先试区域,主要通过政策试验的方式进行了公共服务领域的政策创新,政策试验是我国政策创新过程中成效较为显著的一种政策工具,滨海新区在医疗卫生、基础设施建设等方面都进行了相关的政策试验。

除上述三类之外,滨海新区政府还应用了监督、禁止、许可等针对具体公共服务供给机构的强制性政策工具,如针对医疗卫生机构的监督检查等,主要是为了保障公共服务的品质。由于滨海新区人民代表大会没有立法权,滨海新区强制性政策工具不涉及地方性法规。

强制性政策工具的政策对象分布较广,主要包括政府机构、公共服务提供机构、居民和其他各类企事业单位。对政府机构采用的政策工具主要是建立和调整规则、检查、直接管理、机构设置、政府机构改革、政府机构能力建设、计划、命令执行、政府间协定等;对公共服务提供机构采用的政策工作主要有设定调整标准、检查检验、直接管理、公共财政支出、指导指令、政策试验等;对居民采用的政策工具包括强制保险、财政支出、直接服务等;对企事业单位采用的强制性政策工具主要包括检查检验、监督和禁止等。

三、混合性政策工具应用分析

（一）公共服务各领域混合性政策工具应用分析

在基础设施建设和环境保护过程中，混合性政策工具类型主要包括：号召、教育培训、象征和示范、审批制度改革、使用者付费、消费补助、简化审批程序和劝诫等类型。消费补助与劝诫的政策对象主要是滨海新区居民，用于引导滨海新区居民参与环境建设，养成环保生活习惯。审批制度改革、简化审批程序则有助于鼓励建设企业参与滨海新区建设发展。教育培训、号召、使用者付费、象征与示范等政策工具的政策对象主要为建筑企业和部分污染企业。

滨海新区在医疗卫生领域采用的混合性政策工具主要有以下四类：第一类，信息与劝诫，包括教育学习、示范、舆论宣传、信息发布与信息公开、鼓励号召、象征；第二类，补贴，包括消费补贴、财政奖励、赠款、直接补助；第三类：征税和用户收费；第四类，诱因型工具主要指程序简化。就政策对象而言，混合性政策工具的政策对象更多地以个人为主，主要包括三类人群：政府公务人员、医疗服务机构的医护人员和管理人员、普通居民。政策目标主要是提高医护人员的技术水平，保障医护人员、医疗机构管理人员和政府公务人员模范遵守职业道德和法律规范；鼓励医护人员和医疗服务机构将服务向社区、农村倾斜，鼓励居民就近就医。

在教育公共服务方面，混合性政策工具包括：程序简化、信息公开、鼓励号召、建立舆论工具、示范、教育学习和消费补贴。政策对象包括学生、教师、居民个人、教育服务机构。针对学生，主要是为鼓励学生全面发展，通过举办各类竞赛提升素质，鼓励学生在相关领域进行自我开发。对于教师，以先进教师的示范作用，引导普通教师向优秀教师学习，以消费补贴等形式，激发教师的继续学习热情。对于居民个人，则通过直接进行消费补贴，减轻居民个人用于教育的家庭开支。对于教育服务机构，同样运用示范学校的引导作用，使得更多学校进行教育创新和质量提升。

在社会保障领域,混合性政策工具的采用主要是为了推动政策的有效执行,基层政府应用较多,主要涉及:①信息公开和信息发布,如通过电视台等大众媒体发布社会保险相关政策;②鼓励号召,通过宣讲、发传单等形式鼓励号召群众参与社会保险,尤其是在针对城镇化、城市化的农民参与养老保险的工作中,此种政策工具的采用较为有效;③教育学习,如前所述,为提高医保覆盖面推动工作,对滨海新区辖区内的医保经办人员进行了培训,提高了医保经办人员的政策知晓率和经办服务能力。

在就业服务发展方面,混合性政策工具涉及:教育学习、财政奖励、税费优惠、示范、政府贷款和信息发布。政策对象主要涉及用工企业和待就业人员,教育学习政策工具的政策对象还包括部分政府工作人员。政策目标主要是通过各项政策工具的实施,为用工企业及待业人群提供供需信息,鼓励用工企业吸纳特定人群就业,引导待业人员多渠道就业等等。

在保障性住房方面,混合性政策工具主要涉及:信息发布,如对申请保障性住房人员进行公示,对保障性住房建设项目基本情况进行公示等;消费补贴,为申请廉租房人员和按家庭发放财政补贴;生产补贴,如对于蓝白领公寓的运营管理企业的合理运营亏损,滨海新区各功能区可以用专项资金以购买公共服务的形式给予合理补偿;费用优惠,在定单式限价房建设过程中建设方可以免交铁路建设费和优惠缴纳其他一些应该缴纳的费用。

(二)混合性政策工具应用宏观分析

就应用数量而言,滨海新区混合性政策工具应用数量仅次于强制性政策工具,在许多政策文件中既有强制性工具的运用又有混合性政策工具的体现。如在社区医疗发展过程中,用强制性工具设定了社区医疗服务机构的相关标准,用混合性工具鼓励居民到社区医院就诊,鼓励大医院成立社区医疗服务中心,激发医生到社区医院工作的热情。在政府机构及医疗卫生服务机构能力建设、工作纪律维持、职业道德保障等方面也多采用混合性政策工具。

就政策内容而言,混合性政策工具主要是对强制性政策工具进行补充。例如混合性政策工具中很大比例的内容是进行政府系统自身的能力建设,如通过学习、号召、示范等政策工具,鼓励政府系统内部人员进行自身能力提升,以便能够更好地提供公共服务,主要见于教育和医疗卫生领域。补贴型政策工具则主要针对接受公共服务的公众和提供公共服务的社会组织与企业。对公众进行消费补贴,是为了引导公众的公共服务消费习惯,实现公共服务格局调整,对企业和社会组织的补贴政策现在采用的还比较少,主要体现在滨海新区在逐步开放医疗卫生市场过程中对进驻滨海新区私立医院的财政直接奖励。产权拍卖在现阶段的公共服务创新过程中未有体现。在征税和用户收费之中,税收的调节作用滨海新区政府尚未启用,但在家庭医生制度中实施了用户收费制度,对于想要享受更高水平医疗服务的居民收取适当费用。契约型政策工具服务外包和公私合作暂时未有涉及。诱因型政策工具中程序简化被采用频率较高,正是因为滨海新区正在进行的行政审批制度改革,在公共服务领域的若干项行政审批也逐步简化了程序。

就政策对象而言,混合性政策工具的政策对象更多地以个人为主,主要包括三类人群:政府公务人员、公共服务提供机构的工作人员、滨海新区居民。政策目标主要是提高政府公务人员的管理水平和工作效率,公共服务提供机构工作人员的服务水平,鼓励和引导居民接受新的服务方式和类别。

四、自愿性政策工具应用分析

(一)公共服务各领域自愿性政策工具应用分析

在基础设施建设与环境保护领域应用的自愿性政策工具主要是自愿性服务,在滨海新区清雪工作和市容清洁工作中,此种政策工具经常性地被采用,如杭州道街组织社区居民、辖区志愿者对各小区门口、甬路、健身场所等处进行清扫,各社区居委会、辖区相关单位也高度重视清雪工作,共三千余人参与清雪。在新北街道市容环境综合整治工作中新北街道办事处领导、新北街道办事处全体人员以及志愿者一起对街道卫生进行了集中清理。古林街港电社区居委会召集各楼栋长、社区退休党员、社区志愿者以及物业公司员工四十余人,针对排污河、垃圾死角以及小区楼道内乱堆乱放现象进行了清整,并在蚊蝇滋生地集中投放除害药品。

在医疗卫生领域,滨海新区应用的自愿性政策工具主要包括家庭社区、志愿组织、志愿服务、市场和市场化。如滨海新区中塘镇相关工作人员与困难群众结成"亲戚"对子,给予这些困难"亲戚"必要的帮助,如遇突发重大疾病,联系慈善机构和相关人员进行捐款;塘沽中医院成立医疗志愿者服务队。政策对象包括城市居民、农村居民、慈善机构、政府组织和医疗服务机构。针对城市居民、农村居民,号召居民邻里互助,如滨海新区新塘镇,困难群众的热心邻居经常会到困难患病群众家中走访、照顾。慈善机构,如各级红十字协会与基层政府部门会商对困难患病群众给予捐款、赠款。

在教育公共服务领域,自愿性政策工具主要包括市场、市场化、志愿组织和志愿服务,其中又以市场化为主。在《滨海新区教育事业发展第十二个五年计划》中明确提出要扶植规范的民办幼儿园,落实民办学校法人财产权,完善民办学校法人治理结构,探索营利性与非营利性民办教育机构分类管理制度,支持天狮学院等民办学校加快发展。政策对象包括公民个人和民办教育服务机构。在志愿组织和志愿服务领域中政策工具应用较少,主要表现为基层政府对志愿服务个人的表彰与宣传。在教育服务市场化方面,政策工具应用较多,除了市场与市场化之外,还有强制性工具与混合性工具的应用。在家庭和社区方面,政策对象包括居民个人、家庭、社区,其中也包括外来务工人员及其子女,主要表现为家庭讲座、小课堂、儿童健康等形式。

(二)自愿性政策工具应用总体特征

自愿性政策工具主要包括家庭与社区、自愿性组织、自愿性服务、市场、市场自由化几种。自愿性政策工具的政策对象包括城市居民、农村居民、慈善机构、政府组织和公共服务提供机构。针对城市居民、农村居民,号召居民邻里互助,如滨海新区新塘镇,困难群众的热心邻居经常会到困难患病群众家中走访、照顾。

就应用数量而言,滨海新区公共服务创新过程中自愿性政策工具应用较少,且目前为止应用家庭社区、志愿组织和志愿服务类政策工具的政府均为基层政府,往往以基层工作经验的形式存在。

五、滨海新区公共服务创新过程政策工具选用的影响因素

滨海新区公共服务创新的政策工具格局主要受到以下四个方面影响:

第一,任务设定。滨海新区在综合配套改革实施的第一个阶段(2006—2013年),公共服务发展的主要目标仍是健全公共服务体系。在《滨海新区综合配套改革实施方案》中提到,滨海新区综合配套改革的重要任务之一是"推进社会领域改革,创新公共服务管理体制,构建覆盖城乡的基本公共服务体系"。在《天津滨海新区国民经济和社会发展第十二个五年规划纲要》也明确了"十二五"期间,在公共服务领域,滨海新区的主要任务是"着力保障和改善国计民生,完善全民社会保障体系,加快建立全覆盖、可持续的基本公共服务体系"。由两份重要文件的表述可以推定,滨海新区在2006—2013年这一阶段仍处于完善公共服务体系阶段,公共服务创新的复杂性虽然较高,但此阶段的异质性需求满足、区域平衡发展仍属于次级目标。而政府的直接提供无疑是在短期内快速扩大公共服务覆盖面最有效手段。

第二,政府能力。前文已经论述,滨海新区的综合配套改革过程也伴随着滨海新区的行政体制改革过程,至今滨海新区行政体制几经更迭,虽已基本理顺滨海新区内部的条块关系,但仍然存在着各个层级开发区的协调、街镇政府能力建设等问题。滨海新区人民政府从天津市人民政府的派出机构变成一个实体政府,作为一个新成立的政府机构,它在公共服务创新过程中的协调整合能力无疑尚需要一定的发展,政府影响社会行动者的能力还存在一定的欠缺,这也决定了滨海新区政府将更多采用其更容易掌控的强制性政策工具,而混合性政策工具因为效果的不确定性被较少采用。

第三,滨海新区人口构成中,流动人口比例逐渐加大,滨海新区也注重了流动人口公共服务的均等化,但在短期内滨海新区公共服务仍然是以首先保障滨海新区户籍人口需求为目标的,如滨海新区医疗卫生领域"十二五"规划所设定的发展目标仍然以户籍人口为计算标准,在教育领域,2014

年之前滨海新区中小学招生工作的原则还是以保障本地户籍适龄儿童入学为原则,2014 年才明确保障了流动人口子女入学权利。以本地户籍人口为公共服务对象在一定程度上降低了公共服务创新的复杂性,且本地户籍人口成分相对简单,居民收入水平也相对较高。

第四,社会力量发展规模与其参与公共服务供给意愿皆处于相对较低水平。首先,在市场经济领域,滨海新区优势产业主要集中于航空航天、石油化工、生物制药、食品加工、电子信息、新能源材料等领域,教育、医疗、文化等领域产业并不占优势。其次,就社会组织发展而言,滨海新区社会组织数量近些年来有了飞速发展,但其构成仍然存在较大问题,基本上集中于社会治安、计划生育、体育锻炼、环境清洁、养老等领域,高质量且具有较强联结社会资源能力的社会组织数量仍然比较少,政府与社会组织之间的长效合作机制也未建立起来。这也是滨海新区自愿性政策工具应用较少的重要原因。

第五章　滨海新区公共服务评价

本章旨在评价滨海新区公共服务发展成效,评价主要分为三个部分:第一部分是构建评价指标体系,并应用统计数据评价各领域公共服务发展水平,数据来源于《天津滨海新区统计年鉴》《天津统计年鉴》和滨海新区政务信息公开网;第二部分通过问卷调查,考察滨海新区居民对公共服务的满意度;第三部分通过对比滨海新区各领域的政策宣示与政策执行,评价滨海新区公共服务的政策落实情况。

第一节　公共服务评价指标构建

根据中央及地方公共服务领域的政策规划与政策宣示,在数据可得的前提下构建基本公共服务评价指标体系,指标一般涉及两类投入类指标与产出类指标,投入类指标衡量政府对公共服务发展的重视程度,产出类指标用于衡量政策实效。[①]

一、基础设施建设与环境保护评价指标构建

本书将基础设施建设与环境保护评价指标分为两类:投入类指标和产出类指标。投入类指标用于评价在基础设施建设与环境保护方面的财政投

---

① 虽然本书公共服务评价指标基于可得性原则构建,但由于年鉴数据条目变更、统计口径变化等客观原因,部分指标数据未能采集。

入、人力资源投入和物质基础投入情况；产出类指标用于衡量基础设施建设与环境保护的政策效应。在"投入"和"产出"指标下面，分别包含若干分项指标，在分项指标下还包含下一级分项指标。指标设置的主要考虑因素包括数据的可得性，综合改革配套实验区及国家相关政策文件的政策宣示。

（一）基础设施建设指标说明

（1）经费保障程度。具体包括基础设施投资占国民生产总值比重和基础设施投资占财政支出比重两个四级指标，分别由基础设施投资除以国民生产总值和财政支出得出，从中可以衡量政府对基础设施建设的重视程度。

（2）交通运输能力。包括港口业务能力，机场业务能力和城市交通承载能力三个四级指标。在港口业务能力下包括港口集装箱吞吐量（万国际标准箱）、港口旅客吞吐量（万人）和港口货物吞吐量（万吨）三个细分指标；机场业务能力包括机场旅客吞吐量（万人）和机场货邮吞吐量（吨）两个细分指标；城市交通承载能力包括铺装道路长度（千米）、铺装道路面积（万平方米）和桥梁座数（座）三个细分指标。

（3）工作生活保障能力。包括居家生活保障能力和公共交通保障能力两个四级指标。在居家生活保障能力下又包含天然气储气能力（万立方米）、天然气管道长度（千米）、自来水综合生产能力（万吨每日）、自来水供水管道长度（千米）、自来水全年售水总量（万吨）几个细分指标；公共交通保障能力包含公共汽车客运车辆（辆）、公共汽车乘客人数（万人次）、出租汽车运营车辆（辆）、长途汽车全年客运总量（万人次）、地下交通全年客运总量（万人次）几个细分指标。[①]

（4）安全保障能力下设抗灾设施数量四级指标，[②]抗灾设施数量包括排水泵站数量（座）和排水管道长度（千米）两个细分指标。

---

① 本研究中地下交通设施主要考察津滨轻轨的交通承载能力。
② 依据《国务院关于加强城市基础设施的意见》，安全保障能力指标应该包括城市管网、排水防涝、消防、交通、污水和垃圾处理等方面，但由于缺乏相关数据，此处做了简化处理。

表 5 - 1　基础设施建设评价指标

一级指标	二级指标	三级指标	四级指标	五级指标
基础设施建设基本公共服务	投入类指标	经费保障程度	基础设施投资占国民生产总值比重	
			基础设施投资占财政支出比重	
	产出类指标	交通运输能力	港口业务能力	港口集装箱吞吐量
				港口旅客吞吐量
				港口货物吞吐量
			机场业务能力	天津滨海国际机场旅客吞吐量
				天津滨海国际机场货邮吞吐量
			城市交通承载能力	铺装道路长度
				铺装道路面积
				桥梁座数
		工作生活保障能力	居家生活保障能力	天然气储气能力
				天然气管道长度
				自来水综合生产能力
				自来水供水管道长度
				自来水全年售水总量
			公共交通保障能力	公共汽车客运车辆
				公共汽车乘客人数
				出租汽车运营车辆
				长途汽车全年客运总量
				地下交通全年客运总量
		安全保障能力	抗灾设施数量	排水泵站数量
				排水管道长度

(二)环境保护评价指标说明

(1)经费保障程度由环境保护支出占财政支出比重和国内生产总值比重来衡量,鉴于 2013 年之前滨海新区环境保护支出总体而言相对较少,占国内生产总值比重小到几乎可以忽略不计,本书中没有评价环境保护支出占国内生产总值比重。

（2）人力资源水平主要通过环境服务人员投入水平来反映，由于数据资源的原因，本书只选取了环卫职工人数这个指标。

（3）环境污染治理能力，下设两个四级指标生活垃圾无害化处理率和无害化处理厂能力（吨/每日）。

（4）环境机构数量包括公共厕所数量（座）和垃圾无害化处理厂数量（座）两个细分指标。

（5）国家重点考核污染物排放量包括二氧化硫排放量（吨）、氮氧化物排放量（吨）、化学需氧量排放量（吨）和氨氮排放量（吨）四个指标。

（6）环境舒适度主要通过人均绿地面积、空气质量等指标来反映，可根据数据可得性进行取舍。

表5-2　滨海新区环境保护评价指标

一级指标	二级指标	三级指标	四级指标	五级指标
环境基本公共服务	投入类指标	经费保障程度	环境保护支出占财政支出比重	
			环境保护支出占国内生产总值比重	
		人力资源水平	环境服务人员投入	环卫职工人数
	产出类指标	环境污染治理能力	生活垃圾无害化处理率	
			无害化处理厂能力	
		环境机构数量	公共厕所数量	
			垃圾无害化处理厂数量	
		国家重点考核污染物排放量	二氧化硫排放量	
			氮氧化物排放量	
			化学需氧量排放量	
			氨氮排放量	
		工业污染控制能力	工业废水达标率	
			工业废渣综合利用率	
			工业粉尘去除率	
		环境舒适度	人均绿地面积	
			空气质量	

二、卫生基本公共服务评价指标构建

本书将卫生基本公共服务评价指标分为两类：投入类指标和产出类指标。投入类指标用于评价综合改革配套实验区政府在医疗卫生公共服务上的财政投入，人力资源投入及物质基础投入状况；产出类指标用于衡量综合改革配套实验区医疗卫生政策效应。在"投入"和"产出"指标下面，分别包含若干分项指标，在分项指标还包含下一级分项指标。指标设置的依据主要为《国家基本公共服务体系"十二五"规划》《全国医疗卫生服务体系规划纲要(2015—2020 年)》与综合改革配套实验区卫生事业发展相关规划，各级卫生事业发展规划普遍认为当前中国医疗卫生服务资源总量仍不足。

鉴于此，本书从经费保障、基础设施建设和人力资源投入等方面考察医疗卫生公共服务的投入情况。在产出类指标方面，根据《滨海新区卫生事业发展"十二五"规划》提出的滨海新区卫生事业发展九项目标，本书将卫生公共服务产出评价指标划分为五个类别，分别是：卫生机构服务能力、居民健康水平、孕产妇保健水平、幼儿保健水平和疾病防控水平。卫生机构服务能力由每千人医疗卫生机构床位数(张)、每千人执业(助理)医师数(人)和每千人注册护士数(人)三个指标反映。三个指标中均只核算了户籍人口。数据来源于《滨海新区统计年鉴》。居民健康水平由人口死亡率和人均期望寿命两个指标反映，指标选择主要是基于数据可得性。人口死亡率数据来源于《滨海新区统计年鉴》，人均期望寿命 2011 年数据来源于《滨海新区卫生事业发展"十二五"规划》，2012 年数据来源于 2012 年 10 月 23 日的《今晚报》。孕产妇保健水平由孕产妇死亡率和出生缺陷发生率两个指标反映，数据来源于《2013 滨海新区妇女儿童发展规划统计监测报告》。幼儿保健水平由婴儿死亡率和 5 岁以下儿童死亡率两个指标反映，数据来源于《2013 滨海新区妇女儿童发展规划统计监测报告》。

依据数据可得性，综合改革配套实验区医疗卫生公共服务投入类指标设置了三类三级指标：经费保障、物质设施基础、人力资源投入。其中经费保障程度主要通过医疗卫生财政投入占国内生产总值比重、医疗卫生财政支出占财政总支出比重、医疗卫生类固定资产投资占城镇总固定资产投资比重来反映。① 物质设施基础由卫生服务机构数和卫生机构床位数两个四级指标来反映。人力资源的投入主要通过卫生技术人员数量来反映。

表5-3 医疗卫生基本公共服务评价指标

一级指标	二级指标	三级指标	四级指标	五级指标
卫生基本公共服务	投入类指标	经费保障	卫生类支出额度	卫生类支出占国内生产总值比重
				卫生类支出占财政支出比重
				卫生类固定资产投资占城镇固定资产投资比重
		物质设施基础	卫生机构个数	
			卫生机构床位数	
		人力资源投入	卫生技术人员数量	
	产出类指标	卫生机构服务能力	每千人医疗卫生机构床位数(张)	
			每千人执业(助理)医师数(人)	
			每千人注册护士数(人)	
		居民健康水平	人口死亡率	
		孕产妇保健水平	孕产妇死亡率	
			出生缺陷发生率	
		幼儿保健水平	婴儿死亡率	
			5岁以下儿童死亡率	
		居民医疗保健支出	城市居民医疗保健支出	城市居民医疗保健支出占城市居民人均可支配收入的比重
			农村居民医疗保健支出	农村居民医疗保健支出占农村居民人均可支配收入的比重

---

① 由于天津滨海新区统计年鉴统计指标设置情况,医疗卫生类固定资产投资情况实际为"卫生与社会工作固定资产投资额",因此该项指标反映情况与实际情况有一定出入。

（1）政府卫生支出占国内生产总值比重,该指标用综合改革配套实验区医疗卫生支出除以综合配套改革实验区国民生产总值得出,该指标能够在一定程度上反映政府对医疗卫生公共服务的重视程度。

（2）政府卫生支出占财政支出比重,该指标用综合改革配套实验区医疗卫生支出除以综合改革配套实验区财政支出得出,该指标能够反映综合改革配套实验区政府对医疗卫生事业的支持力度。

（3）卫生类固定资产投资占城镇总固定资产投资的比重,通过卫生与社会工作固定资产投资除以城镇固定资产投资总额得出。

（4）物质设施基础,通过综合改革配套实验区医疗机构数量和医疗机构床位数来反映。

（5）卫生机构技术人员数量,通过卫生机构医生数和护士数反映。

三、教育类基本公共服务评价指标构建

本书将综合改革配套实验区教育基本公共服务评价指标分为两类:投入类指标和产出类指标。投入类指标用于评价综合改革配套实验区政府在教育公共服务上的财政投入,人力资源投入及物质基础投入状况;产出类指标用于衡量综合改革配套实验区教育公共政策效应。在"投入"和"产出"指标下面,分别包含若干分项指标,在分项指标中还包含下一级分项指标。指标设置的依据主要为《国家基本公共服务体系十二五规划》和各综合配套改革实验区教育发展相关规划。

（一）教育公共服务投入类指标说明

本书在投入类指标中内设三个三级指标分别是:经费保障程度、人力资源投入情况和物质基础投入情况。其中经费保障程度主要通过教育经费占国内生产总值比重、教育经费占财政支出比重、教育类固定资产投资占城镇固定资产投资比重来反映。人力资源投入情况主要通过专任教师师生比和专任教师本科及以上学历教师比重两项分指标来反映。物质设施基础主要通过教育服务机构数量来反映。

（1）教育经费占国内生产总值比重。该指标用滨海新区教育公共服务支出除以滨海新区国民生产总值得出，教育经费占国内生产总值比重是世界衡量教育水平的重要指标。

（2）教育经费占财政支出比重。该指标用滨海新区教育公共服务支出除以滨海新区财政支出总额得出，该指标能够反映滨海新区政府对教育类公共服务的重视程度。

（3）教育类固定资产投资占城镇总固定资产投资比重。该指标用教育类固定资产投资额除以滨海新区城镇总固定资产投资额得出，该指标能在一定程度上反映滨海新区政府对教育事业的支持力度。

（4）专任教师师生比。该指标用专任教师数量除以在校学生数量得出，反映的是教育类人力资源投入水平。

（5）专任教师本科及以上教师比重。该指标用专任教师中本科及以上教师数量除以专业教师总数得出，反映的是滨海新区教师素质整体水平。

（6）每万人拥有学校数。分别用各类学校数量除以万人次所得，该指标在一定程度上能够反映滨海新区在教育公共服务上的物质投入情况。

（二）滨海新区教育类公共服务产出类指标说明

产出类指标反映的是综合配套改革实验区教育类公共政策的转换成果。教育类公共服务产出类指标主要通过教育机构密度、义务教育入学率和升学率、高中阶段毛入学率、学前教育入园率和职业技能培训情况五个指标反映。以天津市滨海新区为例，《滨海新区教育事业发展"十二五"规划》设定的滨海新区教育五年发展指标主要包括十一项：学前三年毛入园率、义务教育巩固率、残疾儿童义务教育入学率、高中阶段毛入学率、享受优质普通高中教育在校生比例、主要劳动年龄人口平均受教育年限（年）、其中受过高等教育的比例、新增劳动力平均受教育年限（年）、从业人员继续教育年参与率、外来务工人员培训量（万人次/年）、财政教育支出占一般预算支出的比例。鉴于数据可得性和准确性，本书并未完全采用上述指标。

表5-4　教育类基本公共服务投入类指标体系

一级指标	二级指标	三级指标	四级指标	五级指标
教育基本公共服务	投入类指标	经费保障程度	经费占用资源比重	教育经费占国内生产总值比重
				教育经费在财政支出中所占比重
				教育类固定资产投资占城镇固定资产投资比重
		人力资源投入情况	专任教师师生比	幼儿园专任教师师生比
				小学专任教师师生比
				初中专任教师师生比
				普通高中专任教师师生比
			专任教师素质	小学本科及以上专任教师比例
				初中本科及以上专任教师比例
				普通高中本科及以上专任教师师生比
		物质设施基础	学校数量	每万人拥有小学数量
				每万人拥有初中数量
				每万人拥有职业中学数量
				每万人拥有普通中学数量
				每万人拥有幼儿园数量

(1)教育机构密度,分别用各类学校数量除以万人次所得。

(2)义务教育入学率和升学率,义务教育入学率用适龄儿童总数除以小学当年招生人数所得,义务教育升学率用小学毕业生数量除以中学招生人数所得。

(3)高中阶段毛入学率,用初中毕业生数量除以高中招生人数得出。

(4)学前教育入园率,根据在园学习生人数除以户籍所在三周岁以上六周岁以下适龄儿童总人数得出。

表5-5 教育类公共服务产出类指标

一级指标	二级指标	三级指标	四级指标	五级指标
教育类基本公共服务	产出类指标	教育机构密度	人均拥有学校数	每万人拥有小学数量
				每万人拥有初中数量
				每万人拥有普通高中数量
				每万人拥有幼儿园数量
		义务教育入学率和升学率	义务教育入学率	适龄儿童入学率
			义务教育升学率	小学升学率
		高中阶段毛入学率		
		学前教育入园率	学前三年毛入园率	
		职业技能培训情况	参加职业技能鉴定人次	
			取得职业资格证书人数	

四、社会保障类公共服务评价指标构建

社会保障发展评价指标由两类指标构成:一类是投入类指标,一类是产出类指标。在投入类指标中设置了三个细分指标,分别是经费保障程度、人力资源投入水平和物质设施基础投入水平。在产出类指标中设置了社会保险参保率、社会福利与社会救济受益人数、社会救济水平三个细分指标。

(1)经费保障程度由社会保障支出占国内生产总值比重和社会保障支出占财政支出比重两个四级指标来衡量,社会保障支出占国内生产总值比重=社会保障支出/国民生产总值;社会保障支出占财政支出比重=社会保障支出/财政支出总额。由于滨海新区政务信息公开网将社会保障支出与就业支出合并计算,因此此处在实际计算过程中采用数据为社会保障支出

与就业支出。

（2）人力资源投入下设四个四级指标，分别是社会福利事业机构从业人员数（人）、收养性社会福利机构从业人员数（人）、社区从业人员（人）和城镇社区服务中心年末职工人数（个）。

（3）物质基础投入下设四个四级指标，分别是社会福利机构①个数、收养性社会福利机构②数量、城镇社区服务设施数和城镇社区服务中心数量（个）。

（4）社会保险参保率下设三个四级指标，分别是医疗保险参保率、失业保险参保率和养老保险参保率。③

（5）社会救济与社会福利受益人数主要包括五类：社会救济总人数（个）、抚恤、补助优抚对象总人数（人）、收养性社会福利机构年末在院收养人员数（人）、农村最低生活保障人数和城市居民最低生活保障人数（人）。

（6）社会救济水平主要通过优抚对象补助金额（万元）④、抚恤事业费（万元）、安置事业费（万元）、社会救济费（万元）⑤、社会福利事业费（万元）、职工最低工资标准（元/月）、城镇居民生活保障最低标准（元/月）和农村低保资金全年计划支出（万元）来反映。

---

① 社会福利事业机构包括：福利企业单位、烈士纪念建筑物管理单位、救助管理单位、殡仪服务单位、福利彩票发行单位、城镇社区服务中心（站）。

② 收养性社会福利机构在《天津滨海新区统计年鉴》中只统计了国办养老院、社会办养老院和敬老院三类机构。

③ 三类保险参保率的列入主要考虑因素是数据的可得性。

④ 社会优抚对象包括：烈属、牺牲病故军人家属、革命伤残人员、在乡复员军人、带病回乡退伍军人、参战退役人员、参试补助人员、镇义务兵。

⑤ 社会救济费包括：城镇低保费、其他城镇救济费、农村低保费、农村社会救济费。

表5-6 社会保障评价指标体系

一级指标	二级指标	三级指标	四级指标
社会保障服务评价指标体系	投入类指标	经费保障程度	社会保障支出占国内生产总值比重
			社会保障支出占财政支出比重
		人力资源投入	社会福利事业机构从业人员数(人)
			收养性社会福利机构从业人员数(人)
			社区从业人员(人)
			城镇社区服务中心年末职工人数(个)
		物质基础投入	社会福利机构个数
			收养性社会福利事业单位数量
			城镇社区服务设施数
			城镇社区服务中心(个)
	产出类指标	社会保险参保率	医疗保险参保率
			失业保险参保率
			养老保险参保率
		社会救济与社会福利受益人数	社会救济总人数(个)
			抚恤、补助优抚对象总人数(人)
			收养性社会福利机构年末在院收养人员数(人)
			农村最低生活保障人数
			城市居民最低生活保障人数(人)
		社会救济水平	优抚对象补助金额(万元)
			抚恤事业费(万元)
			安置事业费(万元)
			社会救济费(万元)
			社会福利事业费(万元)
			职工最低工资标准(元/月)
			城镇居民生活保障最低标准(元/月)
			农村低保资金全年计划支出(万元)

五、就业公共服务评价指标构建

本书将综合改革配套实验区就业类公共服务评价指标分为投入类指标和产出类指标两个二级指标,投入类指标下设经费保障和人力资源投入两个三级指标,在产出类指标下设就业政策实效和职业技能培训情况两个三级指标。指标设计的主要依据是综合配套改革实验区政府工作报告的就业承诺和相关政策文件的政策宣示,数据可得性也是评估指标设置的重要考虑因素。

表 5 - 7 就业类基本公共服务指标体系

一级指标	二级指标	三级指标	四级指标
就业基本公共服务	投入类指标	经费保障	滨海新区就业财政投入占财政支出比重
		人力资源投入	职业中学教师数量
			职业中学教师本科及以上教师比重
	产出类指标	就业政策实效	新增就业岗位人数
			城镇登记失业率
			进场择业洽谈人次
		职业技能培训情况	参加职业技能鉴定人次
			取得职业资格证书人数

注:①2014 年新增就业人口数据来源于 2015 年滨海新区政府工作报告。②城镇登记失业率来源于历年滨海新区政府工作报告。③职业中学教师本科及以上学历教师比重 =(职业中学教师研究生学历人数 + 职业中学教师本科生学历人数)/职业中学教师数量

(1)经费保障指标下设综合配套改革实验区就业财政投入占综合配套改革实验区总财政支出比重四级指标。由于多数综合配套改革实验区统计年鉴中并未单独设置就业类经费支出指标,部分统计年鉴设有社会保障与就业合并的财政支出指标,因此本书暂时以社会保障与就业财政支出代替就业财政支出,虽然数据有所出入,但也能够从一定程度上反映综合配套改

革实验区对就业的财政支持水平。

（2）人力资源投入由职业中学教师数量和职业中学教师质量两个指标反映。职业中学教师质量主要以教师学历水平来考察。

（3）就业政策实效由新增就业岗位人数、进场择业洽谈人次和城镇登记失业率三个四级指标反映。

（4）职业技能培训情况由参加职业技能鉴定人次和取得职业资格证书人数来反映。

六、公共文化服务评价指标构建

综合配套改革实验区公共文化服务评价指标体系构建的主要依据是《国家公共服务体系"十二五"规划》和综合改革配套实验区文化发展相关政策文件，指标选取在一定程度上局限于数据的可得性，因此本书将滨海新区公共文化服务评价指标划分为三类：投入类指标、产出类指标和受益类指标。

表5-8 滨海新区文化基本公共服务评价指标

一级指标	二级指标	三级指标	四级指标	五级指标
文化基本公共服务	投入类指标	经费保障	文化财政投入经费水平	文化财政投入占总财政支出比重
		人力资源	文化馆工作人员数	
			图书馆工作人员数	
		物质设施基础	文化馆数量	
			图书馆数量	

一级指标	二级指标	三级指标	四级指标	五级指标
文化基本公共服务	产出类指标	文化机构面积	公共图书馆房屋建筑面积	
		文化机构密度	每万人拥有文化馆数	
			每万人拥有图书馆藏量	
			每万人拥有体院场馆数	
		文化活动	文化展览次数	
			文化培训班数量	
			文艺活动次数	
		场馆承载能力	公共图书馆阅览室座席数	
	受益类指标	文化事业机构受益人口比重	公共图书馆服务覆盖率	公共图书馆总流通人次占地区人口比重
			文化活动覆盖率	文化活动培训结业人次占地区人口比重

（1）投入类指标。投入类指标下设经费保障程度、人力资源投入情况和物质设施基础三个三级指标。经费保障主要通过滨海新区在文化事业上的经费投入以及文化事业经费投入占总财政支出比重来衡量。人力资源投入水平主要通过文化馆工作人员数和图书馆工作人员数两个指标反映，物质设施基础则主要通过文化馆数量与图书馆数量来衡量。

（2）产出类指标。产出类指标下设四个三级指标，分别是文化机构面积、文化机构密度、文化活动和场馆承载能力。文化机构面积限于数据可得性只考察了公共图书馆房屋建筑面积；文化机构密度通过每万人拥有的文化馆数、图书馆数、体院场馆数来反映；文化活动主要考察文化展览、文化培训班和文化活动情况；场馆承载能力主要通过公共图书馆阅览室座席数来反映。

（3）受益类指标。受益类指标通过文化事业机构受益人口比重来反映，基于数据的可得性，本书只考察了公共图书馆服务覆盖率和文化活动覆盖率两个四级指标。公共图书馆服务覆盖率通过公共图书馆总流通人次占地区人口比重来反映，文化活动覆盖率通过文化活动培训结业人次占地区人口比重来反映。

第二节 分领域公共服务发展评价

一、基础设施建设发展评价

（一）1994—2004 年滨海新区基础设施

第一，基础设施建设的经费保障程度。单纯以投资额数量来评价滨海新区基础设施投资情况，滨海新区基础设施投资额度增长非常迅速。1994年滨海新区建设启动，滨海新区基础设施建设投资为 20.6 亿元，1994—1998年，滨海新区累计完成固定资产投资 752.08 亿元，占天津市全市同期投资总量的 33.9％。1999 年，滨海新区完成固定资产投资 173.5 亿元，比上年下降3.2％，但滨海新区基础设施投资额度并未降低，反倒比上年增长 23％。基础设施投资额在 2000 年之后增幅更加明显，其可能原因是 2000 年滨海新区工作委员会管理委员会成立，滨海新区基础设施建设得以统筹发展。到2003 年底，基础设施投资总额达到 330 多亿元。[①]

滨海新区基础设施投资占滨海新区国内生产总值比重和滨海新区财政支出比重如图 5 - 1 所示。滨海新区经济总量增长巨大，1993 年滨海新区实现国内生产总值 112.36 亿元，1998 年国内生产总值为 416.96 亿元，五年平均增长速度高出天津市平均水平 10.3 个百分点。此后几年间，滨海新区生产总值年均增长 17％，2004 年达到了 1323.26 亿元，而基础设施投资额度一直维持在滨海新区国民生产总值的 10％以上。

滨海新区基础设施投资额度一直超出了滨海新区财政支出，其中部分原因在于，滨海新区建设初期，滨海新区基础设施投资中部分由天津市财政支持，天津市政府明确要求滨海新区的各单位在财力、物力上支持新区的基础设施建设。按照市政府 1995 年《关于加快滨海新区建设的若干规定》（津

---

① 根据《天津统计年鉴》2001 年、2003 年、2006 年数据统计所得。

政发〔1995〕33号)的要求,在每年提取开发区财政收入自留部分5%的基础上,对其他各单位也提留一部分资金,集中统一调度使用。① 总而言之,1994—2004年十年间,滨海新区基础设施建设投资总量较大,增速明显,是滨海新区提前一年建成的重要保障。

表5-9　1999—2004年滨海新区基础设施投资情况(单位:亿元)

	1995	1996	1997	1998	1999	2000	2001	2002	2003	2004
基础设施投资(亿元)	20.62	26.29	32.82	42.54	52.18	58.04	85.6	85.62	122.57	157.18

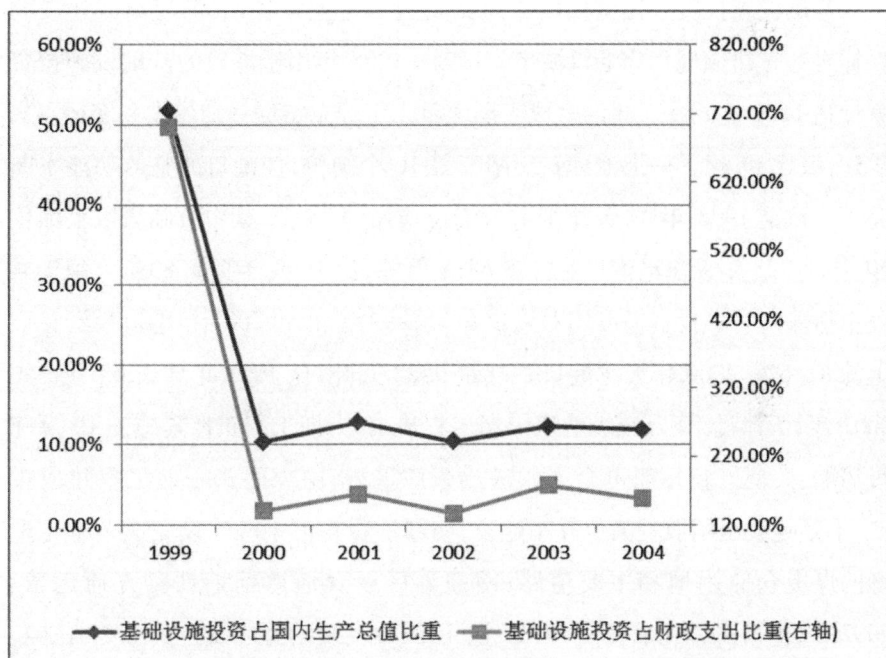

图5-1　1999—2004滨海新区基础设施投资占国内生产总值比重和财政支出比重

第二,基础设施建设的主要成效。就基础设施投资的项目分布而言,1994—2001年②,滨海新区基础设施投资中道路桥梁投资所占比重较大,几

① 参见《市政府发出加快滨海新区发展的通知》,载张峻屹总编:《天津年鉴》,天津年鉴社,2000年,第136~137页。
② 由于天津统计年鉴统计口径在2001年之后发生了变化,故以2001年分界点进行叙述。

乎每年总基础设施投资中有 30% 以上的资金用于道路桥梁建设,滨海新区道路交通状况明显改善。截至 1998 年底,滨海新区共修建、改建道路 30 余条,总长度 20 千米。修建彩虹大桥等 16 座大型桥梁。1998 年新区邮电业务量完成 4.49 亿元比 1993 年增长 2.5 倍,为滨海新区构筑现代化大交通网络创造了良好的基础条件。2000 年新区基础设施框架初步形成,城市载体功能进一步提高。① 2001 年天津滨海国际机场海关大楼建成并投入使用。2002 年天津市政府工作报告宣称滨海新区基础设施基本完备,滨海新区提前一年建成。

基础设施投资中比重仅次于道路交通的是港口建设,滨海新区建设的目标之一是建成现代化港口城市。1994—1998 年用于港口的基础设施投资累计达 16.1 亿元。天津港完成了国家重点工程东突堤一期建设和客运码头扩建,改建、扩建了一港池、南二、南三等 10 个泊位,使港口的整体功能不断完善。截至 1998 年底,天津港港口泊位增加到 73 个,其中万吨级以上泊位 50 个。1998 年天津港港口吞吐量 6818 万吨,比 1993 年提高 83%。用于居民生活保障类的投资额度相对较少。与 1999 年相比,2000 年港口投资总额上涨 81.6%,2000 年天津港口吞吐量 9582 万吨,比 1995 年增长 65.6%。② 2001 年,天津港 10 万吨级航道一期工程竣工,二期工程正抓紧施工 10 万吨级船舶、大型集装箱船可全天候进出天津港;南疆煤码头一期工程建成投产,千万吨级通用散货泊位开工建设;南疆散货物流中心建设完成 2 平方千米的煤炭仓储用地和主要道路;南疆港区运煤通道蓟港铁路开通运营。2002 年,港口工程完成投资 14.67 亿元,天津港货物吞吐量达到 1.29 亿吨,集装箱运量 240.8 万标箱,向国际深水大港迈出了重要步伐。

相较于道路交通建设和港口建设而言,城市生活保障能力建设投资所占比例相对较少,绝对投资额并不稳定,单供热供电投资在 1999 年之后一直维持上升趋势。

2002 年滨海新区基础设施投资项目中增加了铁路和轨道交通建设项

---

①② 参见叶玉鲲:《滨海新区成就辉煌》,载《天津统计年鉴(2001)》,中国统计出版社,2001 年。

目、绿化和环境工程,两项基础设施建设项目在总体项目布局中所占比重较大,其中铁路和轨道交通项目的比重与道路桥梁建设投资比重相近。2004年滨海新区基础设施建设投资达到157.17亿元,其中用于港口建设的投资为29.22亿元,占到了总投资额的18.6%,比上一年度港口投资额增长99%。与1999年相比,2004年滨海新区港口的集装箱吞吐量和货物吞吐量都几乎增长了两倍。

(二)2005—2009年滨海新区基础设施建设情况

2005年,滨海新区较为先进的基础设施基本齐全,截至2005年底,滨海新区基础设施累计投资856亿元,建设了475个重点工程,竣工430项。15万吨级深水航道、蓟港铁路、津滨轻轨等重大项目相继竣工。临港工业区造陆、海滨大道等工程正在建设。新区建成区面积188平方千米,形成了内、中、外三条环线和"六横六纵"的道路骨架。电厂装机容量达到274万千瓦,引滦入塘、汉、大三区工程全面完成,信息化迅速发展。

第一,就经费保障程度而言,滨海新区基础设施投资额度逐年增加,2005年基础设施投资为175亿元,到2009年已经上升到960亿元,基础设施投资在五年间增长了449%。滨海新区基础设施投资占滨海新区国民生产总值的比重也在逐年攀升,2009年基础设施投资已经占到了滨海新区国民生产总值的25%,而基础设施投资额更是数倍于滨海新区整体财政支出额度。

就滨海新区基础设施分布情况来看,新阶段的基础设施投资分布更为合理,道路交通类基础设施和建港造陆虽然仍在基础设施投入中占有最大比重,但同时能源建设投入、环境建设投入和功能区开发投入所占比重也较大,标志着滨海新区基础设施建设方向开始逐步转变。水利工程投入虽然所占比重较小,但2009年水利工程投入已经达到4.13亿元,绝对投资数并不算太低。

第二,在滨海新区基础设施建设产出方面,滨海城市载体功能不断增强,海空港建设不断加强,港口与天津滨海国际机场运输能力不断增强,天津港建设了25万吨级深水航道、30万吨级原油码头、滚装码头、散货物流中心、集装箱物流中心等工程,天津国际航运服务中心建成并投入使用,全方位电子通关系统拓展了天津口岸与腹地省市跨关区直通范围;天津滨海国际机场完成扩建,增强了空港客货运能力,为空客 A320 飞机在新区生产提供了保障。港口作为重要的物流基地,集装箱吞吐量在五年间增长近一倍,天津滨海国际机场旅客吞吐量 2009 年已达到 578.03 万人,货邮吞吐量达到 168103 吨。

第三,在铁路和轨道交通建设方面,建设了南疆进港铁路、万板铁路复线、黄万铁路、蓟港铁路复线、京津塘高速公路二线、津滨轻轨铁路、海滨大道、京津城际滨海新区段线路和塘沽车站改造等工程,使新区对外经济联系更加紧密。

第四,在城市交通建设方面,以完善区内道路体系为重点,建设了新区核心区内、中、外三环路,构筑"十横八纵"的快速路网框架,使新区内外交通更加便捷,投资环境更加完善。

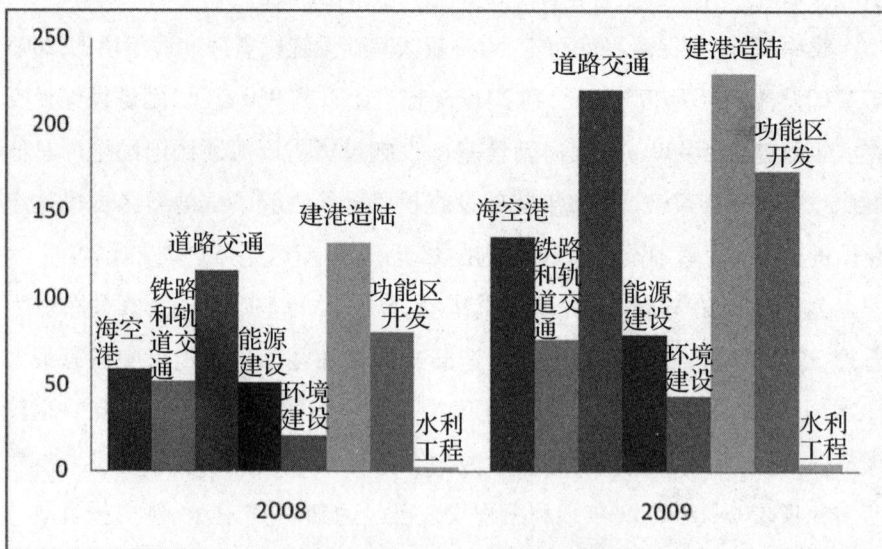

图 5-2 2008 年与 2009 年滨海新区基础设施投资项目分布

(三)2010 年至今滨海新区基础设施建设评价

第一,经费保障情况。2010 年之后滨海新区基础设施投资额度总体而言呈现下降趋势,虽然 2010 年滨海新区基础设施投资额度达到 1118.64 亿元,比上年度增长118.6亿元,但自2010年之后,基础设施投资额不断下降,2015年由于统计口径发生变化,海空港建设与功能区开发不再列入基础设施投资统计项目,基础设施投资额下降至96.89亿元。2010年之后基础设施投资占国民生产总值与财政支出比重也呈下降趋势,2013年基础设施投资占国民生产总值比重首次低于了10%。虽然基础设施投资总额呈现下降趋势,但投资总额绝对数并不少,2013年滨海新区基础设施投资总额为750.37亿元,也超过了2008年的基础设施投资水平。

就投资分配而言,2010年之后,海空港建设仍然是基础设施建设的重要内容,在滨海新区基础设施投资总额下降的前提下,海空港建设投资逐年增加,已由2010年的89.31亿元追加到2013年的143.87亿元。建港造陆投资在2010年与2011年所占比重最大,投资额度分别达到了430.95亿元和390.81亿元,到2012年建港造陆基本完成,2012年和2013年不再进行建港造陆投资项目。而提升了功能区开发费用所占比重,重要原因在于2010年,滨海新区打响“十大战役”,以建设功能区为契机发展基础设施和各项公共服务。功能区开发投资在2013年达到427.3亿元,占到了当年基础设施投资总额的57%。道路交通、能源建设、环境工程、水利工程投资额度基本保持稳定,2013年基础设施投资中增加了3亿元公共交通基础设施建设资金。2014年的基础设施投资分配基本延续了2013年的思路,仍然以功能区开发投资为主。2015年开始,基础设施投资统计项目与之前年份相比有较大变化,基础设施投资项目中占比较大的项目是道路工程和高速公路。

第二,基础设施建设产出情况。在交通保障能力建设方面,港口业务能力和机场业务能力进一步提升,2010年建成了25万吨级深水航道、30万吨级原油码头、天津机场一期工程和一批物流基地。2012年国际邮轮母港、南港等港区相继开港,天津港30万吨级航道二期、滨海国际机场二期工程进展顺利。2014年天津港新增码头岸线69.1千米、泊位71个,完成30万吨级深水航道二期工程。滨海国际机场T2航站楼、地下交通中心、地铁2号线机场延伸线投入使用。2016年滨海新区港口旅客吞吐量为78.7万人,相较于2010年的23.4万人,增长了两倍多,滨海国际机场旅客吞吐量由2010年的

727.71 万人,增加至 2016 年的 1687.2 万人。

城市交通承载能力提升较快,尤其是城市桥梁座数增长非常迅速,2010—2016 年新建成桥梁 142 座,滨海新区铺装道路长度也由 2010 年的 1418.40 千米增加到 2016 年的 2359 千米。

2010 年至今滨海新区开始逐步加大对公共交通设施建设的投入水平,2013 年更是单设 3 亿元用于公共交通建设,在 2010—2016 年滨海新区公共汽车客运车辆由 960 辆增加至 2162 辆,增幅为 125%,同时段滨海新区公共汽车乘客人数增幅 58.5%,公共交通紧张问题得到了极大缓解。出租汽车数量由于政策因素的影响,2010—2013 年一直维持在 5354 辆,但 2014 年滨海新区出租车数量大幅提升至 8000 辆,2016 年出租车数量达到 8090 辆。津滨轻轨作为新的公共交通出行方式近几年来乘客人数增长非常迅速,乘客人数由开通之初 2011 年的 2585 万人次增加至 2016 年的 3081 万人次。

在居民生活保障能力建设方面,滨海新区铺装天然气管道长度由 1367 千米增长至 2708 千米,自来水供水管道长度由 1855 千米增长为 2997 千米,2014 年滨海新区建成引黄入区供水工程,改扩建汉沽水厂、大港聚酯水厂,自来水综合生产能力从 2010 年的 66.9 万吨每日增长为 124.5 万吨每日。除此之外,2012 年滨海新区推进 3 座集中热源建设,改造 290 千米老旧供热主干管网。2016 年滨海新区完成滨海新区完成供热管网改造 14.5 万余米,完成投资约 6000 万元;完成“一户一环”改造 11597 户,完成投资约 7016.46 万元。总体而言,居民生活保障设施水平有所提高。

在城市排水设施建设方面,滨海新区排水泵站数量没有变化,一直维持在 268 座,但排水管道长度由 4475 千米增长为 6681.3 千米。

二、滨海新区环境保护公共服务发展评价

(一)1994—2004 年环境保护服务发展情况

在滨海新区开发开放的第一个阶段,对于环境综合整治虽然并未作出明确政策宣示,但环境保护工作早在 1998 年即已启动。

1998 年,天津市滨海新区投资 1.6 亿元,用于整治市容、美化绿化和治理污染,使环境质量有了新的提高。市容环境整治由"点""线"治理向"成片"治理发展。塘沽区重点清整了新村街—带 2.3 平方千米的区域,汉沽区重点治理了牌坊街地区,大港区重点美化了北围堤路等,各区加快了文明住宅小区的建设。全年新区整治了 10 条道路,规范了 4 个摊群市场。新区各单位继续加大滨海新区、开发区、保税区、新技术产业园区城市绿化资金的投入,全年完成投资 1.05 亿元,植树 30 万株,建设绿地面积 116 万平方米。开发区、保税区、塘沽区等单位,扩大了对耐寒耐碱植物的科学试种。在原有埋设盲管、灌水洗盐等技术操作的基础上,进行了改良土壤、优化品种、科学种植、科学监管等一系列探索,成功地试验了一批耐寒耐碱的绿地。煤尘污染与碱渣污染治理效果明显。开发区、保税区内的储煤场点已全部关停。港区煤炭装卸基本实行了喷淋作业。塘沽区的主要商业区和居民区附近的储煤场点大部分转产迁移。利用碱渣制工程土工作大规模展开,全年清除碱渣 10 万立方米,垫填土地 60 万平方米。

1999 年,天津市滨海新区投资 1.1 亿元,用于市容综合整治。清理整修街道 40 条,拆除违章建筑 4.4 万平方米,修葺沿街建筑物 10.7 万平方米。修建了标致性艺术建筑和街区艺术小品。塘沽区在中心区域修建 380 平方米的大型壁画,开发区在新行政广场修建了铜质雕像,创造了具有现代气息的文化艺术氛围。新区"治黑治白植绿"成效显著。制定出封闭运输煤炭管理办法,塘沽区研制改造的封闭运煤车投入运营。碱渣机理研究达到应用程度,累计清除碱渣 340.8 万立方米,用碱渣制工程土 408.9 万立方米,填垫土地 327 万平方米,腾出土地 56.8 万平方米,兴建碱渣山花园式住宅小区。滨海新区共植树 30 万株,新增绿地 8 万平方米,绿化增长量占全市总增长量的三分之一。绿化树木成活率在 90% 以上。开发区拥有大中型花园 12 个,大港区新落成的世纪广场绿化面积达 4 万平方米,塘沽区绿化工程完工。

2001 年滨海新区基础设施投资中增加了绿化综合整治投资,投资额度达 7.3 亿元,城市环境面貌明显改善,治黑、治白、植绿初步见到成效。

总体而言,1999—2004 年滨海新区生态环境得到改善。滨海新区 500

多平方千米湿地得到有效保护,建成了泰丰公园、塘沽海河外滩、大港世纪广场等公共场所,2005 年绿化覆盖率达到 35%,人均公共绿地面积 19 平方米。建设了开发区污水处理厂、汉沽垃圾处理厂等一批环保设施,清理大港区外煤炭仓储场 70 余家,将沉积 80 多年的 2.7 平方千米的碱渣山改建成紫云公园。大港区被命名为全国环保模范城区,大港和塘沽区被命名为全国卫生城区。[①]

(二)2005—2009 年滨海新区环境保护发展情况

2005—2009 年,滨海新区宜居生态新城区建设成果显著。2007 年投资100 亿元的天津港"北煤南移"工程告竣,结束了天津港北部煤粉尘的污染历史。困扰塘沽区 70 多年的碱渣山根治为美丽的公园。冶金、化工等重点企业节能减排工作取得显著效果,2007 年新区工业废水排放达标率为 99.7%,比 1999 年提高 3.7 个百分点;废渣利用率为 96.8%,提高 6.8 个百分点;粉尘回收率为 99.4%,提高 2.44 个百分点。以迎奥运、迎达沃斯峰会和中新生态城建设为契机,天津开展了环境综合整治,大大提升了新区整体形象和环境质量。[②]

2008 年新区空气质量总体呈现好转趋势,环境空气质量达标天数为 325天,占总监测天数(36 天)的 8.8%,其中达到一级优水平的天数为 71 天,增加 26 天。各项污染物浓度均达到国家年均值标准,可吸入颗粒物年均值为0.089 毫克/立方米,比上年下降 6.3%,达到国家年均值标准(0.1 毫克/立方米);二氧化硫年均值为 0.043 毫克/立方米,比上年下降 24.6%,达到国家年均值标准(0.06 毫克/立方米);二氧化氮均值为 0.04 毫克/立方米,比2007 年上升 2.3%,但仍达到国家年均值标准(0.08 毫克/立方米)。新区空气综合污染指数为 2.16,比上年下降 0.28。2008 年,新区主要河流均为劣 v类水质,主要污染因子为化学需氧量和氨氮;新区饮用水源地水质保持良好

---

① 《关于印发天津滨海新区国民经济和社会发展"十一五"规划纲要的通知》,天津市人民政府文件,津政发〔2006〕80 号。
② 参见胡全洋:《滨海新区插上腾飞的翅膀》,载杜西平主编:《辉煌的历程——天津改革开放30 年》,中国统计出版社,2007 年,第 23~31 页。

水平,功能区达标率为 10%。汉沽水厂和开发区水厂各项检测指标年均值均达到地表水 n 类标准。2008 年,新区声环境质量继续保持较好水平。区域环境噪声平均声级为 51.2 分贝,比上年下降 0.1 分贝,环境质量等级总体评价为"较好"。

2005—2009 年滨海新区工业废水、废气和废渣产生量及工业废水达标率、废渣综合利用率、工业粉尘去除率如图 5-3 所示,此阶段滨海新区环境压力较大,工业废水、工业废渣和工业废气产生量都逐年增加。在此压力下,滨海新区工业废水达标率、工业废渣综合利用率以及工业粉尘去除率都维持在 90% 以上,工业废水达标率在 2008 年和 2009 年都达到了 100%。

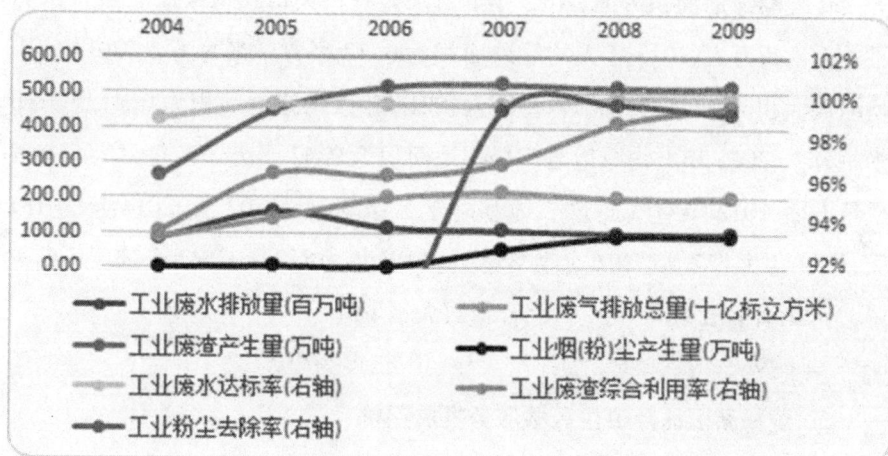

图 5-3 2005—2009 滨海新区工业废弃物产生量及处理效率

(三)2010 年至今环境保护情况发展评价

第一,环境保护投入情况。在经费投入方面,2011 年滨海新区用于环境保护的资金为 2.4 亿元,2012 年环境保护资金投入为 3.9 亿元,2013 年环境保护支出为 4.4 亿元,2014 年环境保护支出为 5.8 亿元,2015 年环境保护支出为 12.61 亿元,2016 年环境保护支出为 14.35 亿元,占滨海新区财政支出比重由 0.55% 上升为 1.58%,占国内生产总值比重由 0.04% 上升为 0.14%。在人力资源投入方面,从可查数据分析,滨海新区环境保护人力资源投入增幅不大,环卫职工人数由 4991 人上升为 7369 人。

第二,环境保护产出情况。环境污染治理能力显著提升,2011—2013年生活垃圾无害化处理率均达到100%,垃圾无害化处理厂处理能力由2600吨/每日,增加为3600吨/每日,增幅为38.4%。2014年,滨海新区大力开展工业污染防治,2016年新增生活垃圾处理能力2500吨/每日。环境机构数量变化不大,公共厕所由225座增加至302座,垃圾处理厂由3个变为7个。工业污染控制能力较强,工业废水达标率一直为100%,工业废渣去除率和工业废气粉尘去除率均维持在98%以上。

国家重点考核的四种主要污染物排放水平均呈下降趋势,氨氮排放量在2012年之后也有了显著下降。

在人均绿地面积方面,2012年滨海新区户籍人口人均绿地面积为0.41平方千米每万人,2013年人均绿地面积为0.42平方千米每万人,2014年人均绿地面积为0.41平方千米每万人,2015年人均绿地面积为0.41平方千米每万人,2016年人均绿地与广场用地面积为0.42平方千米每万人。空气质量方面,2012年空气质量二级和好于二级天数为307天,2014年为181天,2015年为231天,2016年为230天,2017年为212天,PM2.5浓度不断下降,与2014年相比,空气质量综合指数大幅下降。

三、滨海新区医疗卫生公共服务发展评价

(一)滨海新区医疗卫生公共服务投入趋势分析

就经费保障情况而言,滨海新区医疗卫生经费投入逐年增加,所占国内生产总值比重和财政投入比重逐年增加,占国内生产总值比重由0.19%上升到0.32%,占财政支出比重由2.74%上升至3.6%,固定资产投资额在2012年达到12.6亿,之后基本维持在这个水平。医疗卫生财政支出年平均增长率为28.4%,超过了滨海新区国内生产总值平均年增长率。

虽然卫生机构个数并未有明显增长,但卫生机构床位数和卫生技术人员数目有显著增长。主要得益于滨海新区在医疗卫生领域采取的医院等级提升及技术水平提升政策。

（二）滨海新区医疗卫生公共服务产出情况分析

滨海新区卫生机构服务能力持续增长,每千人医疗机构床位数由 2010 年的 5.45 张增长为 2016 年的每千人 6.3 张,每千人执业医生数由 3.77 人增长为 4.74 人,每千人注册护士数由每千人 3.59 人增加到 4.35 人,均超过了《2020 年全国医疗卫生服务体系资源要素配置》①相应指标。每千人执业医生数和每千人护士数也超过了《滨海新区卫生事业发展"十二五"规划》设置的相关目标。然而滨海新区流动人口众多,2010 年按照常住人口测算每千人拥有床位数为 2.65 张,每千人医生数为 1.52 人,每千人护士数为 1.59 人,按照滨海新区医疗卫生服务机构能力发展趋势估算,2013 年常住人口每千人拥有床位数为 2.99 张,每千人拥有医生数为 2.87 人,每千人拥有护士数为 3.03 人,离《2020 年全国医疗卫生服务体系资源要素配置》相应指标仍有一定差距,尤其是医疗机构床位数缺口较大。

滨海新区人均期望寿命在 2012 年达到 79.6 岁,有望在 2020 年达到《天津市滨海新区医疗卫生服务体系建设规划实施方案（2016—2020 年）》81.8 岁的目标。滨海新区的人口死亡率基本维持在 0.5% 到 0.7% 之间,与全国平均水平基本持平。②

婴儿死亡率在 2012 年是 4.45‰,2013 年下降为 2.32‰,降幅明显,孕产妇死亡率在 2012 年为 9.88/10 万,2013 年报告孕产妇死亡率人数为 0,出生缺陷发生率为 7.7‰,远远高于《滨海新区卫生事业发展"十二五"规划》设置的 2% 的目标,5 岁以下儿童死亡率 2012 年为 5.57‰,2013 年为 3.05‰,也提前完成了《滨海新区卫生事业发展"十二五"规划》将"5 岁以下儿童死亡率控制在 7‰以下"的目标。

滨海新区居民的医疗保健支出水平无论是农村居民还是城市居民都略有所上升,农村居民由 2011 年的 465 元升至 2016 年的 976 元,城市居民的医疗保健支出由 2011 年的 1211 元上升至 2016 年的 1319 元,农村居民医疗

①　《国务院办公厅关于印发全国医疗卫生服务体系规划纲要（2015—2020 年）的通知》,国办发〔2015〕14 号。

②　根据《国家统计年鉴》统计,全国平均死亡率为 0.7% 左右。

保健支出占可支配收入的比重由 4.34% 上升到了 6.40%，城市居民医疗保健支出占可支配收入的比重由 3.58% 上升至 4.70%。城市居民医疗保健支出占居民可支配收入比例低于农村居民的主要原因是城市居民可支配收入的增长率明显高于农村居民，城市居民可支配收入在 5 年间增长率为 26.6%，而农村居民可支配收入增长率仅为 10.3%。

表 5-10　滨海新区卫生基本公共服务进展情况

分项　　年份	2010	2011	2012	2013	2014	2015	2016
卫生机构(个)	596	572	586	601	626	637	666
卫生机构床位(个)	6109	6279	6481	7283	7786	8153	8077
卫生技术人员(人)	10849	11114	11478	12411	12679	13491	14198
治愈率	35.80%	40.10%					
卫生医疗支出(亿元)	12.0	15.87	19.77	25.0	28.8	32.39	
每千人医疗卫生机构床位数(张)	5.49	5.47	5.59	6.2	6.44	6.6	6.3
每千人执业(助理)医师数(人)	3.77	3.89	3.69	4.09	4.09	4.43	4.74
每千人注册护士数(人)	3.59	3.64	3.71	4.11	4.15	4.24	4.35
死亡率(百分比)		0.6%	0.70%	0.6%	0.6%	0.5%	
婴儿死亡率			4.45‰	2.32‰			
孕产妇死亡率			9.88/10 万				
出生缺陷发生率				7.7‰			
5 岁以下儿童死亡率			5.57‰	3.05‰			
人均期望寿命(岁)		79.2	79.6				
卫生医疗支出占公共财政支出比重	2.74%	2.99%	3.04%	3.35%	3.48%	3.58%	
卫生医疗支出占国内生产总值比重	0.19%	0.22%	0.25%	0.29%	0.31%	0.3%	
卫生类固定资产投资(万元)	30493	42073	125981	1859	110572	250954	
卫生类固定资产投资占城镇固定资产投资的比重	0.12%	0.13%	0.3%		0.28%	0.59%	

注:①国民生产总值、公共财政支出和卫生医疗支出数据选取自《天津统计年鉴》。

②卫生医疗支出占公共财政支出比重 = 卫生医疗支出/公共财政支出。

③卫生医疗支出占国内生产总值比重 = 卫生医疗支出/国民生产总值。

④孕产妇死亡率、出生缺陷发生率、5 岁以下儿童死亡率采集自《2013 年滨海新区妇女儿童发展规划统计监测报告》,2016 年婴儿死亡率与 5 岁以下儿童死亡率采集自《滨海时报》2017 年 6 月 22 日报道《新区户籍居民期望寿命近 82 岁》。

⑤人均期望寿命 2011 年数据来自《滨海新区卫生事业发展"十二五"规划》,2012 年数据来自北方网,2016 年数据来自《滨海时报》2017 年 6 月 22 日报道《新区户籍居民期望寿命近 82 岁》。

⑥由于统计年鉴统计数据缺失或统计条目设置等原因,表格中部分数据暂时空缺。

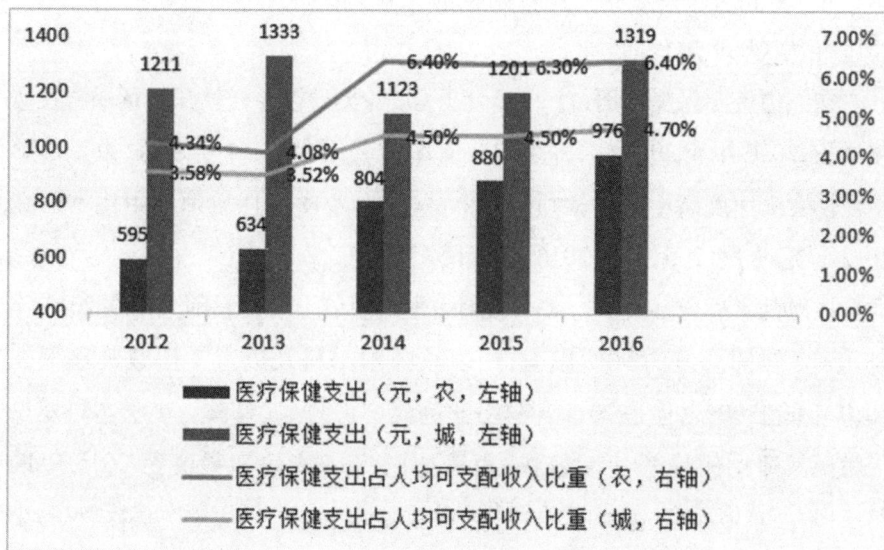

图 5 - 4　城乡居民医疗保健支出变化情况

四、滨海新区教育公共服务发展情况评价

(一)滨海新区教育公共服务投入情况评价

在经费保障方面,2010—2014 年滨海新区教育投入水平提升较快,教育经费支出由 2010 年的 32.2 亿元,迅速增至 2014 年的 95.35 亿元,之后 2015 年教育经费投入水平略有下降,2016 年教育经费投入水平又有所上升,上升至 91.20 亿元。就教育经费支出占比而言,教育类经费支出占财政支出比重

由 2010 年 10.05% 上升到 2015 年的 11.4%,2016 年教育经费支出占财政支出比重略有下降为 10.07%;教育类固定资产投资占城镇固定资产投资比重由 2010 年的 0.33% 上升至 2013 年 0.5%,2015 年占比又降至 0.33%;教育类经费支出占国内生产总值比重由 2010 年 0.64% 上升至 2016 年 0.90%。就教育类支出占财政支出比重而言,滨海新区的教育投入水平略高于浦东新区(浦东新区 2010 年教育类投入数额为 49.4 亿元,2016 年为 115.7 亿元,分别占到了当年财政支出的 9.4% 和 9.9%),但低于天津市的总体投入水平(天津市教育类财政支出占财政总支出的比重在 2013 年为 17.67%,2016 年为 13.58%)。

在人力资源保障方面,自 2010 年开始,各类学校专任教师数量一直在缓慢增长,2010 年至 2013 年,师生比也有所改善,[①]但 2014 年之后,由于小学生规模上涨速度高于专任教师规模上涨速度,小学专任教师师生比本已在 2013 年超过 1/12.5,但在 2016 年又下降至 1/17.2。

在教师素质方面,初中、高中教师中本科及以上学历教师人员在 2013 年都达到了教师总量的 90% 以上,初中教师中本科及以上学历教师比例在 2010 年低于 90%,但是 2011 年这一比例就增长为 92.78%。小学本科及以上学历教师比例增长速度较快,由最初的 57.2% 快速提高至 2015 年的 83.21%。总体而言,滨海新区高中阶段教师师生比和学历层次都比较高,小学阶段相对发展滞后,但发展速度较快。

在物质基础投入方面,滨海新区普通高中数量变化不大,每万人拥有小学数目有所下降,这主要是由于滨海新区发展教育事业过程中,为提高部分学校建设水平,对一些学校进行了合并重组,因此虽学校数量有所降低,但招生能力并未下降。每万人拥有初中数量在最初震荡调整之后,到 2013 年在数量上有了很大飞跃,由 2012 年的 62 所增加至 2013 年的 85 所。每万人拥有幼儿园数量基本维持在 1 所以上,近年来滨海新区在幼儿园建设方面着重在原来未设置幼儿园、流动人口比例较大的区域新建幼儿园,如在中新生

---

① 幼儿园师生比计算过程中将教养人员也一并计算在内。

态城新建了两所幼儿园。

（二）滨海新区教育类基本公共服务产出情况评价

截至 2015 年底，每万人拥有幼儿园数量为 1.14，每万人拥有初中数量为 0.72 所，每万人拥有小学数量为 0.74 所，每万人拥有高中数量为 0.24 所。

从幼儿园入园率看，滨海新区 3 岁至 5 岁适龄儿童入园率这几年一直维持在 82% 左右，变化不大；由于《滨海新区统计年鉴》指标设置的原因，义务教育入学率通过小学在校生人数除以 6 岁至 14 岁年龄段人口所得，故而数据稍有出入，但也大可反映滨海新区义务教育阶段的入学率较高，义务教育毛入学率基本可以达到 100%。小学升学率通过初中招生人数除以小学毕业生人数得出，小学升学率较高，2010 年以来一直维持在 93% 以上。高中阶段毛入学率通过高中招生人数除以初中毕业生人数得出，近几年来上升幅度较小，由 2010 年的 58% 上升为 64%。

在职业教育发展方面，参加职业技能鉴定人次从 2009 年的 1.6 万人次，迅速增长至 2011 年的 2.5 万人次，在 2012 年经历了短暂的回落之后，在 2013 年又回升至 1.7 万人次之上，2014 年在 2013 年基础之上略有上升，但 2015 年人数迅速上升至 9.1 万人次，2016 年相较于 2015 年虽略有所下降，但也达到 9 万人次。从 2009 年到 2013 年滨海新区累计取得职业资格证书人数为 88822 人，2014 年取得职业资格证书人数达到 18512 人，2015 年和 2016 年取得职业资格证书人数都超过了 8.8 万人。

五、滨海新区社会保障发展评价

（1）经费保障程度。滨海新区社会保障公共服务投入水平增长较快，就社会保障与就业财政支出绝对数而言，2011—2017 年增幅达到 218%；社会保障与就业财政支出占总财政支出比例由 1.6% 增长至 2.98%，增幅达 86%。

（2）人力资源投入情况。滨海新区社会保障人力资源投入情况如表 5-11 所示，社会福利事业机构从业人员数增长最快，2011 年的人数为 1158 人，

2012年人数快速增长至6421人,2013年人数为5982人,2014年人数为5981
人,2015年人数为6148人。滨海新区城镇化社区服务中职工人数减少比较
多,原因是滨海新区行政管理体制改革过程中,对滨海新区原有的老旧社区
服务站进行了改造升级,制定了《滨海新区老旧社区服务站提升改造实施办
法》《滨海新区老旧社区服务站装修改造工程设计导则》,新建成的社区服务
中心内,都设有工商服务、劳动就业、民政救助等服务窗口,按照"一窗口受
理,一条龙服务,一站式办结"的服务模式,为居民提供便捷高效的服务。

表5—11 滨海新区社会保障人力资源投入情况

考察指标 \ 年份	2010	2011	2012	2013	2014	2015
社会福利事业机构从业人员数(人)		1158	6421	5982	5981	6148
收养性社会福利机构从业人员数(人)	350	551	402			
社区从业人员(人)	2552	3250	1835	3080	2400	1994
城镇社区服务中心年末职工人数(个)	18421	2340	2340	2340	2340	2340

(3)物质设施基础投入情况。滨海新区的物质设施基础投入情况如表
5-12所示,自2010—2015年物质设施基础投入从单纯数量考察,整体呈先
降后升趋势,其主要原因可能是由于滨海新区行政管理体制调整,部分社会
福利机构和城镇社区服务设施进行了改造升级,暂时改造升级工作仍未
完成。

表5—12 滨海新区社会保障物质设施基础投入情况

考察指标 \ 年份	2010	2011	2012	2013	2014	2015
社会福利事业机构数目(个)	229	134	144	158	177	313
收养性社会福利机构数(个)	20	21	21			
收养性社会福利机构床位数(张)	1691	1881	2214			
城镇社区服务设施数(个)	852	852	231	239	245	245
城镇社区服务中心(个)	110	14	20	18	18	19

（4）社会保险参保率。2011—2016 年滨海新区社会保险参保情况如表
5-13 所示，滨海新区城镇基本养老保险、失业保险、城乡居民医疗保险和城
镇职工基本医疗保险参加人数均呈缓慢上升态势。城乡居民养老保险实际
缴费人数也呈上升趋势。

就社会保险的参保率而言，医疗保险参保人数占户籍人口的比例呈缓
慢上升趋势，且医疗保险参保人数多于户籍人口总数，这表明部分流动人口
已经纳入医疗保险范畴；职工失业保险参保率有所下降，重要原因在于单位
就业人员总数增长速度较快，而失业保险缴纳水平并未能快速跟进；养老保
险参保率由养老保险参保人数除以户籍人口得出，已由 94.8% 上升为
104.8%，六年间上升了 10 个百分点。

表 5-13　滨海新区社会保险参保人数

项目 ＼ 年份	2011	2012	2013	2014	2015	2016
参加城镇职工基本医疗保险人数（万人）	95.7	104.09	110.2	120.69	121.1	98.26
参加城乡居民医疗保险人数（万人）	45	45.6	46.2	45.6	46.8	47.63
参加失业保险职工人数（万人）	71.5	76.21	80.22	82.31	84.3	86.7
参加城镇职工基本养老保险人数（万人）	99.5	105.33	109	115.76	117.7	93.13
参加城乡居民养老保险人数（万人）	8.4	7.4	7.5	6.55	6.7	0.49
基本养老保险实际缴费人数（万人）		82.15	86.44	89.26	90.9	

注：2016 年参加城镇职工基本医疗保险人数统计为缴费人数，参加城镇职工基本养
老保险人数也统计为缴费人数。

（5）社会救济与社会福利受益人数。滨海新区近几年的社会救济与社
会福利受益情况如表 5-14 所示，领取失业保险金人数由 2011 年的 0.74 万
人增加至 2015 年的 9.2 万人，其原因可能是由于失业保险参保规模的上升，
更多的失业人群能够享受到失业保险金的保障。农村最低生活保障人数和
城市居民最低生活保障人数 2012 年到 2015 年一直维持在 2.3 万人左右的
规模，在 2016 年有了较大规模下降。收养性社会福利机构年末在院收养人
员数有缓慢增长，总体而言社会救济总人数变动幅度不大，抚恤、补助优抚

对象总人数 2013 年与 2011 年相比略有所下降,但 2014 年和 2015 年的规模
又有所回升。

表 5–14 滨海新区社会救济与社会福利受益人数情况

考察指标 \ 年份	2010	2011	2012	2013	2014	2015	2016
领取失业保险金人数(万人)		0.74	0.96	12.2	11.5	9.2	
农村最低生活保障人数(人)			8117	9921	9551	8581	1.92 万
城市居民最低生活保障人数(人)			14962	14450	14018	13638	
收养性社会福利机构年末在院收养人员数(人)	1085	1199	1355				
社会救济总人数(个)	23908	39983	23079	27649	25705		2.13(万)
抚恤、补助优抚对象总人数(人)		2509		1929	2384	2743	

(6)社会救济水平。2010—2015 年滨海新区社会救济水平如表 5–15
所示,整体而言,除抚恤事业费和社会福利事业费之外,其他各项社会救济
水平指标增长都比较快。增幅最大的为优抚对象补助金额,2015 年比 2011
年增长了 3 倍,其次为安置事业费,2015 年比 2010 年增长了 1.17 倍,社会
救济费增幅也都比较大,2015 年与 2010 年相比,增幅达 69.6%。

表 5–15 滨海新区社会救济水平

	2010	2011	2012	2013	2014	2015
职工最低工资标准(元/月)		1310	1500	1680	1680	1850
城镇居民生活保障最低标准(元/月)		480	520	640	640	705
农村低保资金全年计划支出(万元)			781.7			
优抚对象补助金额(万元)	1057	2818.48	3298.09	3489	4228	
抚恤事业费(万元)	1540.36	1925.73	3161.70	1804.39		
安置事业费(万元)	769.86	817.92	1620.60	2695.9	1858	1672

	2010	2011	2012	2013	2014	2015
社会救济费(万元)	9108.40	8621.8	14460.74	17000.75	19451.60	15444
社会福利事业费(万元)	542.47	522.00				

六、滨海新区就业服务发展评价

(1)投入水平。财政投入水平在社会保障发展评价中已经提及,人力资源投入水平方面,职业中学师资力量的发展自2009年开始虽然有所波动,但总体而言,滨海新区职业中学教师无论是在数量上还是在质量上都有了很大幅度增长,教师总人数由2009年的218(专任教师数)人增长至2016年的773(专任教师515)人,教师中拥有本科及以上教师比重由2009年的84.86%上升至2015年的92.09%。

(2)产出水平。在政策实效方面,滨海新区新增就业人口由2009年的8.65万人增加至2016年的12.1万人,城镇登记失业率继续控制在3.3%以内。参加职业技能鉴定人次、取得资格证书人数和新增就业岗位人数变化不大,每年都稳定在1.6万人左右,2012年略有下降,但2015年人数激增至91436人次。进场择业洽谈人次由2009年的23.41万人增加至41.6万人,由此可见滨海新区各级政府举办的各类型招聘会为求职人员提供了重要的求职平台,并得到了求职待业人员的认可。

表5-16 滨海新区就业服务产出水平

	2009	2010	2011	2012	2013	2014	2015
新增就业岗位人数(万人)	8.65	9.25	10.70	11.76	12.80	13.20	13.9
进场择业洽谈人次(万人)	23.41	28.24	24.78	42.4	44.6	42.3	41.6
参加职业技能鉴定人次(人次)	16701	23944	24753	13420	17618	18754	91436
取得职业资格证书人数(人)	16478	20956	22370	12090	16928	18512	89236

七、滨海新区保障性住房建设评价

由于在相关统计年鉴中并未找到保障性住房相关材料,本节仅以学术界对滨海新区保障性住房的需求估算和滨海新区保障性住房实际建设情况的对比来说明滨海新区保障性住房建设情况。

滨海新区"十二五"期间保障性住房建设需求情况如表5-17所示。据滨海新区保障性住房建设管理中心估算,滨海新区保障性住房需求主要体现在政府公屋、蓝白领公寓、限价商品住房和定单式限价商品房等方面,其中以定单式限价商品房的需求所占比重最大。滨海新区保障性住房实际建设情况如表5-18和表5-19所示。对比发现,政府公屋实际建设规模小于预估需求,蓝白领公寓的预估需求为479万平方米,公租房的实际建设面积为532万平方米,基本满足了预估需求。限价商品房的预估需求与实际建设面积差距较大,滨海新区保障性住房管理中心对限价商品住房的预估需求为247万平方米,而实际的建筑面积仅为25万平方米。定单式限价商品住房的预估需求为977万平方米,实际建设为147.9万平方米,截至2014年底滨海新区定单式限价商品住房的建设套数为8252套,与滨海新区规划和国土资源局2011年定单式限价商品房调查结果基本吻合,2011年滨海新区规划和国土资源局对滨海新区12个功能区和8家重点企业进行了调研,调查结果显示滨海新区对定单式限价商品的需求量为8538套。截至2015年底滨海新区保障性住房项目累计开工建设面积900万平方米、10.7万套,可以满足40万人的居住需求。① 虽然已经取得一定成效,但"十三五"期间滨海新区人口增长率有望达到年均5.23%,预测到2020年,滨海新区的外来人口规模将达到240万人以上,占常住人口的比重超过60%,基于此,"十三五"期间滨海新区保障性住房建设是优化人口分布,促进人口与经济协调发

---

① 参见《天津市滨海新区基本公共服务体系建设"十三五"规划》,天津滨海新区政务信息网,http://www.tjbh.gov.cn/contents/6377/122548.html,2017年3月31日。

展的重要保障,滨海新区在"十三五"期间也将住房保障作为公共服务体系建设的重点工作之一,将分别建设面向本地户籍和流动人口的保障性住房。

表 5-17　滨海新区保障性住房需求估算表①

住房类型	建设规模(万平方米)
政府公屋	23
蓝领公寓	303
白领公寓	176
限价商品住房	247
定单式限价商品住房	977

表 5-18　滨海新区保障性住房实际建筑规模②

住房类型	建设规模(万平方米)
公租房(包括蓝领公寓和白领公寓)	532.0704
经济适用房	282.2847
政府公屋	10.5105
限价商品住房	25.0744
定单式限价商品住房	147.9001

表 5-19　滨海新区保障性住房年度建设情况③

年份	2011	2012	2013	2014
滨海新区计划新开工保障性住房套数(套)		11797	15000	5000
蓝白领公寓(套)	5965			255
定单式限价商品住房(套)		1712	5800	740
经济适用住房(套)		6335	6400	4770

---

① 郑宾:《滨海新区房价收入比研究》,载于天津市滨海新区规划和国土资源局编著:《安居滨海——天津市滨海新区保障性住房改革成果汇编2011—2013》,中国建筑工业出版社,2013年,第166页。

② 根据天津市滨海新区规划和国土资源局编著:《安居滨海——天津市滨海新区保障性住房改革成果汇编2011—2013》,中国建筑工业出版社,2013年9月版中公布数据整理得出。

③ 通过滨海新区保障性住房管理局公示数据整理得出。

续表

年份	2011	2012	2013	2014
限价商品住房(套)				744
公共租赁住房(套)		3730	2800	

八、滨海新区养老服务评价

(一)滨海新区养老服务需求

本书中老年人口统计只是针对户籍人口,不包括常住、外来老年人口在内。统计结果显示,截至 2016 年底,新区 60 岁以上户籍老年人口 272600 人,占户籍总人口的 21.27%。在户籍老年人口中,比 2012 年同期增长 62656 人,增幅达 30.4%;80 岁以上高龄老人 33667 人,占户籍总人口 2.62%,比 2012 年增长了 14106 人,增幅达到 72.1%。

2012 年到 2013 年,老年人口出现"井喷式"增长,老年人口总数已经超过"十二五"末的预期水平,且新区的老年人口比重已经略高于市区平均水平。造成新区老年人口急速增长的主要原因是,20 世纪 50 年代中后期正处于我国人口出生率最高峰,这一代人如今已经进入老龄化阶段。此外,由于人们的生活水平和医疗保健条件的极大改善,老年人的寿命普遍延长,所以高龄老人增幅也较大。

(二)滨海新区"十二五"期间养老服务发展目标

表 5-20 滨海新区"十二五"期间新增养老机构床位工作任务

区县	2009 年有关情况			2010 年床位数(张)	"十二五"工作任务				
	老年人口数(人)	床位数(张)	老人与床位比(%)		预计户籍老年人口数(人)	需达到床位数(张)	老人与床位比(%)	应新增床位数(张)	每年需新增床位数(张)
滨海新区	181083	1766	0.98	1739	211639	8466	4	6727	1345

　　根据《关于下达天津市"十二五"期间新增养老机构床位工作任务的通知》,天津市养老机构床位与老人比的总体目标是:市内六区要实现不低于3.2%、环城四区和滨海新区要实现不低于4%,农村区(县)要实现不低于3%。全市平均水平为3.33%。

　　具体而言,滨海新区"十二五"期间需达到的床位数为8466张,老年人与床位比为4%,应新增床位6727张,每年需新增床位1345张。

　　(三)滨海新区"十二五"期间养老服务实际发展状况

　　1.养老经费投入情况

　　2010年至2012年养老事业投入经费一直维持在1300万元左右,2013年养老事业投入经费有了显著增长,其重要原因是2013年滨海新区"三院一所"开工建设,而养老事业投入经费占滨海新区财政支出的比重也由0.04%上升为0.09%。2014年养老事业投入经费为5567万元,2015年养老事业投入经费为4362万元,2016年养老事业投入经费为4600万元。

　　2.滨海新区养老物质设施基础情况

　　截至2016年,滨海新区养老服务机构发展情况如表5-21-1所示,滨海新区老年医疗护理机构发展较快,由2010年的3个增加至18个,床位数由50张增加至2082张。相比之下,滨海新区养老机构单位数量变化不大,职工人数和床位数近几年有所增长,但增幅尚未能达到"十二五"规划所设定的每年1345张的目标要求。

　　(四)滨海新区老年活动设施发展情况

　　滨海新区老年活动设施发展情况如表5-21-2所示,滨海新区老年学校个数由128个增长为153个,滨海新区老年学校在校人数达1.6万人。虽然统计年鉴数据显示滨海新区老年协会个数有所下降,且仅为200多个,但北方网报告,滨海新区老年人社团2012年就已经建成3000多个,滨海新区老年人老有所乐活动多,[①]滨海新区相关政府部门委派千余名文化辅导员走

---

　　① 《滨海新区建老年人团体3000余个 老有所乐活动多》,北方网,http://www.enorth.com.cn,2012年10月18日。

入基层社区,帮助老年人建设老年护园队、老年歌唱队、舞蹈队、摄影队、模特队、巡逻队等,这些基层团队通过招募队员,促使老年人主动走出家门,参与社区的各项文化活动。老年人活动站、中心、室数量的减少部分原因是滨海新区社区服务中心在改造过程中将老年人活动站的功能进行了整合,社区服务中心集合了运动休闲和文化等功能,滨海新区社区服务中心2014年底基本实现在滨海新区全覆盖。

表5-21-1 滨海新区养老服务机构发展情况

	2010	2011	2012	2013	2014	2015	2016
老年医疗护理机构(个)	3	12	12	18	18	18	18
老年医院病床数(张)	50	1329	1500	2029	2029	2029	2082
养老机构单位数	20	21	21		18	18	18
养老机构职工人数(人)	350	626	402				
养老机构床位数(张)	1691	1881	2214		新增700张	4757	2252

注:老年医疗护理机构是指福利院、养老院、敬老院等。

表5-21-2 滨海新区养老服务机构发展情况

年份	2010	2011	2012	2013	2014	2015	2016
老年活动站、中心、室(个)	272	272	207	160	160	171	171
老年人参与活动人数(万人)	8.6	9.4	0.76	1.9	2.1	2.6	2.8
老年人协会个数(个)	260	264	264	235	235	235	235
老年学校个数(个)	128	128	128	153	153	153	153
老年学校在校人数(万人)	1.5	0.33	1.18	1.43	1.4	1.5	1.6

九、滨海新区公共文化服务发展评价

(一)2010年之前滨海新区公共文化发展状况

在滨海新区开始建设阶段,滨海新区公共文化发展基础比较薄弱,在初建阶段,文化事业投入相对较小,但文化事业还是取得了一定的发展。如表

5－22 和表 5－23 所示,1994 年至 1998 年滨海新区组织文艺活动次数由 29 次上升到了 68 次,公共图书馆房屋建筑面积 1998 年比 1994 年增加了 52.3%,阅览室座位数、藏书量和图书借阅人数都有了相应增长。

表 5－22　1994—1998 年群众文化事业基本情况

指标	单位	1994 年	1995 年	1996 年	1997 年	1998 年
一、文化馆数	个	3	3	3	3	3
二、工作人员数	人	134	140	142	142	139
三、组织文艺活动次数	次	29	40	56	57	68
四、举办展览次数	次	5	14	18	22	8
五、举办训练班数	个	7	331	72	32	65

表 5－23　1994—1998 年公共图书馆基本情况

指标	单位	1994 年	1995 年	1996 年	1997 年	1998 年
一、公共图书馆数	个	5	5	5	5	5
二、工作人员数	人	124	127	129	126	125
三、房屋建筑面积	平方米	9107	9107	9287	11757	13837
阅览室	平方米	2264	2264	1596	3032	3252
书库	平方米	2186	2186	2216	3522	3182
四、阅览室座席数	个	681	681	775	1205	1311
五、总藏书量	册	627253	640131	678737	709285	735181
六、发放借书证	张	19609	19407	23726	22692	17688
七、图书借阅人次	人次	399	391	497	602	654
八、图书借阅册次	册次	187	279	282	403	255

2000 年,滨海新区文化事业繁荣发展。截至 2000 年底,新区拥有文化馆 3 个,组织文艺活动 145 次,举办展览 13 次,均比上年大幅度增加。拥有公共图书馆 5 个,藏书总量为 72.86 万册,发放借书证 224 万张,比上年增长 16.5%。拥有电视台 3 座,电视覆盖率达 10%。

2001 年,文化事业健康发展。截至 2001 年底,新区拥有文化馆 3 个。

2003 年,文化、体育事业迈上新台阶。2003 年,泰达图书馆及档案馆建成并正式开放。开发区成功举办了第二届社区文化艺术节,首届学生田径运动会等一系列群众性文化、体育活动。塘沽区相继组织了《塘沽春好》《天使颂歌》《生命随想》《宏达之夜》《建设者之歌》等大型文艺晚会。各区组织了大量形式新颖、品位较高的文化活动,丰富了城镇居民的文化生活。

2008 年,群众文化体育活动活跃。2008 年末,新区共有公共图书馆 6 个,总藏书量为 184.01 万册,比上年增长 5.1%,发放借书证 6.84 万张,增长 54.4%,图书借阅达 248.86 万人次,增长 20.4%。文化建设全面加强,文化信息共享工程快速推进,启动了大沽口炮台遗址博物馆建设。文化活动广泛开展,群众文化活动更加丰富,组织"相约塘沽"国际文化艺术交流活动,举办第二届全国版画邀请展、"王东风国画展""爱新觉罗·梦玉国画精品展""故宫百年"摄影展,第十三届海门艺术节和文化讲坛,让观众在家门口受到高层次的艺术熏陶。新区的历史、文化资源不断丰富发展,城市文化品位和底蕴得到提升。"电影公益放映活动"在城乡同时展开,健康向上的区域文化氛围日趋浓厚。

2009 年,群众文化体育生活更加丰富。就业人数快速增长,社会保障和居民收入水平明显提高,住房保障覆盖面扩大,人民群众得到更多实惠,社会保持和谐稳定。[1]

(二)2010 年至今滨海新区公共文化服务发展评价

1.滨海新区公共文化服务的投入情况

经费保障程度:滨海新区在公共文化领域的财政投入水平[2] 2012 年为 5.1 亿元,2016 年增长至 12.01 亿元,增长了 135%,就文化投入占财政支出比重而言,文化投入占财政支出的比例虽然并不算高,但却一直呈上升趋势,由 2012 年的 0.9% 上升至 2016 年的 1.3%,增幅达 38%。

人力资源投入与物质设施基础情况如表 5-24 所示,"十二五"期间,滨

---

[1]　何立峰:《新时期滨海新区开发开放的形势与任务》,《港口经济》,2010 年第 7 期。
[2]　此处公共文化财政投入实际上包含的是文化、体育和娱乐总的财政投入情况。

海新区文化馆数量和公共图书馆数量并未变化,工作人员数量略有所下降。

表5-24　滨海新区公共文化服务的人力资源与物质设施基础情况

	2010	2011	2012	2013	2014	2015	2016
文化馆数(个)	3	3	3	3	4	4	4
工作人员数(人)	120	120	112	111	99	99	93
公共图书馆数(个)	6	6	6	6	7	7	7
工作人员数(人)	206	206	194	199	213	215	209

2.滨海新区公共文化服务的产出情况

滨海新区公共文化服务产出情况如表5-25所示,如果单纯就数据表现而言,滨海新区文化场馆建成面积在2014年之后有了大幅度提升,这得益于滨海新区居民书屋、居民文化室和流动图书馆的大量建设,滨海新区以更加灵活和方便的形式满足了居民的图书阅览需求。

由于文化场馆数目变化不大,滨海新区每万人拥有的文化场馆和体育场馆数量变化不大。文化场馆组织文艺活动次数在"十二五"期间较为稳定,但正如在滨海新区文化政策演进分析中所指出的,滨海新区各基层政府组织了形式多样的文艺活动,但这些活动并未统计在年鉴之中。文化馆举办展览次数有较大增长,2012年、2013年和2015年举办展览次数均超过了70次,举办培训班次数在2013年和2014年稍稍降低之后,2015年和2016年都有大幅度提升,2016年更是达到了2368次,相较于2010年增加了810%。

表5-25　滨海新区公共文化服务产出情况

指标	2010	2011	2012	2013	2014	2015	2016
房屋建筑面积(平方米)	56807	36207	35584	35584	83984	83984	126997
每万人拥有文化馆数	0.03	0.03	0.03	0.03	0.03	0.03	0.03
每万人拥有体育场馆数	0.78	0.74	0.75	0.82	0.97	0.92	0.91
每万人拥有图书册数	2275.18	2232.337	1821.798	1822.47	1996.03	2008.55	2125.13
组织文艺活动次数(次)	255	258	360	255	372	268	372
举办展览次数(次)	25	37	85	70	58	76	55

指标	2010	2011	2012	2013	2014	2015	2016
举办训练班(班)	260	274	146	113	95	497	2368
阅览室座席数(个)	2610	2610	2155	2818	3083	3083	3416

3. 滨海新区公共文化服务受益情况

就公共图书馆和文化馆的活动受益人数而言,滨海新区公共文化服务反倒呈现出一定的下降趋势,这与滨海新区文化发展的重点密切相关,滨海新区在公共文化服务发展过程中,更加重视对社区文化事业的支持,如兴办农家书屋,提升街镇问题活动中心,建设村级文化设施等等。但这些活动与进展在《天津滨海新区统计年鉴》中尚未有数据统计。

第三节　民众对滨海新区公共服务的满意度分析

在信息化时代,电子化公共服务既是政府提升自身服务质量的重要手段,也是民众与政府直接交流的重要平台,因此本节以民众对滨海新区电子化公共服务的满意度为例,试图通过公共服务创新的一个特殊领域折射民众对滨海新区公共服务创新的满意度。

一、被调查人员的基本构成

本次调查对受访者基本信息的采集包括六项内容,分别是户籍归属、性别、年龄、职业、受教育程度和收入水平,人员分布如表 5 - 26 至表 5 - 31(作者自制)所示。被调查人群中本地户籍人员所占比例为 79.3%,总体而言,这一调查比例符合当前滨海新区公共服务发展的阶段性特点,当前仍以满足本地户籍人口的公共服务需求为主。在年龄构成方面,20 岁到 29 岁的人员占到了被调查人员总数的 43.3%,30 岁到 39 岁人员占到了被调查人员总数的 35.4%,因此总体来说本次调查人口中以青年人为主体。就性别构成而言,男性与女性比例基本均衡。就受教育程度而言,具有本科学历水平的受访者占到了总受访者的55.1%,而拥有大专以上学历的受访者则占到了总体的89.2%,因而本次调查人群学历水平较高,对问题的理解能力较强。职业构成中,比例最高的为企业工作人员,其次为事业单位工作人员和政府工作人员。收入水平集中分布于3000元到8000元之间,月收入超过一万的人数所占比例较少。

表5-26　滨海新区受访者户籍构成

	人数	比例(%)
本市城镇户籍	233	74.2
本市农村户籍	16	5.1
非本市城镇户籍	36	11.5
非本市农村户籍	29	9.2
合计	314	100.0

表5-27　滨海新区受访者年龄构成

	人数	比例(%)
20岁以下	2	6
20岁到29岁	136	43.3
30岁到39岁	111	35.4
40岁到49岁	44	14.0
50岁到59岁	19	6.1
60岁及以上	2	6
合计	314	100.0

表5-28　滨海新区受访者性别构成

	人数	比例(%)
男	162	51.6
女	152	48.4
合计	314	100.0

表5-29　滨海新区受访者学历构成

	人数	比例(%)
初中	7	2.2
高中、中专	27	8.6
大专	70	22.3
本科	173	55.1
研究生及以上	37	11.8
合计	314	100.0

表5-30　滨海新区受访者职业构成

	人数	比例(%)
政府公务人员	28	8.9
事业单位工作者	55	17.5
企业/公司工作者	164	52.2
商业服务人员	7	2.2
个体经营人员	21	6.7
待业下岗人员	1	
离退休人员	3	1.0
在校学生	10	3.2
其他从业人员	25	8.0
合计	314	100.0

表5-31　滨海新区受访者收入分布

	人数	比例(%)
无固定收入	17	5.4
1000元以下	6	1.9
1001~3000元	55	17.5
3001~5000元	124	39.5
5001~8000元	78	24.8
8001~10000元	24	7.6

	人数	比例（%）
10001～15000 元	5	1.6
15001～20000 元	2	6
20001 元以上	3	1.0
合计	314	100.0

二、民众互联网使用情况及与政府的接触情况

（一）民众的互联网使用情况

如表 5－32－1 所示，在天津滨海新区 314 位受访者当中，平均每天使用互联网 2 小时以下为 36 人，占 11.5%；平均每天使用互联网 2～4 小时为 120 人，占 38.2%；平均每天使用互联网 5～7 小时为 114 人，占 36.3%；平均每天使用互联网 8 小时及以上为 44 人，占 14%。

如表 5－32－2 所示，在天津滨海新区 314 位受访者当中，接触网络的时间一年以下为 5 人，占 1.6%；接触网络的时间 1～5 年为 50 人，占 15.9%；接触网络的时间 6～10 年为 115 人，占 36.6%；接触网络的时间 10 年及以上为 144 人，占 45.9%。

表 5－32－1　平均每天使用互联网时间

	2 小时以下	2～4 小时	5～7 小时	8 小时及以上	合计
人数	36	120	114	44	314
比例（%）	11.5%	38.2%	36.3%	14.0%	100%

表 5－32－2　接触网络的时间

	1 年以下	1～5 年	6～10 年	10 年及以上	合计
人数	5	50	115	144	314
比例（%）	1.6%	15.9%	36.6%	45.9%	100%

（二）民众与政府的接触情况

本书从"过去一年中,亲自申请或接受的政府服务"与"对政府部门服务的整体印象"两方面测量受访者的政府接触经验。其中,在设计"过去一年中,您曾经亲自申请或接受的政府服务包括（可多选）"这一题项的备选答案时,根据对全国主要城市政府网站"市民服务"功能板块的统计结果,本书设计了婚育服务（如婚姻家庭、生育收养）,医疗卫生,社会保障,劳动就业,教育文化（如教育培训、文化娱乐）,户籍身份,住房保障（如住房租房、国土房产）,基本社会服务（如社会救助、基本养老、优抚安置、死亡殡葬）,证照申领（如职业资格）,公用事业（水电气）,申报纳税,法律服务（如法律咨询、消费维权）,交通运输与旅游观光、民族宗教、其他服务等选项。

如表5-33所示,天津滨海新区314位受访者中,曾亲自申请或接受过婚育服务的为26人,占受访者总数的8.3%;曾亲自申请或接受过医药卫生服务的为79人,占受访者总数的25.2%;曾亲自申请或接受过社会保障服务的为126人,占受访者总数的40.1%;曾亲自申请或接受过劳动就业服务的为46人,占受访者总数的14.6%;曾亲自申请或接受过教育文化服务的为60人,占受访者总数的19.1%;曾亲自申请或接受过户籍身份服务的为77人,占受访者总数的24.5%;曾亲自申请或接受过户籍身份住房保障服务的为43人,占受访者总数的13.7%;曾亲自申请或接受过基本社会服务的为22人,占受访者总数的7%;曾亲自申请或接受过证照申领服务的为104人,占受访者总数的33.1%;曾亲自申请或接受过公用事业服务的为79人,占受访者总数的25.2%;曾亲自申请或接受过申报纳税服务的为90人,占受访者总数的28.7%;曾亲自申请或接受过法律服务的为31人,占受访者总数的9.9%;曾亲自申请或接受过交通运输与观光旅游服务的为40人,占受访者总数的12.7%;曾亲自申请或接受过民族宗教服务的为6人,占受访者总数的1.9%;其他的为38人,占受访者总数的12.1%。

表5-33 滨海新区受访者过去一年曾亲自申请或接受的政府服务

	人数	比例（%）
社会保障	126	40.1
证照申领（如职业资格）	104	33.1
公用事业（如水电气）	79	25.2
户籍身份	77	24.5
医药卫生	79	25.2
教育文化（如教育培训、文化娱乐）	60	19.1
申报纳税	90	28.7
住房保障（如住房租房、国土房产）	43	13.7
婚育服务（如婚姻家庭、生育收养）	26	8.3
交通运输与观光旅游	40	12.7
劳动就业	46	14.6
其他服务	38	12.1
基本社会服务（如社会救助、基本养老、优抚安置、死亡殡葬）	22	7.0
法律服务（如法律咨询、消费维权）	31	9.9
民族宗教	6	1.9
没有申请或接受过政府服务	21	6.7

（三）民众对滨海新区政府公共服务的总体评价

表5-34 滨海新区受访者对政府的满意度（单位：人、百分比）

	十分不满意	不太满意	一般	比较满意	十分满意
1.整体而言，您满不满意政府服务的质量？	16	39	112	116	31
	5.1	12.4	35.7	36.9	9.9
2.整体而言，您满不满意政府在服务创新与便民（如电子政务、网上缴税等）方面所作的努力？	11	35	100	115	53
	3.5	11.1	31.8	36.6	16.9
3.整体而言，您满不满意政府危机处理的能力？	15	54	122	89	34
	4.8	17.2	38.9	28.3	10.8

	十分不满意	不太满意	一般	比较满意	十分满意
4.您满不满意政府部门的服务流程?	10	68	110	91	35
	3.2	21.7	35	29	11.1
5.您满不满意政府部门服务人员的服务态度?	17	52	114	102	29
	5.4	16.6	36.3	32.5	9.2
6.您满不满意政府部门服务人员的专业性?	12	40	113	111	38
	3.8	12.7	36	35.4	12.1
7.您满不满意政府部门对老、弱、病、残、孕、婴、幼等特殊群体提供的服务?	11	44	116	94	49
	3.5	14	36.9	29.9	15.6
8.您满不满意政府部门处理群众投诉的方式?	20	69	137	73	15
	6.4	22	43.6	23.2	4.8
9.您满不满意政府部门服务人员处理事情的速度?	21	82	106	83	22
	6.7	26.1	33.8	26.4	7
10.您满不满意政府部门的环境设施的便利性?	8	37	104	117	48
	2.5	11.8	33.1	37.3	15.3

整体调查结果显示,民众对政府各项服务态度较为正面,居民对政府整体呈现较为满意的状态,有36.9%的受访者表示对政府的整体服务基本满意。具体而言,民众对政府在服务创新与便民(如电子政务、网上缴税等)方面所作的努力表示比较满意。在政府的危机处理能力、服务流程、服务人员服务态度、专业性等方面则回答感觉一般的人员超过了回答比较满意的人员。在回答是否满意政府部门处理民众的投诉方式方面回答一般的人员占到了总被调查人员的43.6%,另一个民众较为不满的领域是政府部门服务人员处理事情的速度。

(四)民众对滨海新区人民政府的政治认同

与民众对政府服务的满意度调查结果相一致,滨海新区受访者中大部分人对政府持较为信任的态度,认为在与公众互动过程中,他们可以依赖政府,政府是值得信赖的。但是当涉及对政府具体行为的看法时,却有近1/3

的受访者对政府所做的事是否正确持模棱两可的态度。

表5-35 滨海新区受访者对政府的信任度(单位:人)

	完全不同意	不太同意	一般	比较同意	完全同意
1.我可以信任政府。	8	26	70	129	81
2.作为与公众互动的一方,政府是可以被信赖的。	7	17	81	133	76
3.我认为政府是值得信赖的。	8	19	74	120	93
4.我感觉政府所做的事大多数是正确的。	7	24	100	114	69

三、民众对电子化公共服务的满意度

(一)民众对电子化公共服务的总体评价

如表5-36所示,天津滨海新区314名受访者中,有245位受访者对于政府网站提供的在线服务表示满意,所占比例为78%,其中,表示非常满意的受访者为43人,所占比例为13.7%,表示还算满意为202人,所占比例为64.3%;而对于政府网站提供的在线服务不太满意的受访者为63人,所占比例为20.1%;非常不满意为6人(1.9%)。

表5-36 政府网站服务满意度(单位:人、%)

	非常满意	还算满意	不太满意	非常不满意	合计
1.整体而言,您对政府网站提供给民众查询的信息和数据满不满意?	40 12.7%	209 66.6%	59 18.8%	6 1.9%	314 100%
2.整体而言,对于政府设立网站给民众在网络上讨论公共政策,您满不满意?	42 13.4%	212 67.5%	57 18.2%	3 1.0%	314 100%
3.整体而言,您满不满意政府网站所提供的在线服务?	43 13.7%	202 64.3%	63 20.1%	6 1.9%	314 100%

（二）民众对电子化公共服务的使用感受

整体而言，政府网站使用的满意度尚有待提高。四成到五成之间的受访者对于网站的便利性、信息的完整性、丰富度、准确性、信息更新的及时性、提供的网上办理服务表示满意；五成以上的受访者对于推行政府网站所带来的便民实效、使用政府网站的经历感到满意；网站的回应性的满意度最低，只有不到1/4的受访者表示满意。

如表5－36所示，在天津滨海新区的314位受访者当中，有152位受访者表示"十分满意政府网站的便利性"，所占比例为48.4%，其中，对此观点表示比较同意的受访者为114人，所占比例为36.3%，表示完全同意的受访者为38人，所占比例为12.1%；反对此观点的受访者为60人，所占比例为19.1%，表明从整体上看，受访者对政府网站便利性的满意度评价较为一般。

在天津滨海新区的314位受访者当中，有140位受访者表示"十分满意政府网站信息的完整性"，支持者所占比例为44.6%，其中，表示比较同意的受访者为92人，所占比例为29.3%，表示完全同意的受访者为48人，所占比例为15.3%；而对此表示反对的受访者为58人，所占比例为18.4%，说明从整体上看，受访者对政府网站信息完整性的满意度评价较为一般。

在天津滨海新区的314位受访者当中，有144位受访者表示"十分满意政府网站信息的丰富度"，所占比例为45.8%，其中，表示比较同意的受访者为99人，所占比例为31.5%，完全同意的受访者为45人，所占比例为14.3%；表示不同意的受访者为55人，所占比例为17.6%，表明受访者对政府网站信息丰富性的满意度评价较为一般。

在天津滨海新区的314位受访者当中，有154位受访者表示"十分满意政府网站信息的准确性、信息更新的及时性"，支持者所占比例为49%，其中，对此表示比较同意的受访者为104人，占比33.1%，表示完全同意的受访者为50人，占比15.9%；但仍有53位受访者对此表示不同意，所占比例为16.9%，表明受访者对政府网站信息准确性的满意度评价整体不高。

在天津滨海新区的314位受访者当中，有78位受访者并不"十分满意政府网站对其需求或意见的回应"，所占比例为24.9%，其中，对此表示不太满意的受访者为 59 人,所占比例为 18.8%,表示十分不满意的受访者为 19 人,所占比例为 6.1%;相比之下,对政府网站回应性十分满意的受访者仅为 120 人,所占比例为 38.3%,表明受访者对政府网站回应性的满意度评价整体较低。

在天津滨海新区的 314 位受访者当中,有 156 位受访者"十分满意政府网站提供的网上办理服务",所占比例为 49.7%,其中,对此表示比较满意的受访者为 98 人,所占比例为 31.2%,表示十分满意的受访者为 58 人,所占比例为 18.5%;有 50 位受访者对政府网站的网上申办服务表示不满意,所占比例为 15.9%,表明受访者对政府网站在线申办服务的满意度评价整体相对较低。

在天津滨海新区的 314 位受访者当中,有 171 位受访者表示"十分满意推行政府网站所带来的便民实效",支持者所占比例为 54.5%,其中,对此表示比较同意的受访者为 103 人,所占比例为 32.8%,表示完全同意的受访者为 68 人,所占比例为 21.7%;有 43 位受访者对推行政府网站所带来的便民实效表示不满意,所占比例为 13.7%,表明受访者对推行政府网站所带来的便民实效满意度一般。

在天津滨海新区的 314 位受访者当中,有 171 位受访者表示"我对使用政府网站的经历感到满意",支持者所占比例为 54.5%,其中,对此表示比较同意的受访者为 114 人,所占比例为 36.3%,表示完全同意的受访者为 57 人,所占比例为 18.2%;有 34 位受访者对推行政府网站所带来的便民实效表示不满意,所占比例为 11.1%,表明受访者对推行政府网站所带来的便民实效满意度低。

表 5-37　政府网站使用满意度(单位:人、%)

	完全不同意	不太同意	一般	比较同意	完全同意	合计
1. 我十分满意政府网站的便利性。	10 3.2%	50 15.9%	102 32.5%	114 36.3%	38 12.1%	314 100%

	完全不同意	不太同意	一般	比较同意	完全同意	合计
2. 我十分满意政府网站信息的完整性。	13 4.1%	45 14.3%	116 36.9%	92 29.3%	48 15.3%	314 100%
3. 我十分满意政府网站信息的丰富度。	10 3.2%	45 14.3%	115 36.6%	99 31.5%	45 14.3%	314 100%
4. 我十分满意政府网站信息的准确性、信息更新的及时性。	9 2.9%	44 14%	107 34.1%	104 33.1%	50 15.9%	314 100%
5. 我十分满意政府网站对我的需求或意见的回应。	19 6.1%	59 18.8%	116 36.9%	84 26.8%	36 11.5%	314 100%
6. 我十分满意政府网站提供的网上办理服务。	11 3.5%	39 12.4%	108 34.4%	98 21.2%	58 18.5%	314 100%
7. 我十分满意推行政府网站所带来的便民实效。	9 2.9%	34 10.8%	100 31.8%	103 32.8%	68 21.7%	314 100%
8. 我对使用政府网站的经历感到满意。	8 2.5%	26 8.3%	109 34.7%	114 36.3%	57 18.2%	314 100%

(三)民众对电子化公共服务的品质评价

公众认为政府网站的系统品质仍然需要进一步提升。四成到五成之间的受访者表示每次都能正常打开政府网站首页、每次都能成功访问政府网站首页提供的相关链接、当进入政府网站时,图片和文字会迅速出现、政府网站的各项功能操作起来很方便、政府网站提供了详细的办事指南;五成以上的受访者表示政府网站的导览介绍,能让我很清楚地知道各部门负责的业务。

如表5－37所示,在天津滨海新区的314位受访者当中,对"我每次都能正常打开政府网站首页"这一说法,表示同意的受访者为149人,所占比例为47.5%,其中,表示比较同意的受访者为101人,所占比例为32.2%,表示完全同意的受访者为48人,所占比例为15.3%;对此说法表示不同意的受访者为59人,所占比例为18.8%。

在天津滨海新区的314位受访者当中,对"我每次都能成功访问政府网站首页提供的相关链接"这一说法,表示同意的受访者为154人,所占比例为 49%,其中,表示比较同意的受访者为 109 人,所占比例为 34.7%,表示完全同意的受访者为 45 人,所占比例为 14.3%;而对此说法表示反对的受访者为 49 人,所占比例为 15.6%。

在天津滨海新区的 314 位受访者当中,对"当我进入政府网站时,图片和文字会迅速出现"这一说法,表示同意的受访者为 140 人,所占比例为 44.6%,其中,表示比较同意的受访者为 97 人,所占比例为 30.9%,表示完全同意的受访者为 43 人,所占比例为 13.7%;不同意该说法的受访者为 54 人,所占比例为 17.2%。

在天津滨海新区的 314 位受访者当中,对"政府网站的各项功能操作起来很方便"这一说法,表示同意的受访者为 152 人,所占比例为 48.4%,其中,表示比较同意的受访者为 108 人,所占比例为 34.4%,表示完全同意的受访者为 44 人,所占比例为 14.0%;对此说法表示反对的受访者为 46 人,所占比例为 14.6%。

在天津滨海新区的 314 位受访者当中,对"政府网站的导览介绍,能让我很清楚地知道各部门负责的业务"这一说法,表示同意的受访者为 159 人,所占比例为 50.7%,其中,表示比较同意的受访者为 106 人,所占比例为 33.8%,表示完全同意的受访者为 53 人,所占比例为 16.9%;而表示反对的受访者为 51 人,所占比例为 16.3%。

在天津滨海新区的 314 位受访者当中,对"政府网站提供了详细的办事指南"这一说法,表示同意的受访者为 150 人,所占比例为 47.8%,其中,表示比较同意的受访者为 103 人,所占比例为 32.8%,表示完全同意的受访者为 47 人,所占比例为 15%;对此表示反对的受访者为 43 人,所占比例为 13.6%。

表 5 - 38　政府网站系统品质感知(单位:人、%)

	完全不同意	不太同意	一般	比较同意	完全同意	合计
1. 我每次都能正常打开政府网站首页。	3 1%	56 17.8%	106 33.8%	101 32.2%	48 15.3%	314 100%

	完全不同意	不太同意	一般	比较同意	完全同意	合计
2. 我每次都能成功访问政府网站首页提供的相关链接。	5 1.6%	44 14%	111 35.4%	109 34.7%	45 14.3%	314 100%
3. 当我进入政府网站时，图片和文字会迅速出现。	9 2.9%	45 14.3%	120 38.2%	97 30.9%	43 13.7%	314 100%
4. 政府网站的各项功能操作起来很方便。	8 2.5%	38 12.1%	116 36.9%	108 34.4%	44 14%	314 100%
5. 政府网站的导览介绍，能让我很清楚地知道各部门负责的业务。	10 3.2%	41 13.1%	104 33.1%	106 33.8%	53 16.9%	314 100%
6. 政府网站提供了详细的办事指南。	8 2.5%	35 11.1%	121 38.5%	103 32.8%	47 15%	314 100%

(四)民众对电子化公共服务的信息质量评价

公众认为政府网站的信息质量需进一步提升。四成到五成之间的受访者认为每次访问政府网站首页，都能发现新的信息、快速找到所需的信息或服务、信息内容能满足其需求；近五成受访者认为政府网站提供的信息资料有经过整理，不会杂乱没有条理；近六成的受访者认为能在政府网站上下载到所有办事所需的表格、文件附件等资料。

如表5-38所示，在天津滨海新区的314位受访者当中，对"每次访问政府网站首页，都能发现新的信息(如最新的政府公告与市政新闻)"这一说法，表示同意的受访者为154人，所占比例为49%，其中，表示比较同意的受访者为105人，所占比例为33.4%，表示完全同意的受访者为49人，所占比例为15.6%；表示不同意的受访者为50人，所占比例为15.9%。

在天津滨海新区的314位受访者当中，对"我可以随时进入政府网站，快速找到所需的信息或服务"这一说法，表示同意的受访者为137人，所占比例为43.6%，其中，表示比较同意的受访者为92人，所占比例为29.3%，表示完全同意的受访者为45人，所占比例为14.3%；对此表示不同意的受访者为60人，所占比例为19.1%。

在天津滨海新区的314位受访者当中,对"政府网站提供的信息资料有经过整理,不会杂乱没有条理"这一说法,表示同意的受访者为158人,所占比例为50.3%,其中,表示比较同意的受访者为119人,所占比例为37.9%,表示完全同意的受访者为39人,所占比例为12.4%;对此表示不同意的受访者为43人,所占比例为13.6%。

在天津滨海新区的314位受访者当中,对"我觉得政府网站所提供的信息内容能满足我的需求"这一说法,表示同意的受访者为120人,所占比例为41.4%,其中,表示比较同意的受访者为98人,所占比例为31.2%,表示完全同意的受访者为32人,所占比例为10.2%;对此表示反对的受访者为57人,所占比例为18.1%。

在天津滨海新区的314位受访者当中,对"我能在政府网站上下载到所有办事所需的表格、文件附件等资料"这一说法,表示同意的受访者为190人,所占比例为60.5%,其中,表示比较同意的受访者为136人,所占比例为43.3%,表示完全同意的受访者为54人,所占比例为17.2%;表示不同意的受访者为30人,所占比例为9.5%。

表5-39　政府网站信息质量感知(单位:人、%)

	完全不同意	不太同意	一般	比较同意	完全同意	合计
1. 每次访问政府网站首页,都能发现新的信息(如最新的政府公告与市政新闻)。	8 2.5%	42 13.4%	110 35%	105 33.4%	49 15.6%	314 100%
2. 我可以随时进入政府网站,快速找到所需的信息或服务。	11 3.5%	49 15.6%	117 37.3%	92 29.3%	45 14.3%	314 100%
3. 政府网站提供的信息资料有经过整理,不会杂乱没有条理。	8 2.5%	35 11.1%	113 36.0%	119 37.9%	39 12.4%	314 100%
4. 我觉得政府网站所提供的信息内容能满足我的需求。	11 3.5%	46 14.6%	127 40.4%	98 31.2%	32 10.2%	314 100%
5. 我能在政府网站上下载到所有办事所需的表格、文件附件等资料。	6 1.9%	24 7.6%	94 29.9%	136 43.3%	54 17.2%	314 100%

（五）民众对电子化公共服务的服务能力评价

总体而言,政府网站的服务能力不强,仅有四成到五成之间的受访者认为政府网站能够提供政务咨询服务、在政府网站找到常见问题或问题讨论区、政府网站的政务咨询服务系统能满足我的使用需求、政府网站能够在我同意的情况下主动完成不同机关中相关的业务;仅有三成左右的受访者认为每次都能正常访问政府网站的在线申报系统和查询系统、政府网站能以电子邮件通知我事务办理的进展状况。

如表5-39所示,在天津滨海新区314位受访者当中,有147位受访者认为"政府网站能够提供政务咨询服务",所占比例为46.8%,其中,对此表示比较同意的受访者为100人,所占比例为31.8%,表示完全同意的受访者为47人,所占比例为15%;反对该观点的受访者为52人,所占比例为16.6%。

在天津滨海新区的314位受访者当中,有137位受访者认为"我可以在政府网站找到常见问题或问题讨论区,提供我一般常遇到的问题与解答",所占比例为43.6%,其中,对此表示比较同意的受访者为103人,所占比例为32.8%,表示完全同意的受访者为34人,所占比例为10.8%;反对该观点的受访者为51人,所占比例为26.2%。

在天津滨海新区的314位受访者当中,有147位受访者认为"政府网站的政务咨询服务系统能满足我的使用需求",所占比例为46.8%,其中,对此表示比较同意的受访者为100人,所占比例为31.8%,表示完全同意的受访者为47人,所占比例为15%;对此表示不同意的受访者为52人,所占比例为16.6%。

在天津滨海新区的314位受访者当中,有151位受访者认为"政府网站能够在我同意的情况下主动完成不同机关中相关的业务",所占比例为48%,其中,对此表示比较同意的受访者为105人,所占比例为33.4%,表示完全同意的受访者为46人,所占比例为14.6%;对此表示反对的受访者为56人,所占比例为17.9%。

在天津滨海新区的314位受访者当中,有145位受访者认为其"每次都能正常访问政府网站的在线申报系统和查询系统",所占比例为 36.2%,其中,对此表示比较同意的受访者为 98 人,所占比例为 31.2%,表示完全同意的受访者为 47 人,所占比例为 15%;对此表示不同意的受访者为 46 人,所占比例为 14.6%。

在天津滨海新区的 314 位受访者当中,仅有 108 位受访者认为"政府网站能以电子邮件通知我事务办理的进展状况",支持者所占比例为 34.3%,其中,对此表示比较同意的受访者为 73 人,所占比例为 23.2%,表示完全同意的受访者为 35 人,所占比例为 11.1%;相比之下,对此持反对观点的受访者为 86 人,所占比例为 27.4%,其中,表示完全不同意的受访者为 18 人,所占比例为 5.7%,表示不太同意的受访者为 68 人,所占比例为 21.7%。以上数据说明,很多情况下,政府网站未能通过电子通知相关公众事务办理的进展状况,政务服务的主动性较低。

表 5－40　政府网站服务能力感知(单位:人、%)

	完全不同意	不太同意	一般	比较同意	完全同意	合计
1. 政府网站能够提供政务咨询服务。	16 5.1%	36 11.5%	115 36.6%	100 31.8%	47 15%	314 100%
2. 我可以在政府网站找到常见问题或问题讨论区,提供我一般常遇到的问题与解答。	12 3.8%	39 12.4%	126 40.1%	103 32.8%	34 10.8%	314 100%
3. 政府网站的政务咨询服务系统能满足我的使用需求。	16 5.1%	36 11.5%	115 36.6%	100 31.8%	47 15%	314 100%
4. 政府网站能够在我同意的情况下主动完成不同机关中相关的业务。	9 2.9%	47 15%	107 34.1%	105 33.4%	46 14.6%	314 100%
5. 我每次都能正常访问政府网站的在线申报系统和查询系统。	7 2.2%	39 12.4%	123 39.2%	98 31.2%	47 15%	314 100%
6. 政府网站能以电子邮件通知我事务办理的进展状况。	18 5.7%	68 21.7%	120 38.2%	73 23.2%	35 11.1%	314 100%

四、被调查者身份特征与其态度的相关性分析

通过对被调查者身份特征与满意度调查结果的对比发现,被调查者身份是影响其对公共服务创新满意度的重要因素,通过调查主要得出如下结论:

第一,户籍类型对公共服务满意度敏感度较高,不同户籍类型人员对政府公共服务创新态度有显著区别。

就民众对政府公共服务的整体质量满意度而言,被调查者中非本市户籍人口的满意度总体来说高于本市户籍人口对公共服务的总体满意度。本市农村户籍被调查者对政府服务质量的总体满意度高于本市城镇户籍的被调查者。

在对政府服务创新与便民工作的态度方面,非本市户籍被调查者的满意度高于本市户籍被调查者满意度,农村户籍被调查者无论是本市户籍还是非本市户籍其满意度都高于城镇户籍被调查者。

民众对政府的危机处理能力整体态度较为负面,但这其中非本市农村户籍被调查者中也有34.5%的人回答对政府的危机处理能力较为满意。非本市城镇户籍人口在此项调查中的态度则较为负面,其中仅有19.4%的人回答比较满意,是四类户籍类型被调查者中满意度最低的一类被调查者,且有25%的非本市城镇户籍人口对政府的危机处理能力持不太满意的态度。

在政府工作人员服务态度评价方面,四种户籍类型的被调查者普遍持正面态度,农村户籍被调查者的满意度明显高于城镇户籍被调查者,非本市农村户籍被调查的满意度是四种类型被调查者中满意度最高的人群。而城镇户籍被调查者对政府工作人员服务态度的满意度较低,非本市城镇户籍被调查的满意度最低。

本市农村户籍被调查者对政府部门服务人员的专业性评价明显高于其他三类户籍类型被调查者,而其他三类户籍类型被调查者对政府部门服务人员专业性评价未见明显区别。

在特殊群体公共服务方面,本市农村户籍被调查者满意度较高,有50%的被调查者回答"比较满意",但需要注意的是,在此项回答中,回答"十分不满意"的人群中也以本市农村户籍比例最高。其他三个类型户籍被调查者在此方面的区别度不是很大。

在政府部门处理群众投诉方式的满意度调查中,本市农村户籍被调查者中有62.5%的人回答"一般",其他三类户籍类型被调查者回答"一般"的比例明显低于本市农村户籍被调查者,但在"比较满意"选项所占比例区分度不是很大。在"不太满意"选项四种类型户籍被调查者都有20%左右的选择率。

在对政府工作效率的评价上,本市农村户籍被调查者的满意度最高,选择"比较满意"的被调查者高达56.2%。本市城镇户籍和非本市农村户籍被调查者态度最为负面,选择"不太满意"和"十分不满意"的被调查者超过了总体的30%。

在政府环境设施便利性方面,本市农村户籍被调查者满意度最高,此外非本市农村户籍被调查者的满意度也比较高,两个群体中选择"比较满意"的比例分别达到了68.8%和41.4%。其他两种类型户籍被调查者的满意度也较高,选择"比较满意"的比例都超过了30%。

总体而言,农村户籍被调查者对政府公共服务满意度较高,通常会给予政府较为正面的评价;非本市户籍被调查者对政府公共服务的总体评价要高于本市户籍被调查者,但在具体项目中却表现出相反的趋势,即当笼统回答是否对政府服务满意时,他们会给予肯定的回应,但当问及具体公共服务项目之时,他们又会给予负向评价,因此可以推论其对政府公共服务满意度并没有明显高于本市户籍被调查者。

第二,年龄对被调查者的公共服务创新满意度影响较大,对政府服务的总体满意度评价方面明显随着年龄增长,被调查者对政府服务的总体满意度越高。

在被调查者中,20岁至29岁和30岁至39岁被调查者中有44.1%的人对政府服务的总体满意度表示"比较满意"或"十分满意",在40岁至49岁被调查者中有 56.8% 的人对政府服务的质量表示"比较满意"或"十分满意",在 50 岁至 59 岁被调查者中这一比例为 57.9%,但其中有 26.3% 的被调查者回答"十分满意",显著高于其他三个年龄阶段的受访者。

就政府工作创新性而言,50 岁至 59 岁被调查者满意度最高,有 21.1% 的被调查者回答"十分满意",40 岁至 49 岁被调查者中回答"比较满意"的人所占比例最高,达到了 42.1%。相对而言 30 岁至 39 岁被调查者对政府工作创新的满意度略低,虽然整体也持较为正面评价,但回答"一般"的人数达到了总体的 39.6%。

对于政府的危机处理能力,20 岁至 39 岁被调查者中都有超过了 40% 的人回答"一般",而 40 岁至 59 岁被调查者中则有 40% 以上的人回答是"比较满意"。

对于政府部门人员的服务态度满意度,回答集中分布于"不太满意""一般"和"比较满意"三个选项,随着年龄的增长,回答"比较满意"的人数越多,但 30 岁至 49 岁被调查者也是回答"不太满意"比例最高的年龄阶段。对于政府工作人员的专业性,各个年龄阶段被调查者并未有过于明显区别,总体而言持正向评价的比例较高。在政府对特殊群体的公共服务方面,20 岁至 29 岁年龄阶段的群体给予了较高评价,18.4% 的被调查者表示对政府部门提供的特殊群体服务"十分满意"。就政府的服务流程与环境设施便利性满意度而言,各个年龄阶段的反映比较一致,没有明显的年龄区分。各个年龄阶段对政府的回应性满意度都相对较低,但 50 岁至 59 岁被调查者中仍有 36.8% 的人回答"比较满意",远远高于 29.9% 的平均水平。

总体而言,被调查者中 20 岁至 39 岁年龄阶段被调查者的公共服务满意度明显低于 40 岁至 49 岁被调查者的公共服务满意度,而 50 岁至 59 岁被调查者的公共服务满意度最高,这个年龄阶段的被调查者不仅在总体评价中给予了政府较高的评价,而且在具体项目中也给予政府较高的评价,从而也验证了其态度的一致性,但在与其关系较为密切的政府特殊人群服务评价方面,50 岁至 59 岁老年人对特殊人群服务的满意度相对于其他项目而言较低。

第三,性别对被调查者态度的影响并不是特别显著,但女性被调查者在所有问题中回答比较满意的人数比例要略高于男性被调查者,而回答不太满意的人数比例则要略低于男性被调查者。

第四,就总体感观而言,被调查者的职业特征对其态度影响并不是很大,各个职业人群态度基本一致,普遍对政府服务质量持较为正面态度。但政府公务人员对政府部门服务人员专业性评价要明显高于其他职业被调查者;在校学生群体可能态度较为模糊,在各分项调查中,回答"不太满意""一般""比较满意"和"十分满意"的比例分布较为平均,例如在回答是否满意政府工作人员处理事情的速度时20%的人回答"十分不满意"、30%的人回答"不太满意",30%的人回答"一般",还有20%的人回答"十分满意"。

总体而言,职业对于民众态度影响并不是太明显,各个职业人群在各项评价中的答案分布基本都与评价值较为接近。

第五,教育程度对公共服务满意度调查结果的影响较大,就总体趋势而言,教育程度与被调查者对公共服务满意度呈现负相关关系,受教育程度越高,被调查者对公共服务的满意度越低。在"是否满意政府服务的质量"问题中,初中学历被调查者的总体评价最高,有71.5%的被调查者回答"比较满意"和"十分满意",而研究生及以上学历被调查者中仅有27%的人回答"比较满意",回答"十分满意"的比例为0。在各个调查项目中初中学历被调查者回答"十分满意"的比例明显高于教育程度高于他们的被调查者。在公共服务创新、政府危机处理能力、政府环境设施便利性项目中,超过40%的初中学历被调查者都给予了"十分满意"的回答。但初中学历被调查者对政府部门服务人员的专业性评价不高,仅有14.3%的被调查者表示比较满意,有42.9%的被调查者表示不太满意。

第六,收入水平也是影响公共服务满意度的重要因素,总体趋势上,收入水平与政府公共的服务满意度具有较为显著的负相关关系,表现为收入水平越高对政府公共服务的满意度越低。就被调查者对政府服务质量的满意度而言,月收入3000元以下的人群中有50%的被调查者选择"十分满意",随着收入水平的提高选择"十分"满意的比例越低。在所有收入区间中,收入水平在 1001—3000 元的被调查者整体满意度最高,收入在 10001—15000 元的被调查者满意水平最低,在是否满意政府服务的质量问题中,有 80% 的被调查者选择了"一般",20% 的被调查者选择了"十分不满意"。

五、本节小结

第一,民众对政府的政治认同度较高,在情感上愿意依赖和信任政府,但却对政府决策及执行持观望甚至怀疑态度,滨海新区在公众的公共服务体验方面仍需进一步改进与创新。就公共服务各个具体项目而言,仅有四成到五成之间的受访者对于政府部门服务流程、政府部门人员服务态度、对老弱病残孕婴幼等特殊群体提供服务表示满意;五成以上的受访者在服务创新与便民方面所作的努力、环境设施便利性表示满意;三成到四成之间的受访者对于危机处理的能力、服务人员专业性、服务人员办事效率表示满意;处理群众投诉的方式满意度最低,三成以下的受访者满意。

第二,滨海新区已具备了较好的电子化公共服务民众基础,受访者普遍具有了使用电子化公共服务的能力,并且有使用电子化公共服务的网络条件和时间。但当前民众使用的电子化公共服务事项仍以信息查询、数据下载和网上缴费等单向度服务为主,政府与民众的互动性在电子化公共服务之中体现不足,这表明政府电子化公共服务的内容还有待进一步拓展。

第三,影响公众使用电子政务网站的因素分散。调查数据显示,在天津滨海新区 314 位受访者中,问卷中设置的影响公众使用电子化公共服务的因素有:对电子政府的知晓度、电子政府与自身生活方式的相容性、政府网站比较优势、信任因素、政府网站可靠性、隐私认知、政府信息技术运用认知、主观规范感知、政府网站有用性、政府网站使用难易程度。除了对于电子政府的知晓度和电子政府与自身生活方式的相容性这两个题项得分明显较高之外,其他题项的得分都比较接近。这就说明影响公众使用电子化政府的偏好因素比较多,这一现状对于滨海新区的电子政务建设和开展具有很大的挑战,政府需要在各个方面改进,提升网站本身的可用性,也要加强信息基础设施建设和公共信息安全环境建设,使公众不仅可以便利和容易地获得电子化的公共服务,而且可以安全且毫无隐私威胁地获得。

第四,被调查者身份特征是政府公共服务满意度的重要影响因素,整体而言,非本地户籍人口和农村户籍人口的满意度相对较高;收入越高、学历越高其公共服务的满意度越低;年龄越大其公共服务的满意度越高;女性的满意度要略高于男性。

第四节 滨海新区的公共服务政策宣示与政策执行情况

一、基础设施建设领域的政策宣示与政策执行

(一)2010年之前滨海新区基础设施领域的政策宣示与政策执行

在20多年的时间里,滨海新区公共服务由基础设施建设起步,伴随着天津市及滨海新区自身发展及国家发展战略转型,公共服务项目逐渐扩展到环境保护、公共教育、医疗、社会保障等各个领域。在此过程中基础设施建设一直是滨海新区公共服务的最为重要内容之一,在《天津滨海新区年鉴》、滨海新区各类发展规划、滨海新区政府工作报告等报告、文件中关于基础设施建设的总结与目标一般都单列一章进行论述,而其他公共服务项目则一般合并为一章进行论述。2010年之前,滨海新区基础设施领域的政策宣示又可以分为三个阶段:第一个阶段为滨海新区建设启动阶段,基础设施领域的政策宣示为规划启动基础设施建设。在本阶段任务完成之后,基础设施建设的目标转向为企业经营提供良好条件,本阶段的政策执行重点是加强区域服务功能。滨海新区建成后,完善城区基础设施体系,加强区域服务功能成为新的政策目标,政策执行方面则表现为一批交通与市政设施的相继建成。本阶段滨海新区基础设施投资建设主要以为企业服务为主,而公共服务类公共设施供给则相对不足。

表 5 - 41　2010 年之前滨海新区基础设施建设领域的政策宣示与政策执行

年份	政策宣示	政策执行
1994—1998	统一规划,分区分步实施,基础设施先行。①	1994—1998 年滨海新区完成基础设施投资 137.74 亿元,交通、能源、通信市政设施明显改善。
1999—2004	总体目标:形成基础设施配套、服务功能齐全,面向 21 世纪,高度开放的现代化经济新区。② 具体措施:统筹规划并加强基础设施和公共设施的建设,完善城市功能,在能源、交通、通信、信息等方面为企业经营发展提供良好条件。③	基础设施累计投资 856 亿元,建设了 475 个重点工程,竣工 430 项。区域服务功能明显提高。④
2005—2010	以大交通体系为重点,加快基础设施和公共设施建设,构建空间结构合理、设施完善、功能齐全的现代综合交通体系和城区基础设施体系,增强区域服务功能。⑤	基础设施方面,天津机场、深水码头等一批物流基地建成,港口货物吞吐量、机场旅客吞吐量提升,一批基础设施与市政设施竣工。

（二）2010—2015 年基础设施领域的政策宣示与政策执行

"十二五"建设期间滨海新区政府高度重视公共服务类基础设施的完善,体育馆、图书馆、医院、保障性住房等设施逐步建成,为公共服务进一步深入与扩展提供了重要的资源基础。

2010—2012 年,滨海新区基础设施建设领域的重点任务是协同推进"十大战役",在南港区域建设、临港经济区建设、核心城区建设、中心商务区建设、中新天津生态城建设、东疆保税港区建设、滨海旅游区建设、北塘经济区建设、西部区域建设、中心渔港经济区建设十个方面提出了具体的基础设施

---

① 塘沽区政府研究室:《张立昌市长来塘沽视察重点工作时的谈话纪要》,1994 年 6 月 9 日。
② 张峻屹总编:《天津年鉴》,天津年鉴社,2000 年,第 136 ~ 137 页。
③ 《天津滨海新区条例》,第十四、十五、十六条,国务院法制办公室,2002 年 10 月 24 日发布。
④ 《关于印发天津滨海新区国民经济和社会发展"十一五"规划纲要(2006—2010)的通知》,天津市人民政府文件,津政发〔2006〕80 号。
⑤ 《关于印发天津滨海新区国民经济和社会发展"十一五"规划纲要(2006—2010)的通知》,天津市人民政府文件,津政发〔2006〕80 号。

建设要求。① 2010 年底,空港、临港、南港等部分标准厂房完工,开发区现代服务业产业区、空港现代服务业示范区、响螺湾、于家堡起步区、渤龙湖总部经济区、生态城南部片区等商务楼宇抓紧建设。邮轮母港、极地海洋馆投入运营,滨海鲤鱼门开街。

表 5-42　2010—2015 年基础设施建设政策宣示和政策执行

年份	政策宣示	政策执行
2010	基础设施建设:全力推进"十大战役"。②	到 2010 年底,十大战役累计完成投资近 2000 亿元,填海造陆 150 平方千米以上。③
2011	掀起十大战役新高潮,统筹推进海空港建设,加快完善大交通体系,增强资源能源保障能力。	十大战役功能区取得新进展。
2012	基础设施:夯实城市基础。加快构建以"两港、两高、三快"为主体的大交通体系。	规划和交通体系日趋完善。以"两港、两高、三快"为骨架的综合交通体系基本形成。公用设施加快建设。④
2013	基础设施建设:优化提升城市基础设施。	基础设施建设加快推进。
2015	提升城市载体功能。完善集疏运体系,建成进港三线、集装箱中心站,形成北部货运铁路环线。提升供热保障能力,调整优化公交线网布局,搞好示范小城镇建设。	坚持规划先行,全面提升分区规划、专项规划和重点区域规划,实现控制性详规和核心城区城市设计全覆盖。

资料来源:2013 年之后的表述主要见于滨海新区历年政府工作报告。

2012 年"十大战役"相关建设要求基本完成,进一步完善城市功能,优化城市基础设施建设成为基础设施领域的主要政策宣示,2015 年将这一政策

---

① 《滨海新区人民政府 2010 年重点工作》,津滨政发〔2010〕32 号。

② 十大战役是滨海新区党委、政府按照市委、市政府的要求部署,作出的一项重大决策。主要内容是,加快南港区域、临港经济区、核心城区、中心商务区、中新天津生态城、东疆保税港区、滨海旅游区、北塘经济区、西部区域和中心渔港经济区十个区域的开发建设。

③ 参见《天津市滨海新区国民经济和社会发展第十二个五年规划纲要》,天津市滨海新区人民政府办公室,2011 年 5 月 5 日印发。

④ 参见 2013 年天津滨海新区政府工作报告。

目标重新概括为"提升城市载体功能"。2012 年到 2015 年每年又有建设的重点目标,如 2012 年提出要启动"两港、两高、三快"为主体的大交通体系建设,经过一年的建设"两港、两高、三快"为主体的大交通体系基本成形。2013 年提出高标准制定功能区分区规划,调整细化核心城区、北部宜居生态片区、中部新城等规划,形成有机衔接、协调联动的卫星城和城市组团。着力提升城市设计、建筑设计和景观设计水平,形成独具魅力的标志区。进一步完善海空港及配套设施,提升航运物流功能。2013 年的基础设施政策执行方面,尚未能完成 2013 年的政策宣示,但在智能交通、供热、出租车管理等领域都有重要进展。2014 年基础设施建设领域未提出新的统领性政策宣示,但细化了当年的建设目标,具体包括建设货运铁路进港三线、南港一线,启动建设 B1、Z4、Z2 轨道交通线。新建续建中央大道南段、疏港联络线、北海路地道等路网连通项目。加快建设西外环高速、津港高速二期等四条高速公路。启动南疆热电厂、北塘热电厂二期建设,建成华能临港热电项目,抓好供热管网改造,提高供热质量。因部分项目周期较长,当年并未能完成全部政策宣示。2015 年基础设施建设总目标表述为"提升城市载体功能",具体目标为完善集疏运体系,建成进港三线、集装箱中心站,形成北部货运铁路环线。提升供热保障能力,调整优化公交线网布局,搞好示范小城镇建设。在政策执行方面,2015 年完成了 2013 年的部分政策宣示内容,城市规划设计水平有所提升。

二、环境保护领域的政策宣示与政策执行

(一)2010 年之前环境保护领域的政策宣示与政策执行

2002 年《滨海新区条例》中明确滨海新区发展需遵循可持续发展原则,在具体措施方面:一是要改善整体环境质量,二是严格管理不符合环境保护标准的项目建设。本阶段的政策宣示基本完成,滨海新区环境得到了较大改善。2006 年实现人与自然的和谐发展成为滨海新区环境保护目标,具体发展指标也得以明确,例如 2010 年要实现新区绿化覆盖率达到 40% 以上,

但这一政策宣示未能在 2010 年实现,2010 年滨海新区城市绿化率达到了 38% 以上。

表 5-43　2010 年之前环境保护领域的政策宣示与政策执行

年份	政策宣示	政策执行
2002	遵循可持续发展原则,依法保护环境,改善和提高滨海新区的整体环境质量。禁止新建不符合环境保护标准的项目,扩建、改建的项目应当符合环境保护标准。①	生态环境得到改善。新区 500 多平方千米湿地得到有效保护,建成了泰丰公园、塘沽海河外滩、大港世纪广场等公共场所,2005 年绿化覆盖率达到 35%,人均公共绿地面积 19 平方米。建设了开发区污水处理厂、汉沽垃圾处理厂等一批环保设施,清理港区外煤炭仓储场 70 余家,将沉积 80 多年的 2.7 平方千米的碱渣山改建成紫云公园。大港区被命名为全国环保模范城市,大港和塘沽区被命名为全国卫生城区。②
2005—2010	搞好环境综合整治,维护生态平衡,大力发展循环经济,实现人与自然、经济社会与生态环境相和谐。③ 全面建设宜居的生态城区,使新区的资源节约和环境保护达到世界先进水平。建设 500 平方千米南北两大生态保护区,2010 年新区绿化覆盖率达到 40%,城镇污水处理率达到 90%。实施碧海行动计划,保护近海环境。④	环境保护方面,城市环境面貌明显改善,城市绿化率达到 38% 以上。⑤

---

① 《天津滨海新区条例》,第十四、十五、十六条,国务院法制办公室,2002 年 10 月 24 日发布。

② 《关于印发天津滨海新区国民经济和社会发展"十一五"规划纲要(2006—2010)的通知》,天津市人民政府文件,津政发〔2006〕80 号。

③ 《国务院关于推进天津滨海新区开发开放有关问题的意见》,国务院办公厅,国发〔2006〕20 号。

④ 张峻屹总编:《天津年鉴》,天津年鉴社,2006 年,第 109～111 页。

⑤ 《天津市滨海新区国民经济和社会发展第十二个五年规划纲要》,天津市滨海新区人民政府办公室,2011 年 5 月 5 日印发。

（二）2010—2015 年环境保护领域的政策宣示与政策执行

2010 年至 2012 年环境保护领域的政策宣示和政策执行如表 5 - 43 所示，建设生态宜居新城，改善环境质量是滨海新区环境领域的核心政策目标，每年政府工作报告中都对环境质量改善提出了具体的政策目标任务，在政策执行方面，城市面貌改善是政府工作重点，包含道路整修、社区改造、公园提升和绿化建设等内容，基本完成了市容环境综合整治的政策宣示。

2013 年滨海新区启动"美丽滨海"建设，开展"四清一绿"行动，2013 年底"美丽滨海·一号工程"具体工作部署发布，"美丽滨海·一号工程"包含清新空气、清水河道、清洁村庄、清洁社区和绿化美化行动五个分项行动，包含 42 项总任务和 1786 项子任务。2014 年"美丽滨海·一号工程"启动，2015 年滨海新区高标准实施"美丽滨海·一号工程"，综合整治 185 条主干道路、10 片重点地区和 181 个居民小区，完成空气和水污染治理任务 684 项，综合治理河道 51 千米，淘汰黄标车 1.9 万辆，总量减排实现增减平衡。南水北调中线新区段通水。新建提升绿化 2000 万平方米，建成区绿化覆盖率 35.4%。南部地区空气异味综合治理取得阶段性成效。2016 年滨海新区环境保护领域的政策宣示为"深入推进美丽滨海建设，不断提升环境质量和城市形象"，新时期环境保护的具体任务除继续进行市容环境整治外，还包括碧水工程、蓝天工程、监管施工工地、加强空气污染治理、绿地工程、生态环境保护几个方面。

2013 年之后，滨海新区环境保护领域的政策宣示更为具体，并涵盖了部分量化指标，就完成情况而言，政策执行基本按照政策宣示的精神和思路进行。在空气质量方面 2015 年新区环境空气质量达标天数为 231 天，同比增加 50 天，重污染天气 26 天，同比减少 8 天。PM2.5 年均浓度为 70 微克/立方米，同比下降 11.4%，空气质量综合指数 6.77，同比改善 12.5%，位列全市第三。在节能减排方面，共实现削减化学需氧量（COD）16707 吨、氨氮（NH_3-N）1574 吨、二氧化硫（SO_2）52140 吨、氮氧化物（NOx）60110 吨。在污水处理方面截至 2015 年滨海新区已建成污水处理厂 35 座，总设计处理能力达到 76.55 万吨/日，城镇污水集中处理率达到 95%。加强对污水处理厂的监管,污水处理厂达标率由 2013 年的 57.9% 提高到 2015 年的 94.7%。
"四清一绿"行动目标基本完成。①

表 5－44　2010—2015 年环境保护政策宣示和政策执行

年份	政策宣示	政策执行
2010	建设生态宜居新城区,具体包括高标准编制建设规划和计划,提升海空港功能,强化资源能源保障,切实加强环境保护,高标准实施市容环境综合整治。	绿化覆盖率达 38% 以上。黄万铁路、海滨大道、导轨电车、沙井子风电、道路绿化等一批基础设施和市政设施竣工,城区环境面貌得到改善。
2011	加快提升环境质量;推进国家循环经济示范区和低碳试点城市标志区建设;严格实施排污总量控制,综合治理水环境、大气环境;加大绿化投入;加强南北两大生态湿地保护;启动实施"清水工程"。	继续奋战 300 天综合整治市容环境,整修主干道路 45 条、社区 16 个,改造提升公园 13 个,新增绿化面积 1270 万平方米,绿化覆盖率达到 36.2%。创建国家环保模范城工作扎实推进。
2012	构建绿色发展体系。加快推进开发区、临港经济区、北疆电厂等循环经济示范区建设,扩大循环经济产业链,新增一批循环经济示范企业。全面推进节能减排,加快实施燃煤供热锅炉改造和热电联产替代。	生态环境建设全面推进。连续四年开展大规模市容环境整治,整修道路 101 条、社区 91 个,治理河道 152 千米,新增城市绿化 2750 万平方米,新建改造公园 20 个,建成区绿化覆盖率达到 35%,城乡面貌发生显著变化。创建 2 个国家级绿色社区、5 所绿色学校和 5 个国家生态镇。
2013	未来三年政策目标:加快建设美丽滨海,优化提升城市生态环境。实施清新空气、清水河道、清洁村庄、清洁社区和绿化美化"四清一绿"行动,下大力量防治 PM2.5 污染。	生态环境保护不断加强。启动实施清新空气、清水河道、清洁村庄、清洁社区和绿化美化"四清一绿"行动。改造燃煤供热锅炉 32 座,淘汰黄标车 7 万辆,完成陈塘庄热电厂煤改气搬迁工程建设。综合治理河道 22 条,建成污水处理厂 6 座,津沽污水处理厂试运行。于桥水库水质保护全面加强。新增造林 18.8 万亩,新建改造绿地 1600 万平方米,西青郊野公园一期建成。

---

① 《天津市滨海新区环境保护"十三五"规划》,天津滨海新区政务网。

续表

年份	政策宣示	政策执行
2014	环境保护：全力实施"美丽滨海·一号工程"，下定决心使新区的城市功能、市容市貌发生根本性变化。新改扩建3家污水处理厂，提高运行负荷率。严格落实节能减排目标，重点推动燃煤锅炉脱硫脱硝，新增2个节能减排示范基地。建成环境监测预警中心。全面实施清水河道行动计划，实施防洪防潮设施达标工程。继续开展市容环境综合整治，整修25条道路、30个社区。提升6条主干道路绿化，加快建设独流减河、北三河、官港等大型郊野公园，新增绿化400万平方米。积极稳妥推进示范小城镇建设，建成6个清洁样板村。	全面实施"美丽滨海·一号工程"。积极推进"四清一绿"行动，完成空气污染治理任务270项、主要污染物减排项目88个，治理河道152千米，清整村庄91个，新建提升绿化560万平方米。启动大港地区空气异味综合治理。港东新城污水处理厂试运行。官港郊野公园对外开放，独流减河郊野公园一期、北三河郊野公园起步段和响螺湾彩带公园二期工程全面完成。搞好市容环境综合整治，整修提升25条道路、20个社区，人居环境持续改善。
2015	深入实施"美丽滨海·一号工程"，增强功能，突出特色，提升内涵，全面建设宜居生态型新城区。打造核心标志区。大力整治市容环境。搞好郊野公园建设深化清新空气行动加强水环境治理；做好大港垃圾填埋场封场工作；新建改造公厕42座、垃圾转运站2座。	高标准实施"美丽滨海·一号工程"，综合整治185条主干道路、10片重点地区和181个居民小区，完成空气和水污染治理任务684项，综合治理河道51千米，淘汰黄标车1.9万辆，总量减排实现增减平衡。南水北调中线新区段通水。新建提升绿化2000万平方米，建成区绿化覆盖率35.4%。南部地区空气异味综合治理取得阶段性成效。
2016	深入推进美丽滨海建设，不断提升环境质量和城市形象。全面提升环境质量。开展新一轮市容环境综合整治；实施碧水工程；实施蓝天工程；全面监管施工工地；全面加强空气污染治理；实施绿地工程；加强生态环境保护。	加快建设美丽滨海，城乡面貌发生新的更大变化。搞好生态环境治理，建成2座热电联产项目，新建扩建7座污水处理厂，完成大气治理任务555项，治理河道133千米，实施139项重点节能工程，建设147个清洁村居。南部地区空气异味综合治理取得明显成效。全面推进郊野公园和北大港湿地建设，建成43个街心公园，新建提升绿化2120万平方米，建成区绿化覆盖率达到37.3%。连续开展大干150天市容环境综合整治。

资料来源：滨海新区历年政府工作报告

三、基本公共教育领域的政策宣示与政策执行

（一）2010年之前基本公共教育领域的政策宣示与政策执行

2002年《滨海新区条例》明确提出要促进科技、教育、文化、卫生、体育事业的发展，提高滨海新区文化品位和人的综合素质。在1999年到2004年期间，滨海新区与全市教育发展相配套，建立了一批高校独立学院、职业学校、国际学校、示范中学和模范小学，壮大了职业教育，基本普及高中教育。① 滨海新区"十一五"规划在教育领域有了较为明确的政策宣示：以职业教育为特色，大力发展具有新区特色的教育事业。职业教育政策执行效果在滨海新区"十二五"规划中具体表现为：天津科技大学、天津外国语大学等高等院校快速发展，职业学校和中小学布局进一步优化。

（二）2010—2015年基本教育公共服务领域的政策宣示与政策执行

2010年到2012年滨海新区在基本教育公共服务领域所做政策宣示均为"优先发展教育"，具体政策项目包括幼儿园发展、义务教育学校发展和职业教育发展几个方面。历年政策宣示在具体工作重点上有所区别，例如2010年的发展重点是新建幼儿园、中小学改建、师资队伍建设等方面，2011年的工作重点是义务教育学校现代化达标，扩充幼儿园教育资源，多渠道发展职业教育，2012年工作重点为义务教育均衡发展、打造名校和持续推动职业教育发展。在政策执行方面，2010年至2012年的政策宣示基本完成，滨海新区在幼儿园教育、义务教育、职业教育和教育服务均等化方面都完成了既定目标。

2013年基本教育公共服务的政策宣示调整为"进一步提高义务教育、职业教育水平，积极发展高等教育，健全终身教育体系"。2014年在教育领域未有新的提法，基本延续了2013年的政策宣示，并就具体工作重点做出了部

① 《天津滨海新区国民经济和社会发展"十一五"规划纲要（2006—2010）》，天津市人民政府文件，津政发〔2006〕80号。

署,这两年教育领域的政策执行内容包括教育现代化与标准化建设、职业教育发展、义务教育学校、高等院校的新建改建工作。2015 年滨海新区教育领域的政策宣示调整为"办人民满意的教育",在教育服务中的民众获得感成为教育服务创新发展的重要基础。在具体政策重点宣示中,人民满意的教育重点工作除继续进行中小学的现代化和标准化建设外,全面落实义务教育免试就近入学,试点推行普通高中面向全区招生,推进国家级中等职业教育改革,建立二到三个校企合作办学项目,积极创建国家社区教育示范区等与民众教育体验相关的项目被列入教育发展重点。滨海新区基本公共服务体系"十三五"规划还将"普惠性学前教育"列入规划内容,拟构建政府主导、多元并举、优质协调、充满活力的学前教育社会公共服务体系。

表 5-45 2010—2015 年基本教育公共服务领域的政策宣示与政策执行

年份	政策宣示	政策执行
2010	优先发展教育事业。按照统一规划布局、统一调配资源、统一建设标准原则,制定教育事业中长期发展规划。整合优质教育资源,推动中新生态城与南洋理工大学、中国传媒大学、南开中学,保税区与市一中、实验小学合作办学。完成 50 所义务教育现代化达标任务,启动新建 8 所优质中小学和 5 所幼儿园,改扩建 5 所中小学,完成 15 万平方米校舍的加固提升工作。新建和改造一批农村学校,保障农村适龄儿童入学接受优质教育。为所有教职工进行免费体检。大力发展职业教育、成人教育,积极探索社区教育,推进终身教育体系建设。强化师资队伍建设,实施教师素质提升计划。深化教育教学改革,全面推进素质教育。① 高标准规划好学校布局,保证教育设施的预留空间。抓好中小学教育资源的整合与提升,着力解决外来务工人员子女就学困难问题。大力发展职业教育。	新建和改扩建中小学、幼儿园 10 所,中小学校舍安全工程全面完成,76 所学校达到义务教育现代化建设标准,成功引进了南开中学、天津一中等优质教育资源。建立职业教育校企合作机制,成立了物流、机电、旅游职教联盟。与新加坡南洋理工大学、南开大学、天津大学合作办学取得积极进展。

① 《天津市滨海新区人民政府关于印发滨海新区人民政府 2010 年重点工作的通知》,津滨政发〔2010〕32 号。

年份	政策宣示	政策执行
2011	优先发展教育事业。优化城乡中小学布局,新建和改扩建13所中小学校,高标准完成义务教育学校现代化达标建设任务。整合和引进教育资源,深入实施"名教师、名校长、名学校"培育工程,启动建设南开中学生态城学校。新建和改扩建7所幼儿园,扶持规范民办幼儿园,着力解决入园难问题。建立完善产学一体的行业职业教育联盟,发展校企对接的定单式职业教育。积极发展社区教育,搞好社区学院建设。加强学校安全工作,构建平安和谐校园。	新建、扩建中小学和幼儿园60所,133所义务教育学校现代化建设达标,成功引进南开中学、天津一中等优质教育资源。成立了物流、机电等7个职教联盟,职业教育模式进一步完善。塘沽第一职业中专被评为全国高水平示范性中等职业学校。
2012	优先发展教育事业。进一步优化教育资源布局,高标准新建、改扩建一批中小学校和幼儿园。实施幼儿园星级达标工程,落实民办幼儿园经费补贴。促进义务教育高水平均衡发展,义务教育学校全部达到现代化建设标准。积极引进优质教育资源,打造一批区域名校,建设一批特色高中。完善校企合作、工学结合的职业教育模式,推进职业教育联盟建设,引进国际通用职业资格认证机构。加强社区教育网络建设,办好社区院校。完善全民健身设施,加强竞技体育后备人才培养。	教育事业优先发展。新建、改扩建中小学、幼儿园200所,全面完成学前教育"三年行动计划"。完成中小学校舍安全加固工程,义务教育学校全部通过现代化达标验收。积极引进优质教育资源,南开中学滨海生态城学校、天津实验中学滨海学校开工建设。创新职业教育模式,成立了物流、机电等7个职教联盟。被评为全国"两基"工作先进地区、全国社区教育实验区和我市首批全国义务教育基本均衡发展区。①

① 出自2013年滨海新区政府工作报告,2013年对过去工作的总结年度为2009—2012年。

续表

年份	政策宣示	政策执行
2013	进一步提高义务教育、职业教育水平，积极发展高等教育，健全终身教育体系。实施学前教育提升计划，新建、改扩建 60 所幼儿园，基本解决入园难问题。建设于家堡小学、大沽中学等 42 个教育重点项目，确保 145 所义务教育学校、20 所普通高中实现新一轮现代化达标，促进义务教育均衡发展，提升高中学校办学水平。	教育现代化水平明显提高。实施学前教育提升计划，完成一批幼儿园建设任务。推进新一轮义务教育学校现代化标准建设，120 所学校验收达标。国家职业教育改革创新示范区建设不断加快，海河教育园区二期工程进展顺利，南开大学、天津大学新校区全面开工。高校学科建设成效明显，新增博士学位授予院校 2 所，协同创新中心加快建设。
2014	新建、改扩建 20 所中小学和幼儿园，改造提升 8 所高中院校。多渠道扩大学前教育资源，大力发展公办和普惠制民办幼儿园。建成南开中学滨海生态城学校和天津实验中学滨海学校，推进耀华中学等名校到新区设立学校、联合办学。强化区域间职业教育合作，新增一批校企合作办学项目。	建成天津师大滨海附小、大港福春园中学和汉沽三中，天津实验中学滨海学校、南开中学滨海生态城学校建设进展顺利，耀华中学滨海学校落户中心商务区。完成 54 所学校现代化达标提升改造。新增 2 所特色高中院校。启动职业院校布局调整，建成 2 个紧缺型人才培养基地。
2015	办好人民满意教育。实施 42 个重点教育项目，建成塘沽云山道学校、新港幼儿园等 12 所学校、幼儿园，改造提升 67 所中小学。加快建设耀华中学滨海学校、天津一中滨海学校、天津师大滨海附属学校。完成第二批义务教育学校现代化达标提升和普通高中现代化达标创建验收评估工作。全面落实义务教育免试就近入学，试点推行普通高中面向全区招生。推进国家级中等职业教育改革，建立 2~3 个校企合作办学项目。积极创建国家社区教育示范区。发展普惠性学前教育。①	新建扩建中小学、幼儿园 184 所，全面完成义务教育学校现代化达标任务。积极引进优质教育资源，建成天津实验中学滨海学校、南开中学滨海生态城学校。天津科技大学整建制迁入新区。创新职业教育模式，成立 7 个职业教育联盟。被评为首批全国义务教育基本均衡发展区、全国"两基"工作先进区和全国社区教育实验区。

资料来源：除特殊标注外，均来自滨海新区历年政府工作报告。

_____

① 《天津市滨海新区基本公共服务体系建设"十三五"规划》，天津滨海新区政务网，http://www.tjbh.gov.cn/contents/6377/122548.html，2017 年 3 月 31 日。

四、社会保障领域的政策宣示与政策执行

在社会保障领域完善社会保障体系,扩大社会保障覆盖面,提高各项社会保险水平是 2010 年之后滨海新区历年政策宣示的主题,在具体工作重点宣示方面,扩大社会保险覆盖面是 2010—2012 年的重点内容,建设养老服务机构是此阶段的重要发展项目,社会保障服务的均等化统筹发展在此阶段也提上日程。通过本阶段的建设,滨海新区的社会保险覆盖面在天津市各区县中居于领先水平,建成了一批养老服务机构,社会保险待遇有较大提升。

从 2013 年开始,社会保障工作的政策宣示调整为,健全城乡社会保障体系和困难群体社会救助制度,实现人人享有基本社会保障。在政策执行方面,一是持续提升社会保障水平,例如 2015 年底,滨海新区 17560 位困难群众陆续收到了慰问金或节日补贴,救助用的全部金额由市财政以及区财政共同承担,达到了 2137.73 万元,成为历年来力度和覆盖面最大的一年。新区还将对救助管理站、敬老院等社会福利机构发"红包"351.25 万元。另一个重点内容是不断完善社会保障领域的基础设施建设和制度建设。截至 2015 年底,社会保障领域的社会保险、社会救助、优抚安置、社会服务建设用房等仍未能实现目标人群百分之百覆盖,滨海新区"十三五"规划对此作出了社会保险持续、多层次、保基本、全覆盖的政策宣示,社会救助等领域目标人群覆盖率 100% 的政策宣示。

表5-46　社会保障领域的政策宣示和政策执行

年份	政策宣示	政策执行
2010	完善社会保障体系。建立全民基本社会保险制度，率先健全完善医疗保险、失业保险、养老保险等社会保险体系，扩大社会保障覆盖面。做好城乡低保、农村五保人员和城乡特困人员医疗救助工作。加快养老机构设施建设。年内新建3所老年人活动中心。新建3所养老院。在10个街道和乡镇建设老年日间照料服务站。关心改善残疾人生活。	社会保险覆盖面进一步扩大，参保人数超额完成年度目标。深入做好困难群众救助工作，发放救助金9294万元。
2011	切实加强社会保障工作。扩大基本社会保险覆盖面，重点做好非公经济从业人员、农民工、被征地农民的参保工作。提高城乡居民基本养老待遇水平，实施全民意外保险附加险。	职工基本养老等5大保险覆盖率居全市领先水平。强化低保救助动态管理，优抚对象抚恤、城乡低保、特困救助、农村五保供养、居家养老补贴的标准都有新的提高。建成5个街镇社区服务中心、14个社区服务站和11个老年日间照料服务中心。开工建设保障性住房300.9万平方米。
2012	完善社会保障体系。进一步扩大社会保险覆盖面，将未参保集体企业退休人员纳入企业职工养老保险范围，推进建筑施工企业农民工工伤保险。继续搞好城乡居民养老保险、医疗保险参保工作，建立被征地农民社会保障新机制，城乡居民医疗保险参保率力争达到98%。统一各区域低保救助标准和城乡优抚对象抚恤补助标准，建立健全长效救助制度和临时应急救助制度。建设流浪乞讨人员救助管理站、流浪未成年人保护中心。加强残疾人工作，大力发展慈善事业。	社会保障参保人数持续增长，职工和居民社会保险覆盖率居全市领先水平。城乡低保、重点优抚对象抚恤补助、特困补助、残疾人生活补助标准有较大提高。
2013	健全城乡社会保障体系和困难群体社会救助制度，实现人人享有基本社会保障。建设老年养护院、残疾人托养康复服务中心等12个民政重点项目，新建82处老年日间照料服务中心。	社会保障水平不断提升。继续提高企业退休人员养老金和城乡居民基础养老金，养老保险参保人数持续增加。提高城乡居民基本医疗保险筹资标准。统筹城乡居民生育保险，待遇水平由800元提高到2500元。

年份	政策宣示	政策执行
2014	稳步提高各项社会保险待遇水平,职工基本养老保险、医疗保险、生育保险、工伤保险参保率达到96%,城乡居民医疗保险参保率达到98%,实现建筑施工企业农民工工伤保险全覆盖。完成第一、第二老年养护院主体工程,新建15个日间照料中心、2家老年配餐中心,启动建设3个社会办养老项目。完成阳光家园第三托养康复服务中心主体工程。加大对独居老人、重症患者家庭、重残人员家庭等特殊困难群体的救助力度。开展慈善项目认捐活动。	社保联动机制不断完善,职工参保率达96%。开展系列救助、慈善活动,发放各类救助金8600余万元。第一老年养护院建设进展顺利,第二老年养护院主体封顶,贻芳托老所、大港老年大学基本建成,新建民办养老机构6家,发放各类涉老资金2000万元。11个街镇服务中心建成使用,新建提升173个社区服务站,建成示范社区20个。
2015	完善社会保障体系。深入推进社保扩面工作,职工基本养老、基本医疗、工伤、失业、生育保险参保率超过96%,城乡居民医疗保险参保率超过98%。继续抓好建筑施工企业农民工工伤保险和城乡居民养老保险参保工作。完善居民大病补充医疗保险和社保基金社会监督试点工作体系。建立全区统一的救助政策体系,创新慈善救助机制。健全优抚对象抚恤补助自然增长机制,落实军转干部、退役士兵安置等系列优待政策。加快第一殡仪服务中心、回民公墓等殡葬服务设施建设改造。	建立起覆盖城乡居民的大病和意外伤害保险制度,职工基本养老、基本医疗等保险覆盖率居全市领先水平。建立覆盖全区的社会救助体系,累计发放各类救助金1.6亿元。

资料来源:滨海新区历年政府工作报告。

五、就业领域的政策宣示与政策执行

就业领域的政策宣示相较于其他公共服务领域,较为具体,新增就业人数是历年政策宣示的最关键内容,除此之外,农村富余劳动力转移、大学生就业、和谐劳动关系构建和就业困难人群帮扶也是就业领域的工作重点。就政策执行情况而言,基本都完成或超额完成了新增就业的数量要求,在其他领域也有相应的行动和政策。

表5-47 2010—2015年滨海新区就业政策宣示与政策执行

年份	政策宣示	政策执行
2010	全年新增就业8.6万人。① 和谐社会建设要开创新局面,城镇登记失业率要保持在3.5%以下。②	全年新增就业9万人,城镇登记失业率控制在3%以下。
2011	深化城乡一体化改革,推进城乡就业、社会保障、公共服务等二元并轨。	新增就业10万人,安置困难群体就业7000人,城镇登记失业率控制在3%以内,村级劳动保障工作站实现全覆盖。
2012	千方百计扩大就业。全年新增就业11万人,城镇登记失业率控制在3.3%以内。完善新增就业与重大项目对接机制,做实就业服务信息库。扩展就业培训的项目和工种,重点搞好农村富余劳动力职业技能培训。抓好高校毕业生就业工作。	就业和社会保障体系不断健全。累计新增就业38.7万人,转移农村富余劳动力4.4万人,帮扶9084名困难人员就业,村级劳动保障工作站实现全覆盖,城镇登记失业率控制在3%以内,荣获全国创业先进城区称号。
2012	多渠道做好退役军人的就业安置。健全城乡统一的就业困难群体援助制度,确保零就业家庭动态为零,一般困难人员就业率85%以上。实施"1310"工程,深入推进构建和谐劳动关系试点工作。	
2013	完善积极的就业和创业政策,继续做好高校毕业生、农村转移劳动力、困难群体就业工作,新增就业41万人,城镇登记失业率控制在3.5%以内。	就业规模持续扩大。多渠道开发就业岗位,累计新增就业48万人。促进创业带动就业,实施百万技能人才培训计划,开发职业技能培训班420个。出台大学生就业帮扶政策,应届高校毕业生就业率保持较高水平。各类困难群体就业安置率达到86%以上,"零就业"家庭动态为零。

① 《天津市滨海新区人民政府关于印发滨海新区人民政府2010年重点工作的通知》,津滨政发〔2010〕32号。
② 何立峰:《新时期滨海新区开发开放的形势与任务》,《港口经济》,2010年第2期。

年份	政策宣示	政策执行
2014	健全就业与重大项目对接机制,建立城乡统一的困难群体就业援助制度,实现公共就业服务全覆盖。全年新增就业 13 万人,转移农村富余劳动力 5000 人。	新增就业 13 万人,转移农村富余劳动力 5062 人,帮扶 1682 名困难人员再就业,城镇登记失业率 3%。
2015	努力扩大就业。全年新增就业 13.8 万人,转移农村富余劳动力 6000 人。扩大促进就业小额贷款放贷规模,全年力争突破 6000 万元。继续做好高校毕业生和就业困难群体帮扶工作,城镇登记失业率控制在 3.3% 以内。全面加强就业创业培训,重点开展农村劳动力转移就业培训、职工技能提升培训和创业能力培训。加快建设就业训练中心,支持民营人力资源服务机构发展。加强失业预警和动态监测,继续深化和谐劳动关系。	"十一五"期间累计增加就业 62.4 万人,城镇登记失业率稳定在 3.3% 以内。就业困难群体得到有效帮扶,转移农村富余劳动力 3.8 万人。连续举办优秀外来建设者评选活动,成为全国首家构建和谐劳动关系综合试验区。

资料来源:滨海新区历年政府工作报告,部分年份空缺是因为当年政府工作报告中未体现本项内容。

六、保障性住房领域的政策宣示与政策执行

保障性住房领域主要在三个方面进行了政策宣示:第一,是保障性住房的建设规模,一般以建设平米数和建设套数作为衡量指标;第二,是保障对象层面的政策宣示,扩大保障性住房的人群覆盖面,增强保障能力是滨海新区保障性住房建设的重要目标;第三,是公平性宣示,体现在保障性住房的分配环节,完善分配规则,理顺分配流程是保障性住房领域政策创新与具体政府行为创新的重要内容。在政策执行方面,保障性住房的数量建设宣示基本完成;在人群覆盖方面,滨海新区保障性住房的申请资格为"具有新区非农业户籍的中低收入住房困难家庭以及在新区工作缴纳社会保险的各类人员",且承诺对其中属于最低生活保障对象的住房困难家庭实行应保尽保;①在保障

① 《天津市滨海新区保障性住房建设与管理暂行规定》,天津市滨海新区政务网,http://www.tjbh.gov.cn/contents/6331/385526.html,2017 年 10 月 13 日。

分配公平方面,主要以信息公示和主管部门的自身工作创新来保障,在天津市规划和自然资源局滨海新区分局政府网站设有保障性住房公式公告专栏。

表5-48　保障性住房领域政策宣示与政策执行

年份	政策宣示	政策执行
2010	开工建设保障性住房379万平方米,进一步改善中低收入群众住房条件。①	开工建设各类保障性住房382万平方米,竣工167万平方米。 确立了经济适用房、定制商品房、公共租赁房、蓝白领公寓等住房保障模式,以"订单生产""阳光交易"方式与企业和群众直接对接。②
2011	深化住房保障制度改革,完善保障性住房规划建设和分配机制,扩大覆盖范围,增强保障能力。	创新推出订单商品房、蓝白领公寓等多层次保障模式,建立了具有新区特色的住房保障体系。 开工建设保障性住房300.9万平方米。
2012	深化住房保障制度改革,完善保障性住房配套政策,健全投入运营机制和分配机制,创新供给模式,扩大覆盖面。全年新开工保障性住房200万平方米,新竣工100万平方米。	保障性住房项目累计开工建设面积900万平方米、10.7万套,可以满足40万人居住需求。④
2013	完善住房保障机制,完成5万平方米危陋房屋改造,保障性住房占住房总量比例提高到38%。	
2016	全面推进与保障性住房配套的公共设施建设,完善生活设施和其他公共配套设施,完善分配和管理办法,提高住房利用率。③	

　　资料来源:滨海新区历年政府工作报告,部分年份空缺是因为当年政府工作报告中未体现本项内容。

---

　　① 《天津市滨海新区人民政府关于印发滨海新区人民政府2010年重点工作的通知》,津滨政发〔2010〕32号。

　　② 2011年天津市滨海新区人民政府工作报告。

　　③ 2014年和2015年滨海新区政府工作报告中未有相关方面政策宣誓,此处以"滨海新区'十三五'规划"中的政策宣示代替。

　　④ 《天津市滨海新区保障性住房建设与管理暂行规定》,天津市滨海新区政务网,http://www.tjbh.gov.cn/contents/6331/385526.html,2017年10月13日。

七、医疗卫生领域的政策宣示与政策执行

（一）2010 年之前的医疗卫生政策宣示与政策执行

2010 年之前，医疗卫生领域的政策宣示主要见于两个文件，一是《滨海新区条例》，一是《天津滨海新区国民经济和社会发展"十一五"规划纲要（2006—2010）》。《滨海新区条例》中提到要促进文化、体育、卫生等事业的发展，"十一五"规划纲要中对医疗卫生发展有了较为明确的政策宣示：建设新区疾病防控、医疗救治、公共卫生突发事件应急机制和卫生执法监督机制，提高卫生服务水平。加大基本卫生的投入，推行新型农村合作医疗。2010 年，每千人口医生达到 3 人，社区卫生服务覆盖率达到 100%。

政策执行方面，截至 2000 年底，新区卫生事业机构 37 个，拥有病床5157 张，其中医院 71 所，拥有病床 4989 张；门诊部、所和专科防治所、站，以及其他卫生机构 128 个，形成了市、区级医疗防治健全的体系。2003 年卫生事业稳步发展，新区医疗卫生服务网络体系逐步形成。至 2003 年底，新区拥有卫生事业机构 439 个，床位 5863 张。年内，泰达国际心血管病医院建成开诊，泰达医院扩建改造工程完工。2008 年区域医疗卫生体系逐渐成熟。与北大医学部合作共建第五中心医院，新建和扩建了多所社区卫生服务站。开发区社区卫生服务站和公共卫生服务中心已全部覆盖生活区和外来务工公寓。新型农村合作医疗工作成效显著，农民参合率接近 10%。[1] 2009 年卫生资源布局逐步完善。[2]

（二）2010—2015 年医疗卫生领域政策宣示与政策执行

医疗卫生领域的政策宣示在 2010 年至 2015 年始终围绕健全医疗卫生服务体系，进行医疗体制改革展开，政策宣示除有原则性宣示之外，还有具体工作重点的宣示。因为目标明确，任务清晰，因此政策执行有较为详细的

---

[1]　参见天津市滨海新区管理委员会、天津市统计局：《天津滨海新区统计年鉴》（内部资料），2000 年、2003 年和 2008 年。

[2]　参见何立峰：《新时期滨海新区开发开放的形势与任务》，《港口经济》，2010 年第 2 期。

规划,执行基本按照政策宣示进行,也基本完成了具体的政策宣示工作任务。2010 年和 2011 年的政策宣示与政策执行重点是医疗卫生体制改革,"三甲"医院创建工作和标准化社区卫生服务站建设。2012 年在前期政策宣示的基础上,增加了"支持民营医疗机构发展"的政策宣示,当年滨海新区也率先引进 2 所境外高端社区卫生服务机构。2013 年政策宣示为:进一步完善公共卫生和医疗服务体系,当年政策执行重点是医疗资源的优化与扩充。2014 年在加强医疗卫生服务资源硬件建设的同时,强调对妇女儿童健康的保障,当年政策执行中实施了 20 项妇女儿童惠民项目。2015 年提升卫生服务水平依然是滨海新区医疗卫生领域发展重点,政策执行手段包括卫生服务机构硬件建设、高端民营医疗机构引进、医疗合作、医疗卫生体制改革等。

表 5-49 2010—2015 年医疗卫生领域的政策宣誓与政策执行

年份	政策宣示	政策执行
2010	提高医疗卫生服务水平。 第五中心医院、汉沽医院、大港医院、泰达医院、港口医院、海洋石油总医院等单位为创建三级甲等医院创造良好条件。完成第五中心医院病房楼和医技楼、大港中医医院门诊病房楼建设,启动塘沽安定医院二期和保税区空港国际医院一期工程建设。 新建 10 余个标准化社区卫生服务站。 免费为中小学生和学龄前儿童接种麻腮疫苗和水痘疫苗。药品零差率销售扩展到乡镇卫生院。① 整合医疗卫生资源,建设覆盖城乡的基本卫生保健制度,提高预防保健和疾病控制水平。加快国家级公立医院试点改革进度,推动新区优质医疗资源向社区延伸,着力解决群众反映比较集中的"看病难、看病贵"问题。	启动了医疗卫生体制改革试点工作,实施了医疗重组计划,构建了新型医疗服务模式。 创建三级甲等医院工作稳步推进。第五中心医院、港口医院、大港中医医院等改扩建工程基本完成。 改造提升 10 个标准化社区卫生服务站。免费为 7.8 万名中小学生接种麻腮腺疫苗。 基本药品零差率销售实现城乡全覆盖。 人口和计生工作取得新成绩,成为全国计划生育优质服务先进单位。

① 《天津市滨海新区人民政府关于印发滨海新区人民政府 2010 年重点工作的通知》,津滨政发〔2010〕32 号。

年份	政策宣示	政策执行
2011	深化医疗卫生体制改革，全面实施医疗重组计划，推行大医院整合社区医疗服务中心，改革公立医院运行机制。 　　大力发展医疗卫生事业。实施"名医、名科、名院"工程，全力打造一到两个全市乃至全国知名的特色专科。第五中心医院、泰达医院积极创建三级甲等医院。筹建儿童医院、疾病预防控制中心等现代化医疗卫生机构，加快推进空港医学园区、空港国际医院建设步伐，塘沽安定医院二期、大港中医医院投入使用。 　　新建改造6个标准化社区卫生服务站。完善社区公共卫生服务项目补助方式，统一提高补助标准。 　　整合120急救指挥资源。健全疾病预防控制体系，确保不发生重大传染病疫情。 　　组织实施妇女儿童健康行动计划，提高妇幼保健水平。落实社区家庭责任医生制度，提供家庭诊疗服务。 　　搞好全国流动人口计划生育基本公共服务均等化试点工作，创建人口均衡发展实验区。	医疗重组计划全面展开，构建了新型社区医疗服务模式。公立医院改革得到国务院医改办充分肯定。 　　创建"三甲"医院工作稳步推进，第五中心医院、泰达医院进入了评审阶段，泰达心血管医院2个学科被评为国家级重点专科。在全国率先引进2所境外高端社区卫生服务机构。 　　基本公共卫生服务经费补助标准提高到人均40元。大港中医医院新建工程竣工投入使用，建成10个标准化社区卫生服务站、66个村卫生室。

续表

年份	政策宣示	政策执行
2012	健全医疗卫生体系。加快建设空港国际医院，筹建疾控中心、卫生监督所、卫生信息中心和妇女儿童保健中心，启动建设国际医疗城。 与知名医疗机构高位嫁接、合作共建，打造一批具有领先水平的重点学科和特色专科，继续创建等级医院。 加强国医堂建设，发展中医药特色服务。 实施社区卫生服务机构标准化建设。 支持民营医疗机构发展。 开展家庭签约责任医生制度试点。 建立区域卫生信息数据库，推行居民健康档案电子化。 加强人口和计划生育工作，全面实现流动人口计划生育基本公共服务均等化。	医疗卫生服务不断加强。开工建设了天津医科大学中新天津生态城医院、空港国际医院、区疾病预防控制中心等医疗设施，大港中医院、港口医院、塘沽安定医院等新建、改扩建项目投入使用。 一批街镇卫生院、社区卫生服务中心、村卫生室完成标准化建设。 实施公立医院升级工程，第五中心医院通过"三甲"医院评审，泰达医院升为"三级"医院。 成功引进高端民营医院和境外高端社区卫生服务机构。 基层医疗机构基本药品零差率销售实现城乡全覆盖。 建立人口服务管理中心。全面完成国家免费孕前优生检查试点任务和妇女儿童健康行动计划。
2013	进一步完善公共卫生和医疗服务体系。 建设天津医科大学总医院滨海医院、妇幼保健、卫生监督等17个卫生重点项目，创建二到四所"三甲"医院。 推进一批社区卫生服务中心标准化建设。	医疗卫生服务能力不断增强。 卫生资源调整步伐加快，胸科医院、天津医院、中医一附院新建工程完工，第二儿童医院主体建成，一批社会办医机构投入运营。 区县公立医院改革稳步推进。 免费向全市居民提供76项基本公共卫生服务。 疾病防控、卫生监督保障工作扎实开展。 中医"国医堂"实现基层医疗机构全覆盖。 实施妇女儿童健康促进计划。 人口和家庭公共服务不断深化，低生育水平保持稳定。

年份	政策宣示	政策执行
2014	进一步完善公共卫生和医疗服务体系。 　　启动建设第五中心医院二期工程，建成区公共卫生服务中心一期、天津医科大学空港国际医院一期工程。培育1到2个市级重点学科。抓好重点传染病防治工作，确保不发生重大疫情。提高妇女儿童健康水平。 　　加强人口和计划生育工作，深入推进流动人口计划生育基本公共服务均等化。	第五中心医院建成三级甲等医院，被授牌为北京大学滨海医院。天津医科大学空港国际医院、中新生态城医院、区公共卫生服务中心一期工程等项目主体竣工，天津医科大学总医院滨海医院开工建设。市肿瘤医院滨海分院完成选址，滨海中医院落户北塘。 　　新引进3家高端民营医疗机构。实施了20项妇女儿童惠民项目。基本公共卫生服务补助标准提高到人均45元。 　　新建扩建6个社区卫生服务站，启用58个标准化村卫生室。
2015	提高卫生服务水平。建成区公共卫生服务中心、天津医科大学空港国际医院、中新生态城医院，完成塘沽妇产医院和大港疾控中心改造，加快建设滨海中医院、市肿瘤医院滨海分院和大港医院二期工程。建成欣嘉园、新北街社区卫生服务中心。组建区卫生监督所、疾病预防控制中心和妇女儿童保健中心。在全市率先启动13家公立医院综合改革。积极吸引高端民营医疗机构落户。全面落实妇女儿童健康促进计划，扎实推进国家流动人口卫生计生基本公共服务均等化试点。加快120急救中心建设，提升突发公共卫生事件处置能力。争创国家慢性病综合防控示范区。	建成天津医科大学空港医院、中新天津生态城医院、新区公共卫生服务中心和妇女儿童保健中心。引进京津5所优质卫生机构合作办医和3所高端民营医疗机构。第五中心医院升级为三级甲等综合医院，泰达医院建成三级医院。启动公立医院改革试点，建成3个全国示范社区卫生服务中心。基层医疗机构基本药品零差率销售实现全覆盖。

资料来源：滨海新区历年政府工作报告。

八、公共文化领域的政策宣示与政策执行

　　滨海新区公共文化领域的政策宣示重点有三个：文化惠民、文化遗产保护和文化产业发展。政策执行重点也主要围绕这三个方面展开：在文化惠

民方面,主要行动包括提升改造公共文化服务设施,如图书馆、文化馆、图书室、农家书屋等,举办文化品牌活动,放映电影等。在文化遗产保护方面,建成大沽口炮台遗址博物馆和大港冬枣博物馆,塘沽、汉沽和太平镇获得中国民间文化艺术之乡称号。在文化产业发展方面,建设了国家 3D 影视创意园、北方印刷基地等文化产业,初步形成影视动漫、设计创意、广告会展、数字传媒、互联网应用、文化旅游、文化用品制造等主导产业。①

表 5-50　文化领域的政策宣示与政策执行

年份	政策宣示	政策执行
2010	打好文化大发展大繁荣攻坚战。实施文化产业振兴规划,抓好文化产业示范区选址,研究制定文化产业振兴相关政策,培育一批文化产业项目,着力打造新区文化产业品牌。规划推动文化设施体系建设,大力开展群众文化活动,提高公共文化服务水平,做好文化惠民工作。整合广电资源,办好《滨海时报》和滨海新区网,启动轻轨移动电视业务,提高舆论引导能力。完成大沽海神庙遗址、大沽船坞旧址区域总体开发方案,筹划塘沽火车站、《塘沽协定》签署旧址等历史文化遗存的保护开发方案,做好滨海新区文物保护规划和文物普查及非物质文化遗产资源普查。健全文化市场管理体系,加强队伍建设。繁荣文艺创作。	建成和提升了 7 个街镇文体活动中心、83 个农家书屋、126 个村文化室,在全市率先完成村级文化设施全覆盖任务。成功举办"同唱滨海"等品牌文化活动。大沽口炮台遗址博物馆竣工,第三次文物普查通过国家验收。

---

① 《天津市滨海新区文化发展"十三五"规划》,天津市滨海新区政务网,http://www.tjbh.gov.cn/contents/6377/122548.html,2017 年 3 月 31 日。

年份	政策宣示	政策执行
2011	着力发展文化事业。加强公共文化设施建设，筹建文化艺术中心。推进文化惠民工程，建设一批居民书房和居民文化室，开展"2191"公益电影放映活动，举办首届滨海国际艺术节、滨海国际版画作品展交会和社区文化艺术节，创办国际作家写作营。搞好大沽船坞局部修缮工作，完成汉沽刻字艺术馆改扩建工程。建设一批社区健身场所，扩充全民健身资源。	实施文化惠民工程，建成 100 个居民书屋和文化室，放映公益电影 3560 场次。成功举办首届滨海国际艺术节等大型展演活动，120 多万群众参与。《兔侠传奇》获得华表奖和金鸡奖两项大奖，天津神界漫画等企业在首届中国文化艺术政府奖评比中荣获 4 项大奖。塘沽、汉沽和太平镇获得中国民间文化艺术之乡称号。举办了世界男子桥牌精英赛。 　　精神文明建设成效明显，涌现出全国文明单位 6 个、文明乡镇 1 个、文明村 2 个，3 人荣获全国道德模范。
2012	注重文化事业和文化产业协调发展，增强文化软实力，努力建设富有创新活力和独特魅力的文化强区。 　　加强公共文化服务。完善文化设施，加快发展文化产业。全面提升城市文明程度。	文化体育事业繁荣发展。实施文化惠民工程，新建和提升了一批街镇文体中心，在全市率先实现农家书屋和村文化室全覆盖。建成大沽口炮台遗址博物馆和大港冬枣博物馆。成功举办滨海国际艺术节、滨海国际作家写作营等品牌文化活动，多件文学艺术作品和多家动漫企业获得全国大奖。圆满完成第六届东亚运动会协办任务，全民健身运动广泛开展，竞技体育取得优异成绩。 　　有力践行"滨海精神"，扎实推动文明城区创建，市民文明素质和社会文明程度明显提高。

续表

年份	政策宣示	政策执行
2013	规划建设文化艺术中心、广电大厦等12个文化重点项目。办好"滨海国际艺术节"、"社区文化艺术节"等系列公共文化惠民品牌活动。广泛开展全民健身活动,更新、配建100个健身园,实现健身场所街区城镇全覆盖。积极发展竞技体育,协助筹办好第十三届全国运动会。	文化体育事业蓬勃发展。市文化中心服务功能进一步提升,成为文化艺术的展示中心、市民休闲娱乐的"城市客厅"。公共电子阅览室、城市书吧、农家书屋等文化惠民工程扎实推进。文艺创作精品不断涌现,一批优秀剧目获全国大奖。文化产业加快发展,国家3D影视创意园、北方印刷基地等建设进展顺利。哲学社会科学、新闻出版、广播影视、文物保护、图书档案等事业全面发展。精神文明建设继续加强,市民素质和社会文明程度不断提高。
2014	继续实施文化惠民工程。放映"2191"公益电影3400场次。办好滨海市民文化讲堂、文化服务外来建设者等系列文化活动。制定落实新区全国重点文物保护规划,开展第一次全国可移动文物普查。	大力实施文化惠民工程,提升改造5个文化场馆,建成10个全国一级街镇文化站。创建107个市级文明单位、文明社区、文明村镇,被评为全国文化先进区。
2015	繁荣大众文化。加快提升公共文化设施,建成广电大厦,推动文化艺术中心开工建设,改造提升塘沽大剧院、大港图书馆等一批文化设施。精心塑造文化品牌,举办第十届滨海艺术节、第五届国际作家写作营等系列活动。组织好第一次可移动文物普查,实施滨海文化遗产展示工程。开展全民健身活动,建设40个健身园。继续开展文明村镇、文明社区和文明单位创建活动。	文化惠民工程扎实推进,建成3个国家一级文化馆、2个国家一级图书馆、10个国家一级文化站。举办天津滨海艺术节、国际观鸟文化节等品牌文化活动。被评为全国文化工作先进单位和群众体育工作先进单位。

资料来源:滨海新区历年政府工作报告。

第六章　结论与建议

本书以滨海新区为研究样本,考察综合配套改革试验区的公共服务体制机制创新情况。详细梳理了滨海新区各项基本公共服务项目的政策演进;应用整体性治理理论框架分析了滨海新区综合配套改革进程中公共服务机制体制创新的整体性治理策略;提炼了滨海新区公共服务机制体制创新的政策工具箱,探究了政策工具应用的影响因素;基于统计数据、问卷调查以及政府宣示和政策执行的对应情况对滨海新区公共服务发展进行了评价。

第一节　主要研究结论

一、滨海新区公共服务政策演进的主要特征

第一,创新过程的协同性。滨海新区公共服务政策创新既是对国家整体公共服务机制体制创新的呼应,也是对依托滨海新区政策创新环境的一种先行先试。具体而言,滨海新区的公共服务政策创新伴随着滨海新区行政管理体制改革,两项工作的同时进行在加大公共服务创新复杂性的同时,也为公共服务创新提供了重要的组织保障,使得公共服务需求变化能够及时得到政府的反馈,并以行政体制调整和政策改进来回应公共服务环境与需求的变迁。滨海新区公共服务领域的政策演进又与国家整体政府职能转型具有一致性,伴随着政府职能转型,服务型政府建设步伐加快,滨海新区

公共服务整体推进步伐加快,多领域政策创新不断涌现,如医疗卫生领域社区卫生服务中心的建设等。政策创新既是对国家整体公共服务发展步调的跟进,也是对滨海新区自身发展问题的一种回应,并直接影响了政策创新的进程,如根据滨海新区外来人口的发展趋势,领先于全国实行了对外来流动人口的公共服务均等化,在公共卫生、防疫接种、妇女儿童保健与计划生育等方面实施了人际间均衡政策。

第二,创新方式的本土性。在上级政策的执行方面,滨海新区基层政府展现出蓬勃的创新能力,开发了许多本土性特征明显,政策成本低、收益高的政策推行方式。如滨海新区基层政府为促进市容环境改善,发动干部群众以义务劳动的形式进行卫生清理。在教育领域,发动退休职工为外来务工人员子女提供假期的义务教育等。在环境保护领域,以督查、约谈的方式督促污染企业、责任部门履行环境保护的责任,纠正错误。在教育和医疗领域,通过与天津市内名校、三甲医院的合作提升滨海新区内的教学水平和医疗服务水平。在社会保障领域,通过民间力量,解决部分困难群众的帮扶问题。

第三,发展重点的阶段性。滨海新区公共服务的发展与滨海新区整体发展保持一致,并与经济发展互相形成保障。在滨海新区建设初期,公共服务的发展主要是为经济发展提供更好的保障性条件,因此基础设施建设发展迅速,教育领域的发展以保障经济发展所需人才为任务,进而形成了滨海新区职业教育发展的良好局面。而经济的快速发展又为公共服务的发展提供了重要资金保障,并为公共服务的市场化改革创造了可能的空间。在此背景下,公共服务领域的政策创新具有明显的阶段性,首先体现在公共服务项目之间的侧重在每个阶段有所变化,滨海新区发展由基础设施建设起步,医疗卫生、教育、社会保障、就业、养老、文化和环境保护等项目逐步展开,"十二五"期间,滨海新区发展规划明确提出要"优先发展教育";"十三五"期间,在公共服务体系已基本健全的基础上,发展重点是提升公共服务的整体供给水平,同时注重公共服务均等化的稳步推进。同时,这种阶段性更为明确地体现在每项公共服务的发展进程之中,每个阶段的公共服务创新主旨,具体行动都有所区别。

二、整体性治理视角下的滨海新区公共服务创新

滨海新区的整体性治理需求尤其强烈,综合配套改革进程伴随着滨海新区的行政区划调整,行政体制改革、人群的迅速分化、管理理念的新旧冲突和固有利益格局的破除与重建。滨海新区通过理念培育,工作方式创新,责任共担,依托新的政策、新的项目和新的公共服务方式构建了滨海新区的整体性治理模式。滨海新区在公共服务创新中的整体性治理实践框架如图6-1所示。

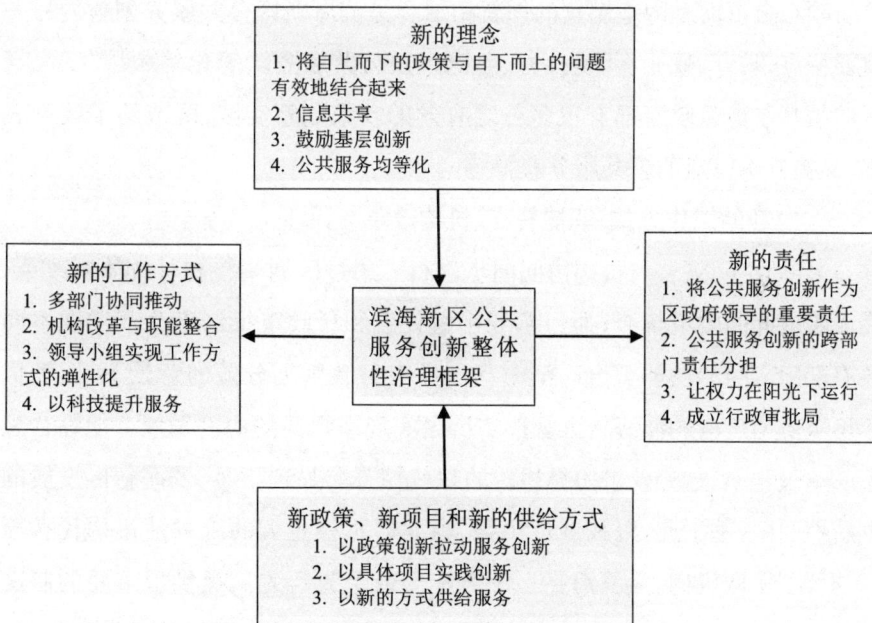

图6-1 滨海新区公共服务创新的整体性框架

(一)新的理念:整体性的文化和价值观

公共服务创新的整体性战略需要塑造共同的文化和价值观,共同的理念是滨海新区公共服务创新的重要支撑条件。滨海新区公共服务创新的整体性文化主要体现在以下三个方面:第一,公共服务人人享有观,公共服务创新的全员责任观,以信任为基础的基层政府特殊性实践与滨海新区整体战略的一致性共存。综合配套改革进程中,滨海新区注重对自身问题的凝练与普适性创新举措的结合,例如在流动人口公共服务均等化领域,滨海新区在政府文件中将外来务工人员称为"外来建设者",充分肯定了这个群体的价值,并在各项公共服务供给过程中适当向外来建设者进行倾斜。在城乡居民公共服务均等化方面,滨海新区的重要政策创新体现在采用多种手段鼓励城镇化后的农民就业,其中包含了大量的细节性与人文性服务,例如上下班交通补贴。第二,信息化的发展为滨海新区公共服务创新的整体性推进提供了重要的工具和依托,借助信息化新技术的运用,打破了部门之间的信息壁垒,并为民众提供了更为高质量的公共服务。第三,自上而下的政策引领与自下而上因地制宜的创新相结合是滨海新区公共服务创新的另一重要特点,教育、就业、环境改善、养老以及公共服务均等化等领域,滨海新区的最基层街道政府都有很多行之有效的政策创新实践,既节约了政策成本,又提升了民众的公共服务获得感。

(二)新的工作方式:职能转变、机构改革与弹性化领导小组

第一,空间整合与机构协同同步进行。通过区划调整和行政体制改革,完成跨空间的政策整合,通过领导小组设置和行政审批制度改革实现不同政府部门之间的功能整合。滨海新区原有行政区划分散的背景下,以类似于议事协调机构的滨海新区管理委员会实现组织间的协同发展。但综合配套改革过程中,这一议事协调机构的权威性开始显现不足,滨海新区发展的创新性受限,基于此,以权威性更强、独立自主权更大的统一性机构代替原有的议事协调机构,为滨海新区综合配套改革先行先试提供了重要的制度基础。行政审批局的设立逻辑为部门间职能的重新分配与重组,将同一性职能进行统一归口管理,在提高效率的同时也能提升民众满意度。领导小组的广泛采用既是一种工作习惯的因循,也是滨海新区行政体制改革过渡期的现实性有效选择。

第二,政策执行整体性推动。鉴于公共服务的复杂性与公共需求的异质性,以及综合配套改革的先行先试要求,在综合配套改革进程中,滨海新

区的公共服务创新部分并无先前经验可循,创新性政策执行往往超越了单个或者少数政府职能部门的界限,多部门协同成为创新推动的重要需求,在滨海新区公共服务创新过程中,广泛采用领导小组工作机制,实现了跨越部门职能界限的有效方式,职能部门之间的目标冲突则主要依靠滨海新区政府核心领导层来协调,同时在领导小组工作过程中注重监督与控制,有较为明确的目标任务分解与绩效考评办法。

第三,以信息化技术实现信息的整合。信息是流淌于政府部门之间的"血液",是部门协同配合的重要基础性条件。滨海新区在信息化建设方面一直走在全国前列,在医疗卫生、基本公共教育服务、保障性住房、环境保护和流动人口管理等领域都在持续推进信息化建设,并将信息化建设作为滨海新区发展的重要全局性任务,滨海新区政府核心领导层以担任重要工作领导小组组长或总指挥,或在重要会议上对信息化建设作出政策宣示等方式推动信息化建设的整体步伐。

(三)新的责任:全员责任共担

分工是现代公共管理的必然要求,但公共事务的复杂性却要求在分工的基础上加强合作与协调,如何合理分工与高效协同是政府创新的两难困境。滨海新区公共服务创新的复杂性尤其显著,几乎每一个公共服务领域的创新都需要多部门协同配合,滨海新区政府常务会议是确定滨海新区公共服务创新发展的重要决策平台,而专项任务领导小组是政府部门之间纵向与横向协作的最主要方式,以时任区长(副区长)担任领导小组负责人的方式,明确了责任的重要性,以多部门参与实现了全员的责任共担。领导小组又分为了短期的任务小组和中长期任务小组,小组中的成员根据任务需求认领不同的工作责任,如专业性研究机构的加入往往是为了解决知识和技术层面的问题,部分职能部门的加入主要是为了应对不同的资源需求。行政审批局则可在一定程度上视为滨海新区整体性政府的标志性机构,它代表了滨海新区大部分的部门提供行政审批服务,作为行政审批的中心服务平台,在行政审批事项、审批标准和服务标准等方面都进行了改革创新,整合行政审批事务之后,行政审批局提供的服务更加便捷、高效和人性化,实现了行政审批的一站式服务。

(四)新政策、新项目和新的供给方式

第一,新的政策。滨海新区在公共服务领域的政策供给非常丰富,每个领域都有多个层次,涉及各项细节内容的政策创新。既有对上级政策的解读与实施方案,也有滨海新区本土化的政策创新;既有公共服务的发展愿景,又有细化到每一个具体利益相关方的行动规定。更多的互动,更高层次的领导负责,更紧密的相互依赖关系是保障公共政策制定协同的重要基础。

第二,新项目。项目导向型的公共服务创新方式有助于应对复杂的公共服务供给任务,协同跨部门和跨区域的协同。滨海新区发展不仅面临着其他区域政府部门间的横向协同难题,同时面对着原有的地理区域分割因循,各类各层次的"项目"是滨海新区政府实现公共服务整体性创新的重要手段,例如"十大战役""十大改革""美丽滨海工程""三名工程"等。

第三,新的供给方式。以政府购买等方式现实政府与市场、社会的整合。公共服务多元供给已成趋势,天津滨海新区政府向社会组织购买公共服务虽已取得一定成效,但尚处于起步阶段,购买主体的观念有待进一步转变,公共服务承接主体与购买内容有待进一步扩展,购买方式可进一步开发,监督机制有待进一步完善。在鼓励民间资本参与公共服务、发展社会组织方面,滨海新区早在 2010 年左右就已明确了发展方向,但是尚未形成滨海新区特色的政策创新方案。此外,就政府内部而言,以行政审批局统一提供行政审批服务也是一种新的服务供给方式。

三、滨海新区公共服务创新的政策工具应用特征

就政策工具选择而言,滨海新区政策工具箱虽然包括强制性政策工具、混合性政策工具和自愿性政策工具,但仍以强制性政策工具为主,混合性政策工具次之,自愿性政策工具应用数量最少。这样的政策工具格局是多重因素相互作用的结果。首先,滨海新区公共服务供给系统之中,除政府外,市场和社会的力量还相对较弱,加之公共服务水平在短期内快速提升的紧

迫性,促使政府采用最为直接,见效最快的强制性政策工具。其次,混合性政策工具是作为强制性政策工具的补充而存在的,一般是为了加强政府部门的执行力,引导企业和公众行为。最后,自愿性政策工具因并未受到滨海新区政府的重视,多表现为基层街镇政府的行动创新。

第一,强制性政策工具占据主导地位。滨海新区公共服务创新过程中强制性政策工具在每个阶段、每个具体公共服务项目中都占据了主导地位,反映出滨海新区公共服务创新带有很强的行政主导性。这一特征一方面提高了公共服务发展和创新的确定性,另一方面也是由于部分公共服务的供给确实只能采用强制性政策工具,例如环境保护过程中废水、废渣的禁止排放,污染企业的关停等。

第二,混合性政策工具不断拓展。作为强制性政策工具的重要支撑性工具,混合性政策工具在应用过程中得以不断拓展,展现出较大的灵活性和创新性。信息、劝诫、号召、补贴、使用者付费等手段在滨海新区公共服务创新过程中得以综合运用。在环境保护过程中,滨海新区还创新性地使用了督查和约谈的方式,并取得了较好的效果。与强制性政策工具相比,混合性政策工具为政府和政策对象提供了管理和行动上的灵活性,政策成本也相对较低,但因为其对政策目标的作用是间接的,政策行为和政策目标之间必然存在一定的时间延迟,且政策效果的确定性也将有所降低。

第三,自愿性工具中仍然以"市场"为主,在医疗卫生、教育、基础设施建设、养老、就业和文化等多个领域,都肯定了市场性供给方式的合理性,并通过税费和补贴等方式鼓励民间资本进入公共服务领域。但社会组织、家庭和社区的力量还不够突出,在滨海新区公共服务体系建设的"十三五"规划中,强调了要完善社区服务,拓展社区服务内容,滨海新区公共服务持续创新的过程必然伴随着自愿性政策工具的数量增加和领域扩展。

四、公共服务发展与公共服务满意度

第一,就投入水平而言,滨海新区公共服务支出占国内生产总值的比重和财政支出比重整体而言是呈上升趋势的,人力资源数量和质量也均有一定程度提高,持续的基础设施建设也为滨海新区公共服务发展提供了重要的物质性支撑。但民众对政府公共服务的满意度还有很大上升空间,就各个子项来看,仅有四成到五成之间的受访者对政府部门服务流程、政府部门人员服务态度、对老弱病残孕婴幼等特殊群体提供服务表示满意;五成以上的受访者在服务创新与便民方面所作的努力、环境设施便利性表示满意;三成到四成之间的受访者对于危机处理的能力、服务人员专业性、服务人员办事效率表示满意;处理群众投诉的方式满意度最低,只有三成以下的受访者满意。

第二,政府的公共服务供给与民众的公共服务需求之间还存在一定的错位。以电子化公共服务为例,公众普遍认为政府公共服务电子化是非常有价值的,且有意愿通过政府网站获取公共服务,但同时,公众能够通过网络获得的公共服务种类与品质都与民众期望存在一定差距,这也是民众对政府网站公共服务满意度整体偏低的重要原因之一。

第三,综观滨海新区公共服务各领域的政策宣示与政策执行,可以清楚地看到滨海新区公共服务的政策在不断完善,公共服务的内容在不断丰富,从最初的笼统宣示要加强公共服务相关项目的发展,到后面具体到每一个公共服务项目的发展战略,再到每一年的具体政策目标引导。在政策执行方面,政策宣示与政策执行之间的协调一致性还有待加强,部分当年的政策宣示,并未在转年的政府工作报告中明示是否完成。不同公共服务项目之间的政策协调性和执行同步性也有待加强,如保障性住房建设领域,在政策文件显著位置标明,保障性住房侧重对外来人口的住房保障,但2015年之后的中小学招生政策中,则因为小学教育资源的紧张,又要求流动人口子女做好可能无法获得小学学位的准备。

第四,公共服务的民众获得感还有待加强,例如在医疗卫生服务领域,政策供给与相关财政、人力及物质设施投入都在显著增长,但城乡居民用于医疗保健的支出占居民可支配收入的比例却在显著增加,这表明医疗卫生服务的发展可能在数量和质量两个方面都落后于居民日益增长的医疗服务需求。

第二节　政策建议

当前,滨海新区公共服务体系已基本建立,公共服务发展开始由量变阶段发展到质变阶段,未来的公共服务机制体制创新必然产生于公共服务供给的品质提升领域。公共服务品质包含两个层次:第一个层次是公共服务本身的质量,第二个层次是公共服务供给过程中的质量。公共服务本身的质量提升,有赖于政府提供更高品质的公共服务和更多的公共服务选择,公共服务供给过程的质量提升则主要体现在民众能够更为愉快与快捷地享受公共服务。

本书建议,滨海新区应继续在整体性治理框架内推动新一轮公共服务创新。

一、培育整体性发展的理念

公共服务创新中的整体性理念以信任和包容为核心,引申出三个分支。第一个分支是政府系统内部的合作文化,需要在政府系统内部不断培育合作的文化与责任意识,此种文化是政府内部协商与合作的基础。第二个分支是政府和民众对其他类别公共服务供给主体的信任,在此种信任关系建立的基础上,可以选择具有专业知识和从业经验的组织作为公共服务攻击者,民众和政府都相信这些专业组织和其工作人员会在公共服务供给过程中维持其专业素养,注重其专业声誉,提供高质量的公共服务。第三个分支是民众对政府的信任,培育民众对政府的认同感,让民众从情感上认为他可以依赖政府,在理性上又认为政府大部分时候所做的事是正确的。

二、实现政府、市场、社会和个人的整体性治理

(一)空间与功能整合策略

在以强制性政策工具保障基本公共服务供给的基础上,可进行如下调整:

第一,以强制性政策工具推进公共服务的电子化建设。通过财政投入、政府直接生产、直接提供等政策工具,对政府网站以及其他类别电子化公共服务平台进行技术革新,加强对民众需求的回应性,公共服务电子化更加向民众偏好倾斜。

第二,通过政府部门流程再造,调整政府间行为规则、进行政府机构能力建设等手段,提升政府的工作效率,使得政府能够更为有效地提供公共服务。具体应用领域暂时可考虑医疗设备更新、基础设施建设、政府部门服务人员态度改善、政府具体公共服务项目的效率提升、流动人口异地社会保障接轨等方面。

需要注意的是,技术变革从来都不是单纯的技术升级,通常是作为某项管理变革的具体措施而实行的,例如异地养老问题的解决就需要地方政府间建立沟通协作机制,同时在不同地区间建立老年人口的相关资料联网数据库。若缺乏制度和管理模式的变革,缺少对相关人员的培训,单纯的技术性解决方案并不能获得预期成功,反而会造成资源的浪费和公共服务目标的异化。

(二)部门整合策略

第一,混合性政策工具与自愿性政策工具相结合,有选择性地开放部分公共服务市场,建立公共服务市场,通过公共服务购买者的选择和公共服务供给者的竞争,实现公共服务的公平公正、高效率、高品质和回应性目标。滨海新区政府可通过混合性政策工具的采用,如财政奖励、税收优惠、生产补贴、鼓励号召、服务权拍卖、公私合作、利益留存等多种方式,通过市场来提供部分高端公共服务项目,满足中高收入人群的公共服务需求。这个过

程中有两个关键性因素:选择和竞争。所谓选择是指公共服务享受者的选择,为了维护公共服务的公平性,政府一般会给民众发放公共服务券,民众用公共服务券购买公共服务。竞争是指在公共服务领域形成"准市场"环境,在公共服务市场中存在若干独立的提供者,即包括政府组织也包括企业和民间组织,它们之间相互公平竞争。

第二,强制性政策工具与自愿性政策工具相结合,以家庭、社区、市场和自愿性组织的力量满足部分暂时、短期或新生的公共服务需求。采用设定和调整标准的办法,政府提供公共服务标准,由家庭、社区和自愿性组织来提供公共服务。在社会文明程度较高、社会组织发展较为成熟的条件下,一些非政府专业组织会通过各种关系联结形成一些正式或非正式的公共服务供给网络,其提供公共服务的初衷源于其对社会的责任感和对大众福利的关注。

第三,强制性政策工具、混合性政策工具与自愿性政策工具综合运用,将民众个体纳入公共服务系统之中。可以通过设定与调整标准,在公共服务评价体系中加大民众评价指标的比重,并通过混合性政策工具如财政奖励、号召、信息发布、社会声誉等方式引导民众参与公共服务创新,具体应用领域可考虑家庭垃圾分类与处理、城市交通环境改善、环境维护等领域。需要注意的是,公共服务评价标准的调整并不必然提升公共服务效率,相反可能会拖慢公共服务改革的进程,民众观点的加入,势必增加公共服务变革的考量因素与博弈方,从而需要更长时间来达成一致。另一个方面,由民众提供的公共服务项目须非常审慎地设定,其前提是民众生活已达到较高水平,且民众的政治观念与生活文化已经就民众在公共服务中的角色达成一致。

三、公共服务的整体性协同发展

(一)民众需求与公共服务供给的协调

需针对多元化的公共服务需求,寻求差异化的公共服务供给模式,制定公共服务供给战略,将潜在的公共服务需求冲突维持在可控的范围之内,确保社会的和谐与稳定,促进社会的健康发展。第一,对于高端社会福利和个性化公共服务需求而言,在市场化供给过程中,应确定一个基准或者说底线,确保高端社会福利和个性公共服务享有不会侵犯其他民众的基本公共服务享有质量,包括时间、空间和心理等方面。例如,某一特定个人可以通过直接付费的方式,享受更加便捷和高端的医疗服务,但是当医疗资源有限的情况下,医院不能因为一个富有的感冒患者支付了十倍于贫穷急性疾病患者的资费,而置贫穷患者的生死不顾;可以付费购买更加宽敞的住宅,但不能因为其私人花园梦想,而挤占普通民众的公共绿地;可以购买私人飞机,但不能因为其时间宝贵,而插队购票上车;可以在私立学校接受更高质量的教育,但不能通过贿赂、人际关系等手段进入享受更高质的教育资源……第二,对于教育、医疗、养老、基础设施以及安全环境等基本公共服务而言,应确立底线服务标准,不管户籍住址、经济环境抑或是其他方面的差异,都不影响民众对公共服务的需要和享有。第三,在公共服务供给实践中还存在着很多由于政府工作不细致,公共服务项目随意设置造成的暂时性公共服务需求冲突,这些小型冲突的解决则有赖于政府公共服务供给能力的提升。

(二)公共服务项目间的协调推进

公共服务创新发展是一项复杂的系统性工程,公共服务各分领域之间存在着密切的联系,各项公共服务的协调推进,有助于公共服务整体水平的提升,但若缺乏公共服务发展项目的整体性考虑,则可能造成公共服务项目之间的冲突,例如,老年人免费乘坐公交车的福利与年轻人的公共交通福利都是政府公共服务的重要内容,但两者协调不当则会引发老年人群体和年轻人群体之间的冲突,进而引发两个群体对政府的不满。公共服务项目间协调推进的基础是各主管部门间的沟通程序化,建立公共服务责任的共担机制,熟知各自的政策规划与行动方案,并积极参与其中。

(三)民众获得感与公共服务发展之间的平衡

在公共服务发展过程中,要重视民众的获得感,使民众对公共服务发展的评价与统计数据指标保持一致。第一,需要重视公共服务的供给"过程""产出"和最终"结果",就过程而言包括:对待民众是否礼貌、周到,民众等待服务所需时间等因素,就产出和结果而言则重视公共服务的最终成效,例如通过医疗卫生服务,民众的健康水平是否得到了提升,教育服务的改善是否真正提高了学生的技术能力等。第二,要建立公共服务的回应机制。重点研究如何改善政府在公共服务供给过程中的单边行为,实现民众对公共服务选择、供给和评价的全程参与。第三,实现公共服务的高效供给。公共服务的资金的募集和有效使用是当前公共服务供给过程中的一个重要问题,而公共服务的高效供给则要求使得有限的资金得到最大限度的利用,并在最大程度上降低公共服务的价格。第四,注重公共服务供给的公平性。公平是任何良好的公共服务的关键因素,也是公共服务公共性的重要体现。

(四)公共政策与公共预算的协调

政策执行必须以一定的资金为基础,而且大多数情况下,资金需要由政府来提供,这就需要在政策动意阶段合理安排公共预算,将政策过程与公共预算过程结合起来,保障政策目标的达成,避免政策纷争,降低政策诱发新的社会问题的可能性。

第三节　研究不足与展望

本书的研究立足于滨海新区,着眼于滨海新区公共服务领域的政策梳理与实效评价,力争兼顾研究的实证性与理论深度。然而由于研究对象的局限性与研究方法的欠缺,本书仍然存在以下不足:

第一,未对滨海新区公共服务创新进行横向比较分析,进而导致滨海新区公共服务创新评价缺少横向参照,也进一步降低了研究结论的适用性与研究建议的推广性。

第二,由于整体性治理理论与政策工具理论自身的庞杂性,本书只摘取其中核心观点与分析框架进行运用,未能对两个理论进行深入分析和融合尝试,造成两个理论分析结论的相互割裂。

因此,未来研究有望在以下两个方面展开:

第一,进行综合配套改革试验区公共服务创新的横向比较,从政策演进历程、整体性治理策略与政策工具应用等方面深入分析各个综合配套改革试验区的公共服务创新,总结分析不同类型区域的公共服务创新方式。

第二,尝试建立彼此融合、互相支撑的理论分析框架,提高研究结论及政策建议的适用性。

主要参考文献

一、中文文献

（一）著作类

1.《邓小平文选》（第三卷），人民出版社,1993 年。

2.《邓小平与天津》,中共党史出版社,2004 年。

3.［澳］欧文・E. 休斯:《公共管理导论》,张成福、王学栋等译,中国人民大学出版社,2007 年。

4.［美］E. S. 萨瓦斯:《民营化与公私部门的伙伴关系》,周志忍等译,中国人民大学出版社,2002 年。

5.［美］弗朗西斯・C. 福勒:《教育政策学导论》,许庆豫译,江苏教育出版社,2007 年。

6.［英］亚历山大・S. 普力克:《卫生服务提供体系创新:公立医院法人化》,李卫平等译,杨洪伟等校,中国人民大学出版社,2011 年。

7.［英］朱利安・勒・格兰德:《另一只无形的手——通过选择与竞争提升公共服务》,韩波译,新华出版社,2010 年。

8.陈振明:《政策科学——公共政策分析导论》,中国人民大学出版社,2003 年。

9.陈振明:《政府工具导论》,北京大学出版社,2009 年。

10.郝寿义、王家庭、倪方树、范晓莉:《工业驱动新型城镇化:天津滨海新区发展模式研究》,中国工人出版社,2014 年。

11. 郝寿义等编:《滨海新区开发开放系列丛书:滨海新区开发开放与综合配套改革》,南开大学出版社,2012 年。

12. 郝寿义等编:《滨海新区开发开放研究系列丛书:滨海新区开发开放与社会管理》,南开大学出版社,2012 年。

13. 宋联新:《见证第三极的崛起》,经济科学出版社,2009 年。

14. 王家庭:《国家综合配套改革试验区的理论与实证研究——以天津滨海新区为例》,南开大学出版社,2009 年。

15. 吴合文:《高等教育政策工具分析》,北京师范大学出版社,2011 年。

16. 中共天津市委党史研究室编著:《天津市改革开放历程》,中共党史出版社,2008 年。

17. 朱春奎:《政策网络与政策工具:理论基础与中国实践》,复旦大学出版社,2011 年。

(二)论文类

1. 薄贵利:《准确理解和深刻认识服务型政府建设》,《行政论坛》,2012 年第 1 期。

2. 蔡晶晶:《西方可抉择公共服务供给机制的经验透视》,《东南学术》,2008 年第 1 期。

3. 陈桂生:《滨海新区综合配套改革体制制约及行动框架》,《中国流通经济》,2011 年第 7 期。

4. 陈振明、李德国:《国家综合配套改革试验区的实践探索与发展趋势》,《中国行政管理》,2008 年第 11 期。

5. 陈振明:《加强对公共服务提供机制与方式的研究》,《东南学术》,2007 年第 2 期。

6. 陈振明:《社会管理机制的创新与公共服务的有效提供——厦门市的案例研究》,《东南学术》,2008 年第 3 期。

7. 迟福林:《全面理解"公共服务型政府"的基本涵义》,《人民论坛》,2006 年第 5 期。

8. 范逢春:《特大城市社会治理机制创新研究——基于整体性治理的维

度》,《云南社会科学》,2014 年第 6 期。

9. 高小平、孙彦军:《服务·责任·法治·廉洁:服务型政府建设的目标、规律、机制和评价标准》,《新视野》,2009 年第 4 期。

10. 郭春明:《滨海新区综合配套改革的法律保障问题研究》,《天津师范大学学报》(社会科学版),2012 年第 6 期。

11. 郭雪松、朱正威:《跨域危机整体性治理中的组织协调问题研究——基于组织间网络视角》,《公共管理学报》,2011 年第 4 期。

12. 郝寿义、谢延钊:《滨海新区综合配套改革制度创新效应评价》,《天津师范大学学报》(社会科学版),2014 年第 3 期。

13. 胡斌、陈晓红、王小丁:《创新型城市群创新能力评价研究——基于长株潭"两型社会"综合配套改革试验区的实证分析》,《经济问题探索》,2009 年第 5 期。

14. 胡象明、唐波勇:《整体性治理:公共管理的新范式》,《华中师范大学学报》(人文社会科学版),2010 年第 1 期。

15. 黄红华:《政策工具理论的兴起及其在中国的发展》,《社会科学》,2010 年第 4 期。

16. 李家祥、董智勇:《滨海新区综合配套改革的实践特点与思路深化》,《天津师范大学学报》(社会科学版),2013 年第 5 期。

17. 李健、顾拾金:《政策工具视角下的中国慈善事业政策研究——以国务院〈关于促进慈善事业健康发展的指导意见〉为例》,《中国行政管理》,2016 年第 4 期。

18. 李燕、朱春奎、姜影:《政治效能感、政府信任与政府网站公民参与行为——基于重庆、武汉与天津三地居民调查数据的实证研究》,《北京行政学院学报》,2017 年第 6 期。

19. 李燕、朱春奎:《电子化公共服务质量与公众持续使用意愿:满意度的中介作用分析》,《甘肃行政学院学报》,2018 年第 6 期。

20. 马英:《完善企业公共责任机制构建公共服务型政府》,《云南行政学院学报》,2019 年第 4 期。

21. 彭向刚、王郅强:《服务型政府:当代中国政府改革的目标模式》,《吉林大学社会科学学报》,2004 年第 4 期。

22. 彭宗超、曾学华、曹峰:《整体性治理视角下党政机关事务的整合与协同》,《北京行政学院学报》,2019 年第 1 期。

23. 孙涛、张怡梦:《从转变政府职能到绩效导向的服务型政府——基于改革开放以来机构改革文本的分析》,《南开学报》(哲学社会科学版),2018 年第 6 期。

24. 孙晓莉:《政府公共服务创新:类型、动力机制及创新失败》,《中国行政管理》,2011 年第 7 期。

25. 邰鹏峰:《政府购买公共服务的评估困境破解——基于内地评估实践的研究》,《学习与实践》,2013 年第 8 期。

26. 唐贤兴:《政策工具的选择与政府的社会动员能力——对"运动式治理"的一个解释》,《学习与探索》,2009 年第 3 期。.

27. 汪锦军:《构建公共服务的协同机制:一个界定性框架》,《中国行政管理》,2012 年第 1 期。

28. 王红梅、王振杰:《环境治理政策工具比较和选择——以北京 PM2.5 治理为例》,《中国行政管理》,2016 年第 8 期。

29. 王家庭:《国家综合配套改革试验区与区域经济发展研究》,《天津师范大学学报》(社会科学版),2006 年第 4 期。

30. 王家庭:《国家综合配套改革试验区制度创新的空间扩散机理分析》,《南京社会科学》,2007 年第 7 期。

31. 王浦劬、莱斯特·M.萨拉蒙:《美国:以特殊税收规定与消费券方式购买服务》,《中国社会组织》,2013 年第 10 期。

32. 王维斌、杨建:《项目推动:天津滨海新区创新推进综合配套改革》,《开放导报》,2008 年第 5 期。

33. 王蔚、彭庆军:《论农村公共服务需求表达机制的构建》,《湖南社会科学》,2011 年第 5 期。

34. 魏中龙、巩丽伟、王小艺:《政府购买服务运行机制研究》,《北京工商大学学报》(社会科学版),2011 年第 3 期。

35. 吴江:《"放管服"改革助推服务型政府建设》,《人民论坛》,2019 年第 7 期。

36. 谢庆奎:《服务型政府建设的基本途径:政府创新》,《北京大学学报》(哲学社会科学版,2005 年第 1 期。

37. 谢新水:《从服务型政府到人民满意的服务型政府——一个话语路径的分析》,《探索》,2018 年第 2 期。

38. 熊烨:《政策工具视角下的医疗卫生体制改革:回顾与前瞻——基于 1978—2015 年医疗卫生政策的文本分析》,《社会保障研究》,2016 年第 3 期。

39. 徐刚、齐二石、尚晓昆:《基于综合配套改革需求的滨海新区科技创新体系研究》,《现代管理科学》,2009 年第 4 期。

40. 闫章荟:《公共服务供给主体间合作机理研究》,《理论月刊》,2014 年第 5 期。

41. 闫章荟:《中国公共服务系统的适应学习机制研究》,《观察与思考》,2014 年第 10 期。

42. 严金明、王晨:《基于城乡统筹发展的土地管理制度改革创新模式评析与政策选择——以成都统筹城乡综合配套改革试验区为例》,《中国软科学》,2011 年第 7 期。

43. 杨建文、胡晓鹏:《综合配套改革:基于沪津深的比较研究》,《上海经济研究》,2007 年第 3 期。

44. 易承志:《构建服务型政府对执行机制的要求及其优化路径》,《学术论坛》,2009 年第 4 期。

45. 易承志:《论回应机制的优化与服务型政府建设》,《河南师范大学学报》(哲学社会科学版),2009 年第 6 期。

46. 尹华、朱明仕:《论我国公共服务供给主体多元化协调机制的构建》,《经济问题探索》,2011 年第 7 期。

47. 郁建兴、高翔:《中国服务型政府建设的基本经验与未来》,《中国行政管理》,2012 年第 8 期。

48. 郁建兴、吴玉霞:《公共服务供给机制创新:一个新的分析框架》,《学术月刊》,2009 年第 12 期。

49. 郁建兴、徐越倩:《从发展型政府到公共服务型政府——以浙江省为个案》,《马克思主义与现实》,2004 年第 5 期。

50. 张超、吴春梅:《民间组织参与农村公共服务的激励——委托代理视角》,《经济与管理研究》,2011 年第 7 期。

51. 张康之:《把握服务型政府研究的理论方向》,《人民论坛》,2006 年第 5 期。

52. 赵新峰、袁宗威:《区域大气污染治理中的政策工具:我国的实践历程与优化选择》,《中国行政管理》,2016 年第 7 期。

53. 赵修春:《天津滨海新区综合配套改革试验的深层思考》,《新视野》,2007 年第 2 期。

54. 赵修春:《综合配套改革试验在实现区域协调发展中的作用研究——以天津滨海新区为例》,《重庆大学学报》(社会科学版),2018 年第 6 期。

55. 郑巧、肖文涛:《协同治理:服务型政府的治道逻辑》,《中国行政管理》,2008 年第 7 期。

56. 周恩来政府管理学院课题组:《公共服务型政府建设问题研究分析》,《南开学报》,2005 年第 5 期。

57. 朱春奎、李文娟:《电子政务服务质量与满意度研究进展与展望》,《湘潭大学学报》(哲学社会科学版),2019 年第 1 期。

58. 朱春奎、郑栋:《影响政府对民众信任的因素有哪些?——以上海市公务员为考察对象的探索性研究》,《学习与探索》,2019 年第 1 期。

59. 朱光磊、于丹:《建设服务型政府是转变政府职能的新阶段——对中国政府转变职能过程的回顾与展望》,《政治学研究》,2008 年第 6 期。

60. 竺乾威:《从新公共管理到整体性治理》,《中国行政管理》,2008 年第 10 期。

二、英文参考文献

1. Bharosa N, Lee J K, Janssen M. ,Challenges and obstacles in sharing and coordinating information during multi – agency disaster response: Propositions from field exercises,*Information Systems Frontiers*, 2010, 12(1):49 –65.

2. Vigoda - Gadot E, Yuval F. , Managerial quality, administrative performance and trust in governance revisited, *International Journal of Public Sector Management*, 2003, 16(7):502 –522.

3. Harrington, H. ,The five pillars of organizational excellence, *IEEE Engineering Management Review*, 2006, 34(4):73 –73.

4. Rieper O , Mayne J. ,Evaluation and public service quality,*International Journal of Social Welfare*, 1998, 7(2):118 –125.

5. Rodríguez P G, Burguete J L V, Vaughan R, et al. Quality dimensions in the public sector: municipal services and citizen's perception,*International Review on Public & Nonprofit Marketing*, 2009, 6(1):75 –90.

6. Ackroyd, Stephen, From public administration to public sector management,*International Journal of Public Sector Management*, 1995, 8(2):19 –32.

7. Sullivan H, Skelcher C. , Working Across Boundaries: Collaboration in Public Services, *Health & Social Care in the Community*, 2010, 11(2):185.

8. Anand S , Sen A . , Human Development and Economic Sustainability, *World Development*, 2000, 28.

9. Besley T , Ghatak M . , Incentives, choice and accountability in the provision of public services,*Oxford Review of Economic Policy*, 2003, 19(2):235 –249.

后 记

天津市滨海新区公共服务创新的复杂性尤为显著,在被批准为综合配套改革试验区之时,滨海新区行政区划重叠交叉,政府部门之间职能重复与责任空白同时存在,公共服务基础薄弱与多元高质需求叠加,政府治理体系创新的迫切性与社会组织培育的长期性共现,可以说滨海新区是一个非常典型的研究样本,其公共服务创新不仅面临着其他区域的共性问题,更面临着其他区域暂时没有遇到但是未来可能会遇到的一些个性问题,例如多类型、多层次政府之间的整合问题、新城市人口的公共服务均等化问题、城镇化农民的就业问题,等等。滨海新区公共服务创新实践为更大范围内的公共服务整体性推进提供了可供借鉴的经验。基于此,本书在详细梳理滨海新区公共服务创新过程的基础上,分析滨海新区如何实现其空间整合、职能整合、政府与非政府的整合,进而建立起完善的公共服务体系和可持续性的公共服务提升机制。

本书能够完成并出版,得到了多方面的支持和帮助。首先,要感谢我的博士后合作导师朱春奎教授,本书的最初版本为我在复旦大学公共管理博士后流动站的工作报告,研究选题来源于当时朱老师的课题项目,问卷调查与数据资料是朱老师带领的学术团队的部分成果。在写作过程中,朱老师不厌其烦地帮我调整篇章结构,修正指标设置,完善文字,甚至是美化图表,朱老师对科学真理的执着追求,对学术问题的敏锐探查让我深深折服。其次,本书能够出版还要感谢我的工作单位天津财经大学财税与公共管理学院,以及学院三位领导:陈旭东院长、杨书文副院长和李伟副院长对我的支持与鼓励。最后,感谢天津人民出版社的王佳欢编辑的辛勤付出。

　　对滨海新区公共服务发展进程的梳理,本研究采用的是档案资料分析方法。本研究共收集了三百多份公共服务领域的政策文件或基层政府的创新性举措,时间跨度并未完全局限于综合配套改革阶段,部分项目如环境保护、基础设施建设等追溯至了滨海新区建设伊始,政府层级则向下延伸至镇政府,甚至部分村委会与社区的创新性举措也在收集范围之内。本研究力争还原滨海新区公共服务创新的原貌,并运用政策工具与整体性治理理论工具,分析滨海新区公共服务创新战略、成就和问题,并进一步延伸讨论公共服务创新的复杂性及其应对之道。但作为一个阶段性与地域性研究,本研究未能反映一些滨海新区公共服务领域的最新进展,尤其是在电子化公共服务这一领域,也未能站在全国的视野下对滨海新区公共服务创新成效进行多维度横向比较,这些缺憾有待进一步的研究。此外,由于才智有限,本书难免存在诸多不足和谬误,请多多批评指正!

闫章荟

2020 年 4 月

"南开公共管理研究丛书"书目